CW01508264

SARA SIEVERT

DER UNVERMEIDBARE

Ein Blick hinter
die Kulissen der Union

ROWOHLT

Originalausgabe
Veröffentlicht im Rowohlt Verlag, Hamburg, Februar 2025
Copyright © 2025 by Rowohlt Verlag GmbH,
Kirchenallee 19, 20099 Hamburg
Die Nutzung unserer Werke für Text- und Data-Mining im
Sinne von § 44b UrhG behalten wir uns explizit vor.
Satz aus der Calluna
Druck und Bindung CPI books GmbH, Leck
ISBN 978-3-498-00721-8
Kontaktadresse nach EU-Produktsicherheitsverordnung:
produktsicherheit@rowohlt.de

Für Haki und Henning

INHALT

«Merz macht's» 9

DER UNVERMEIDBARE PARTEIVORSITZENDE

1 · «Zeit für einen Wechsel» 33

2 · Das Trauma 49

3 · Das Comeback 67

DER UNVERMEIDBARE KANZLERKANDIDAT

4 · Die CDU-GmbH 83

5 · Die neuen Aufsteiger 91

6 · Merz und die Frauen 101

7 · Der Abgrund 120

8 · Der Anti-Merz 133

9 · Der Wendepunkt 150

10 · Alte Wunden 161

11 · Ohne Krawatte im Kanzleramt 175

12 · Der Endgegner 195

13 · Der Unvermeidbare 217

DER UNVERMEIDBARE KANZLER?

14 · (K)ein Klempner der Macht 227

Dank 250

Verwendete Literatur 252

Gesprächspartner 252

Journalistische Artikel 253

«MERZ MACHT'S»

Friedrich Merz ist sichtlich zufrieden. Als der CDU-Vorsitzende in der Bayerischen Landesvertretung in Berlin aus einer Seitentür kommt und vor die Kameras tritt, ist es Punkt zwölf. Merz scheint heute bewusst langsam zu gehen. Als wolle er jede Sekunde genießen. Er geht hinter dem CSU-Vorsitzenden Markus Söder die Bühne hinauf, nimmt in aller Ruhe seinen Platz am Pult ein – und grinst.

Merz ist niemand, der von Natur aus freundlich guckt. Sein Gesicht strahlt oft eine gewisse Härte aus, die Mundwinkel zeigen nach unten. Wenn er konzentriert über etwas nachdenkt, zieht er die Augenbrauen zusammen, und seine Stirn legt sich in tiefe Falten. Laut dem Institut Civey finden ihn im September 2024 gerade mal 37 Prozent der Befragten sympathisch. Bei seinen Mitarbeiterinnen und Mitarbeitern sind sie deshalb oft bemüht, den Chef ans Lächeln zu erinnern. Gerade während öffentlicher Auftritte. Es kam schon vor, dass der CDU-Chef anschließend von der Bühne ging und ihnen entgegenraunzte: «Ich habe Sie schon gesehen. Und ich weiß auch, was Sie mit Ihrer Mimik versucht haben zu erreichen. Aber ich verstelle mich nicht.» An diesem Dienstagmittag muss ihn keiner der Mitarbeiter daran erinnern. Er muss sich auch nicht verstellen. Stattdessen grinst Merz. Und grinst. Und grinst.

Die CSU hat wenige Stunden zuvor über ein gemeinsames Pressestatement der beiden Parteivorsitzenden von CDU und CSU informiert. Anlass: die lange erwartete Auflösung der Kanzlerkandidatenfrage. Seit Monaten hält die

Union mit der Entscheidung, wer denn nun Spitzenkandidat werden soll, hinterm Zaun. Dabei lief alles auf Merz hinaus. Während der CSU-Vorsitzende Markus Söder und der nordrhein-westfälische Ministerpräsident Hendrik Wüst bis zuletzt damit kokettierten, dass auch sie für den Posten gehandelt wurden, war in der Breite der Union immer klar: Wenn Merz will, kann es ihm keiner nehmen. Doch in Teilen der Partei wurde durchaus darüber nachgedacht, ob und wie der Kandidat zu ersetzen wäre. Das ging mitunter so weit, dass Merz' Anhängerschaft darauf drängte, die Frage früher zu klären. Als eine Gruppe um den Parteivorsitzenden zu Beginn des Jahres 2024 über den richtigen Zeitpunkt für die Entscheidung diskutiert, spricht sich eine Reihe von ihnen für ein Datum vor der parlamentarischen Sommerpause aus. Etwa auf dem Parteitag im Mai 2024. Merz sei da auf dem bisherigen Höhepunkt seiner Macht, so die Überlegung. Er müsse das Thema dann schnellstmöglich abräumen. Auch damit ihm keiner mehr gefährlich werde. Immer wieder riet man dem Parteichef dazu. Aber der wollte nicht. Merz sah überhaupt keine Not, die Sache vorzuziehen. Im Gegenteil, in den Wochen vor der Entscheidung schien er tiefenentspannt, wenn Journalisten ihn danach fragten. Kein Druck, keine Sorge. Vielleicht weil er wusste, dass seinen Rivalen am Ende der entscheidende Hebel fehlte, um ihm die Kanzlerkandidatur zu nehmen. Also hieß es bis zuletzt: «Wir klären das im Spätsommer.» Und Spätsommer, das konnte vieles heißen. Dann, wenige Tage vor der Landtagswahl in Brandenburg, am 17. September, ist es so weit.

Söder und Merz stehen eng nebeneinander gedrängt auf einer kleinen Bühne in der riesigen gläsernen Halle der Bayerischen Landesvertretung. Hinter ihnen ist eine blaue Pressewand aufgebaut. Ganz schlicht, kein Chichi. Der bayerische Ministerpräsident sieht einmal durch die Reihen der Journalisten und reißt schließlich das Pflaster ab: «Um es kurz zu machen. Die K-Frage ist entschieden. Friedrich Merz macht's. Ich bin damit fein. Ich unterstütze das ausdrücklich.» Söder verzieht kurz die Mundwinkel, die Kameras klicken. Und Merz? Der grinst. Und grinst. Und grinst. Der CSU-Chef macht derweil brav weiter. Er habe versprochen, dass 2021 sich nicht wiederholen werde. Zur Erinnerung: Damals hatte der CSU-Vorsitzende über Wochen versucht, dem CDU-Chef Armin Laschet die Kandidatur zu nehmen. Als klar war, dass Laschet antreten würde, begann eine Tortur von Sticheleien aus Bayern. Das sollte nicht wieder passieren. Und hiermit halte er Wort, so Söder bestimmt. Das gemeinsame Ziel, die Ampel abzulösen, stehe über allem. Dem müsse und werde sich alles Weitere unterordnen, auch das eigene Ego. Oder wie Söder es sagt: «Wir haben beide eine hohe Akzeptanz in der Bevölkerung, eine hohe Akzeptanz und Relevanz auch in den Umfragen. Daher gehört es zum Selbstverständnis von CDU/CSU, dass beide Parteivorsitzende grundsätzlich geeignet sind für die zentrale politische Aufgabe unseres Landes, die Kanzlerkandidatur.» Aber: «Historisch gesehen ist es so, dass die CDU als größere Schwester das erste Zugriffsrecht hat.» Und: «Friedrich Merz als Parteivorsitzender nimmt von diesem Anrecht Gebrauch. Die CSU akzeptiert es. Ich akzeptiere es.»

Es sind Sätze, die nicht nur bei Merz runtergehen dürften wie Öl.

Denn dieser Moment wurde, direkt oder indirekt, über Monate vorbereitet. Noch wenige Stunden vor dem gemeinsamen Auftritt war nicht klar, ob er so glatt über die Bühne gehen würde. Immer wieder liefen Gespräche dazu in unterschiedlichsten Konstellationen, aber stets unter strengster Geheimhaltung. Dieses Mal sollte bloß nichts schiefgehen. Die Sorge, dass es noch einmal Chaos, fehlende Abstimmung oder ständige Provokationen geben könnte, war groß – das sollte unter allen Umständen verhindert werden. Beim letzten Mal, 2021, hatte die Union die Wahl gegen die SPD verloren. 24,2 Prozent zu 25,7 Prozent. Man entschloss sich, dieses Mal nichts dem Zufall zu überlassen. Und tatsächlich war das, was nach außen ganz einfach und geschmeidig aussah, hinter den Kulissen ein großer Drahtseilakt.

Es stimmt, dass die CDU im Zweifel das erste Zugriffsrecht auf die Kanzlerkandidatur hat. Und ja, sich gegen den eigenen Vorsitzenden oder den der größeren Schwesterpartei durchzusetzen ist so gut wie unmöglich. Aber ein wichtiger Teil der Wahrheit ist, dass es für Friedrich Merz am Ende nicht ohne den Rückhalt von CDU und CSU funktioniert hätte. Es dürfte die wichtigste Lehre aus dem verkorksten Wahlkampf im Jahr 2021 sein. Denn dass die Union in die Opposition wanderte, lag keineswegs allein am Kandidaten Armin Laschet, sondern auch daran, dass man in den eigenen Reihen nicht zusammenstand. Hinzu kamen die ständigen Brüskierungen aus Bayern. Um nicht nur die Akzeptanz, sondern auch die Unterstützung der kleinen Schwesterpartei sicherzustellen, musste 2024 ein Prozess geschaffen werden, in dem die CSU, allen voran Markus Söder, das Gefühl hatte, etwas für den Verzicht auf die Kanzlerkandidatur zu bekommen. Auch wenn Söder am Ende in Wahrheit gar keine reelle Chance mehr hatte: Es brauchte ein Zugeständnis, eine Art gefühlte Einflussnahme. Und so fand das entscheidende Treffen gewissermaßen auf bayerischem Boden in der Behrenstraße in Berlin-Mitte statt, mit riesengroßer bayerischer Flagge am Eingang und massiver Franz-Josef-Strauß-Büste im Innenraum.

Knapp zwei Wochen zuvor war in der Vertretung Bescheid gegeben worden, dass die CSU-Landesgruppe eine Veranstaltung plane. Dafür werde das gesamte Gebäude benötigt. Bestuhlung für etwa einhundert Personen, Tontechnik und eine Bühne. Es folgte die Nachfrage, ob es sich um eine Pressekonferenz handele. Ja, so etwas in der Art könne im Rahmen der Veranstaltung stattfinden, hieß es, doch Details zu dem geplanten Termin würden noch folgen. Wie kurzfristig das allerdings passieren sollte, wurde nicht angekündigt.

Der Plan im Hintergrund: Söder und Merz sollten sich am Morgen des 17. September zum Vieraugengespräch treffen, um die K-Frage endgültig zu klären. Anschließend würden der Vorsitzende der CSU-Landesgruppe im Bundestag, Alexander Dobrindt, und der CDU-Generalsekretär Carsten Linnemann dazukommen, um weitere Details zu besprechen. Gerade Dobrindt war in den Wochen zuvor eine besondere Rolle zugekommen. Er genoss das Vertrauen beider Seiten, wurde von beiden als Stratege und Strippenzieher geschätzt, während bei Linnemann klar war, dass er vor allem als Merz' Vertrauter hinzukam. Außerdem hatte er dafür zu sorgen, dass die Partei hinter ihrem Vorsitzenden stand. Für Merz war das in den Gesprächen mit Söder enorm wichtig. Nur mit dem Rückhalt der CDU konnte er sich seiner Sache sicher sein. Der CSU-Chef hatte Armin Laschet 2021 nur deshalb so herausfordern können, weil es Risse in der Loyalität der CDU für ihren eigenen Vorsitzenden gegeben hatte. Das musste dieses Mal anders laufen. Und dafür sollte Linnemann sorgen.

Für Merz war die Frage des Rückhalts in den eigenen Reihen am Ende der entscheidende Punkt. Es war die einzige Stellschraube, bei der er sich bis zuletzt nie vollkommen sicher sein konnte. Dass er die Kandidatur will, dürfte im Kern immer klar gewesen sein, zumindest sind alle aus Merz' Umfeld fast einstimmig davon überzeugt. Und auch Merz lässt das in Gesprächen immer wieder durchklingen, trotz aller Abwägungen. Die Frage, was eine Kandidatur für seine Familie bedeuten würde, trieb den Sauerländer lange um. Die kurzzeitigen Zweifel wurden aber noch von etwas anderem ausgelöst. Würde der Rückhalt womöglich schwinden, wenn sich die Umfragen noch mal drastisch änderten? Merz nahm sich deshalb in der parlamentarischen Sommerpause Zeit, um intensiv nachzudenken. In der Partei soll er während dieser Wochen viel telefoniert und sich beraten lassen haben. Klar ist aber: Die finale Entscheidung hat der CDU-Politiker mit sich selbst ausgemacht. Im Urlaub mit Ehefrau Charlotte weiß Merz dann, er will es. Die CDU, davon ist er schließlich doch überzeugt, wird schon mitziehen.

Wochen später, im Oktober 2024 lädt der frisch gekürte Kanzlerkandidat der Union zum Gespräch in sein Büro im fünften Stock des Jakob-Kaiser-Hauses. Merz thront in einem seiner schwarzen Ledersessel. Rosa Krawatte, das Jackett abgelegt, die Arme hinter dem Kopf verschränkt. Man merkt ihm die Erleichterung an. «Wissen Sie, man muss sich, wenn man das will, immer die Frage stellen: Habe ich die ganze Partei hinter mir? Und damit meine ich nicht nur die eigenen Anhänger. Das reicht nicht. Es funktioniert nur, wenn mich am Ende auch die unterstützen, die mir vorher kritisch gegenübergestanden haben. Als Kanzlerkandidat muss man auch diejenigen überzeugen, die, wenn Sie so wollen, vorher in einem anderen Lager standen. Und das waren bei mir ja auch so einige.» Merz lacht etwas selbstironisch. Es ist ein kurzer Moment, in dem sich erahnen lässt, dass der Mann, dem man mit gutem Grund ein ausgeprägtes Selbstbewusstsein nachsagt, sich doch auch Gedanken um die eigenen Schwächen macht. Zwar sagt er überzeugt: «Ich wusste, ich traue mir das zu.» Doch Merz war sich auch im Klaren darüber, dass das allein nicht ausreichte, sondern zwei Parteien und eine Bundestagsfraktion diese Überzeugung mit ihm teilen müssen. Und der Kanzlerkandidat räumt sogar ein: «Wenn signifikante Teile einer dieser drei Gruppen anderer Meinung gewesen wären, dann wäre ich damit auch fein gewesen.»

Das lässt sich im Nachhinein natürlich immer leicht sagen. Doch tatsächlich äußert Merz sich an diesem Dienstagvormittag deutlich reflektierter als beispielsweise noch vor einem Jahr. Wer ihn kennt, weiß zwar, dass dieses Reflexionsvermögen tagesformabhängig ist. Aber: In diesem Gespräch ist von Selbstgefälligkeit oder dem Gefühl, unbesiegbar zu sein, keine Spur zu finden. Vielmehr erweckt Merz, je länger man ihm zuhört, den Eindruck, dass da doch noch etwas in ihm arbeitet. «Es war gut, dass wir das jetzt entschieden haben», sagt er und nickt dabei leicht. «Das hat Ruhe in die Partei gebracht und auch in die Fraktion.» Wobei es in der Fraktion im Vergleich zur Partei ohnehin immer relativ stabil gewesen sei. «Aber in der Partei gab es auch Zeiten, zu denen es ein bisschen unruhig war», erzählt Merz. Tatsächlich hatte der Oppositionsführer Merz in der Fraktion deutlich früher überzeugt als der CDU-Vorsitzende Merz in der Partei. Und bei dem Kanzlerkandidaten Merz waren sich einige in der Union bis zuletzt nicht ganz sicher. Es gab Zeiten, da wäre

Merz, hätte man ihn darauf angesprochen, wohl ziemlich patzig geworden. Spricht man ihn jetzt darauf an, zuckt er mit den Schultern. Er neigt den Kopf etwas vor, lächelt und erklärt, es sei doch vollkommen normal, dass der eine Prozess länger dauere als der andere. «Die Abgrenzung gegen eine schlecht arbeitende Ampel war nicht so schwer. Die eigenen Positionen zu bestimmen und zu formulieren, das braucht Zeit», findet Merz. Und: «So richtig überzeugt hat ein Kanzlerkandidat ohnehin erst dann, wenn er die Wahl gewonnen hat.»

Auch als er auf seine zwei Rivalen, Markus Söder und Hendrik Wüst, angesprochen wird, reagiert er entspannt. Er sagt, er habe sich selbstverständlich die Frage gestellt, wie CDU und CSU reagieren würden, wenn er mit oder ohne Markus Söder einen anderen Kandidaten vorgeschlagen hätte. «Das gehört zu der Verantwortung eines Parteivorsitzenden, alle Szenarien durchzuspielen.» Und Merz fügt etwas Interessantes hinzu: «Wissen Sie, ich halte nichts von dem Begriff Zugriffsrecht. Für mich war das immer eine Entscheidung, die ich am Ende insgesamt und für beide Parteien verantworten kann. Und dabei habe ich vor meinem geistigen Auge auch immer abgewogen: Was für andere Möglichkeiten gibt es, um in möglichst großer Geschlossenheit den Erfolg bei der nächsten Bundestagswahl zu erzielen?» Er grinst. Ob sich darin eine versteckte Botschaft in Richtung Söder oder Wüst verbirgt? Merz lässt es offen. Es gibt noch immer Stimmen, die ihn nicht für einen guten Kanzlerkandidaten halten. Nur ist es dem CDU-Chef gelungen, alternativlos zu werden. Ob ein anderer besser gewesen wäre oder nicht, ist ab dem 17. September 2024 gleich. Jetzt gibt es nur noch Friedrich Merz.

Als der Parteivorsitzende Anfang August zurück aus seinem Urlaub ist, informiert er seinen Generalsekretär Linnemann darüber, dass er zeitnah ein erstes Treffen mit dem CSU-Vorsitzenden Markus Söder in die Wege leiten werde. Zuvor hatte sich der Kontakt der beiden auf Wesentliches beschränkt. Es gab die wöchentlichen Videokonferenzen am Montagmorgen, oder die sogenannten Kaminrunden am Vorabend der Ministerpräsidentenkonferenzen. Aber wirklich viel bilateralen Kontakt suchte weder die eine noch die andere Seite. Wer Söder und Merz bei Parteiveranstaltungen beobachtete, konnte erahnen, wie viel sich die zwei jenseits des Obligatorischen zu sagen haben. Wenig, bis gar nichts.

Im Juni 2023 fährt Merz im Vorfeld der Landtagswahl in Bayern nach München. Womöglich auch, um den Gerüchten, das Verhältnis zwischen ihm und Söder sei schlecht, entgegenzuwirken. Man will Einigkeit demonstrieren, also wird gemeinsam gegrillt. Bratwürste in Bayern – und die Grünen im Bund. Merz hatte die Partei gerade zum Hauptgegner der Union ausgerufen, was in Hessen, wo ebenfalls im Oktober gewählt wurde, für deutliche Verstimmungen gesorgt hatte, bei Söder hingegen hervorragend ankam. Die Vorzeichen für den gemeinsamen Termin standen damit gut. Nach einer kurzen Begrüßung lotst Söder Merz hinter den Grill. Dem CDU-Chef werden Schürze und Zange in die Hand gedrückt, die Fotografen bringen sich in Position. Was folgt, ist erwartbar. Gemeinsam werden die Würstchen gedreht, Merz spielt mit. Teilnehmer, die das Ganze aus nächster Nähe beobachtet haben, berichten, Söder soll mit der Zange nach einer Wurst gegriffen und etwas gefrotzelt haben. Für das Foto habe Merz es ihm zwar gleichgetan, allerdings wortlos. Weil: Was sagt man dazu? Anschließend habe man gemeinsam auf

Bierbänken Platz genommen, gegessen und geschwiegen. Söder am Handy, Merz irritiert. War er nur für die Bilder nach Bayern gekommen? Ganz offensichtlich.

Es gibt in der Politik immer jene, die sich besser verstehen, und andere, die miteinander fremdeln; und dann gibt es die, die sich in vielerlei Hinsicht sehr ähnlich sind und sich gerade deshalb nicht mögen, weil dann der Machtkampf so unausweichlich scheint. Das gilt im Grunde für alle Parteien. Bei Söder und Merz ist es jedenfalls nicht das Inhaltliche, was sie trennt. Hier sind sich die zwei häufig sehr einig – etwa in der Migrationspolitik (wobei das bei dem CSU-Chef auch variieren kann). Was die beiden vielmehr unterscheidet, ist ihr jeweiliger Habitus. Oder wie es ein prominenter Unions-Politiker sagt, der beide gut kennt: «Die beiden ergänzen sich gut.» Merz ist klassisch bürgerlich-konservativ, er legt Wert auf gutes Benehmen. Die sozialen Medien lässt er von einem Team junger Mitarbeiter bespielen, fremdelt aber sonst mit dieser Art der Kommunikation. Unterdessen beherrscht der CSU-Chef Instagram und die gesamte Ökonomie der Aufmerksamkeit wie kein Zweiter. Ebenso wie die Provokation. Wer mit Söder gemeinsam auftritt, muss damit rechnen, bloßgestellt zu werden. Was sich im Umgang gehört und was nicht, ist ihm häufig egal. Während Merz viel Wert auf Etikette legt, macht Söder, was er will. Etwa fällt es ihm schwer, das Handy bei Terminen in der Tasche zu lassen. So lässt sich erahnen, dass es nicht leicht war, eine Einigung beider über den Ablauf der K-Frage zu erzielen.

Für Merz war klar, dass der Prozess Tradition hat. Er war die Nummer eins, Söder die Nummer zwei. Das war schon immer so und würde sich jetzt auch nicht ändern. Dass der CSU-Chef das Rennen auch machen könnte? Stand für Merz in Wahrheit außer Frage. Unterdessen sieht Söders Realität, und die weiter Teile der CSU, etwas anders aus. Dort sind es zwei Vorsitzende, die gemeinsam die Union anführen und von denen, wie Söder selbst sagt, «beide Parteivorsitzende grundsätzlich geeignet sind für die zentrale politische Aufgabe unseres Landes, die Kanzlerkandidatur».

Hinzu kam, dass da noch ein Dritter war, der sich für geeignet hielt. Auch Hendrik Wüst hätte sich durchaus für fähig gehalten, als Kandidat in den Wahlkampf zu ziehen. Und bei einigen Christdemokratischen hätte der ambitionierte CDU-Politiker aus Nordrhein-Westfalen vielleicht sogar den notwendigen Rückhalt gehabt. Viele sollen Wüst ihre Unterstützung im Vorfeld zugesichert haben. Hätte er zu guter Letzt doch noch entschieden, seinen Hut für die K-Frage ernsthaft ins Rennen zu werfen, hätten die Landesfürsten sich vermutlich hinter ihn gestellt. Aber Wüst verzichtet. Im Sommer teilt er Merz mit, dass er selbst keine Ambitionen auf eine Kanzlerkandidatur hege. Der CDU-Vorsitzende weiß von da an, dass sein Ministerpräsident aus Nordrhein-Westfalen ihm nicht mehr gefährlich wird. Die Frage entscheidet sich zwischen ihm und Markus Söder.

Bevor Merz Mitte August aus seinem Urlaub zurückkehrt, macht er einen Zwischenstopp am Tegernsee. Dort besitzt der CDU-Vorsitzende ein Ferienhaus. Er kommt hier gerne und regelmäßig her, manchmal mit seiner Familie, manchmal mit Freunden aus der Politik. Als Merz Anfang August in Bayern ist, nutzt er die Möglichkeit für das erste Gespräch mit Söder in Sachen K-Frage. Zwar soll die Kandidatenfrage auch vorher schon immer mal wieder im Raum gestanden haben. Richtig konkret, so berichten es eingeweihte Kreise, wurde es bis dahin aber nicht. Die zwei treffen sich allein. Im

Nachgang werden beide Dritte über den groben Verlauf des Gesprächs informieren.

Für dieses Buch habe ich sowohl Friedrich Merz als auch Markus Söder getroffen und sie zu diesem Treffen befragt, ebenso diverse Personen aus dem in den Prozess involvierten Kreis und dem Umfeld beider Parteivorsitzender. Ohne Gewähr auf Vollständigkeit wage ich aus diesen Gesprächen eine Rekonstruktion des Unvermeidbaren: des Aufstiegs Merz zum Parteivorsitzenden, zum Kanzlerkandidaten – und schließlich sogar zum Kanzler?

Als Merz und Söder sich Anfang August treffen, teilt der CDU-Vorsitzende dem CSU-Chef erstmals in aller Klarheit mit, was er sich vorstellt. Merz sagt Söder sinngemäß: Ich will es machen. Woraufhin Söder erwidert haben soll: Ich auch. Man spielt den Ball etwas hin und her. Am Ende gehen die beiden Männer erst mal ohne Ergebnis auseinander. Man vereinbart, in Kontakt zu bleiben. In den darauffolgenden Wochen gibt es eine Reihe von bilateralen Gesprächen, nicht in persona, sondern fast ausschließlich am Telefon. Wohl auch, um das Risiko zu mindern, dass jemand Wind von dem Austausch der beiden bekommt. Merz lässt dabei, so heißt es, mehr und mehr durchklingen, dass er das Rennen machen will und wird.

Später, nach der Entscheidung und Verkündung, werden beide Parteichefs immer wieder überschwänglich von dem Miteinander schwärmen. Sie werden betonen, dass der Austausch von großer Konstruktivität und Vertrauen geprägt gewesen sei. Auch Dobrindt wird im Gespräch mit mir noch einmal betonen: «Der Umgang von Friedrich Merz und Markus Söder war von Anfang an von großem gegenseitigen Respekt geprägt», das sei die Grundlage dafür gewesen, dass «eine gute Verständigung erreicht werden konnte», so Dobrindt. Zur Wahrheit gehört aber auch, dass es eben doch mehrere Gespräche brauchte, bis Söder Merz wirklich den Vortritt lässt. In der CSU sprach man in dieser Zeit davon, dass die Botschaft zwar intellektuell bei dem Vorsitzenden angekommen sein dürfte, nur emotional noch nicht. Söder beschließt sogar, es doch noch einmal zu versuchen. Innerhalb kürzester Zeit gibt er eine ganze Reihe von Interviews, in denen er immer wieder betont, er stehe bereit. Auch dass die Umfragewerte eines potenziellen Kandidaten eine wichtige Rolle spielen, wird aus Bayern, von Söder selbst und seinen größten Befürwortern, immer wieder betont. So erklärt der CSU-Fraktionsvorsitzende im Bayerischen Landtag und Söders enger Vertrauter Klaus Holetschek in einem Interview mit der *Augsburger Allgemeinen Zeitung*: «Entscheidend ist die Frage: Mit welchem inhaltlichen und personellen Angebot haben wir die maximale Chance auf einen Wahlerfolg? Das ist die Frage, die über allem steht, und da geht es zuerst um die Entscheidung über einen gemeinsamen Kanzlerkandidaten.» Als erwidert wird, dass dieser Kandidat den Umfragen zufolge Markus Söder sei, antwortet Holetschek: «Dass Markus Söder Kanzler kann, ist für mich unbestritten. Er hat oft genug bewiesen, dass er führungsstark ist und die Menschen ihm vertrauen.»

Auf dem Gillamoos-Jahrmarkt wird Söder noch einmal richtig ernsthaft. Merz und er seien sich «einig wie nie». Wichtig sei, dass es dieses Mal anders laufe als 2021, «damals war es nämlich schlicht und einfach der falsche Kandidat», sagt Söder und fügt dann einen Satz hinzu, den man nicht falsch verstehen kann: «Ich würde mich nicht drücken, Verantwortung für unser Land zu übernehmen.» Es ist die letzte Bewerbung des Bayern um die Kanzlerkandidatur, präsentiert am 2. September 2024, nur 15 Tage vor der Entscheidung. Zu dem Zeitpunkt glaubt Merz, die Sache sei längst geklärt. Während der CDU-Vorsitzende den Termin am 17. September als reine Formalie versteht, ist es für Söder der Tag der Entscheidung. Wie das zusammenpasst? Der eine weiß, er wird es. Der andere glaubt, er kann es noch werden.

Die Woche der Entscheidung wird relativ bald nach dem ersten Gespräch im August festgezurrt. Am Dienstag oder Donnerstag will man sich treffen und anschließend vor die Presse treten. Söder wünscht sich schließlich den Dienstag. Er will die Sache vor der CSU-Klausurtagung in Kloster Banz geklärt haben. Am Montag, den 9. September informiert Merz Linnemann über den genauen Termin. Der CDU-Chef nimmt den Generalsekretär kurz vor Beginn der Unions-Fraktionssitzung im Bundestag zur Seite, berichtet ihm die Details. Jetzt geht es auf die Zielgerade. Alles läuft unter strengster Geheimhaltung, selbst engste Mitarbeiter werden teilweise nicht mehr eingeweiht aus Sorge, jemand könne sich verplappern. Die Landesvorsitzenden bekommen zumindest einen Teil der Wahrheit erzählt. Merz beschließt, sie kurz vor der Entscheidung abzutelefonieren. Denn dem Parteivorsitzenden war zuvor nicht entgangen, dass über Monate aus den Ländern Kritik an ihm geäußert wurde. Er kümmere sich jenseits von Berlin nicht ausreichend um die Partei, binde nicht ausreichend ein, zeige zu wenig Wertschätzung. Was Merz auf keinen Fall gebrauchen kann, sind 15 CDU-Landesvorsitzende, die von einer Entscheidung in Sachen K-Frage vollkommen überrascht werden. Noch dazu, nachdem sie selbst die Forderung gestellt hatten, nicht außen vor gelassen zu werden. Also ruft Merz einen nach dem anderen an. Nur einen erreicht er nicht: Kai Wegner, den Regierenden Bürgermeister von Berlin. Allen anderen sagt Merz, dass Söder und er in Gesprächen seien. In der kommenden Woche werde man sich ein letztes Mal treffen und anschließend dem Präsidium einen Vorschlag für den Kanzlerkandidaten machen. Merz will ihnen damit zumindest das Gefühl geben, involviert zu sein. Aber: Keine Details, denn ab hier soll nichts mehr schiefgehen.

Umso größer ist der Unmut, als es doch passiert und dem Bayer am Ende einer zuvorkommt: Hendrik Wüst. Am Montagmorgen verschickt die CDU Nordrhein-Westfalen die Einladung zu einem Pressestatement des Landesvorsitzenden. Anlass, so heißt es zunächst aus NRW-CDU-Kreisen, sei eine «persönliche Erklärung» und der Blick auf die bevorstehende Bundestagswahl. Kurz herrscht Aufregung in der politischen Szene: Erklärt Wüst jetzt doch seine Kandidatur? Kommt hier die Revolte? Und wenn ja, warum weiß dann niemand Bescheid? Die Antwort ist klar: Der innerparteiliche Aufstand in letzter Minute bleibt aus. Wüst erklärt lediglich seinen Verzicht. Fast acht Minuten lässt der CDU-Politiker aus Nordrhein-Westfalen seine Zuhörerinnen und Zuhörer warten, erzählt davon, wie gut es in seiner Regierung läuft und von seinen guten Umfragewerten und dass ihn viele auf eine mögliche Kandidatur angesprochen hätten, gerade junge Menschen. Bis er schließlich zum entscheidenden Punkt kommt, nämlich «dass ich aktuell und unter den gegebenen Umständen für die Kanzlerkandidatur der Union bei der Bundestagswahl 2025 nicht zur Verfügung stehe». Und: «Gleichzeitig habe ich den Landesvorstand darum gebeten, unseren Bundesvorsitzenden Friedrich Merz als Kanzlerkandidaten zu unterstützen.» Es ist die entscheidende Botschaft in Sachen K-Frage. Plötzlich wirkt es in der Öffentlichkeit so, als habe Wüst einen Prozess entschieden – und als sei Merz Kandidat von seinen statt Söders Gnaden. Selbst jene, die überzeugt sind, dass Wüst nie wirklich zur Disposition stand, ziehen nun ihren Hut vor ihm. Der größte und wichtigste Landesverband der Christdemokraten und zudem noch Merz' Heimatverband steht hinter dem CDU-Kandidaten. In diesem Moment ist die Messe gelesen. Es ist ein strategischer Schachzug, der Wüst in der Öffentlichkeit gut dastehen lässt, der aber nicht bei allen gut ankommt. Vor allem in Bayern nicht. Söder habe getobt, so berichten es jene aus seinem Umfeld. Noch am selben Tag schickt der CSU-Chef den Fraktionsvorsitzenden Klaus Holetschek vor, um ordentlich Dampf zu machen. Bei der CSU-Fraktionsklausur in Kloster Banz sagt Holetschek der *Bild*-Zeitung: «Man hat eigentlich ein anderes Verfahren vereinbart zwischen den Parteivorsitzenden, und deswegen finde ich das überraschend an der Stelle.» Wüst müsse «selbst wissen, was er kommuniziert ... Es war ein gutes Verfahren, und an dem hätte man festhalten sollen.»

Unterdessen macht Söder sich auf den Weg nach Berlin. Am Montagabend trifft er Dobrindt im Hotel Marriott am Potsdamer Platz. Was eigentlich eine von langer Hand geplante Vorbesprechung des Entscheidungsgesprächs mit Merz sein sollte, wird in der Öffentlichkeit plötzlich zum Krisengespräch. Und als die CSU-Landesgruppe am nächsten Morgen um Punkt 9 Uhr informiert: «Heute, Dienstag, 17. September, 12 Uhr, findet in der Bayerischen Vertretung in Berlin, Behrenstr. 21/22, eine Pressekonferenz mit dem Vorsitzenden der CSU und Bayerischen Ministerpräsidenten, Dr. Markus Söder, und dem Vorsitzenden der CDU

Deutschlands und Vorsitzenden der CDU/CSU-Bundestags-fraktion, Friedrich Merz, statt», wirkt das wie eine Reaktion auf Wüst. Dabei sollte es der Gipfel einer lang vorbereiteten Choreografie werden. Man kann nun darüber streiten, ob es in Merz' Interesse war, dass Wüst Söder die Show gestohlen hat. Allerdings lässt sich bereits jetzt sagen: Geschadet hat es Merz jedenfalls nicht. Wer Markus Söder kennt, der weiß, dass bis zum Tag der Entscheidung nie einhundertprozentig sicher war, dass der Bayer am Ende mitspielt. Erst als die beiden Parteivorsitzenden sich in Söders Büro im dritten Stock der Landesvertretung bei Kaffee und Schokolade gegenüber-sitzen, ist es so weit. Merz sagt dem Vernehmen nach noch einmal, dass er die Kandidatur will. Und Söder akzeptiert es. Man informiert Linnemann und Dobrindt, dass sie dazu-kommen können. Anschließend wird über die Zusammen-arbeit und den weiteren Fahrplan gesprochen.

Söder wusste am Ende, dass er nicht gegen den Willen der CDU Kanzlerkandidat werden konnte. Dass Wüst als neuer Gegenspieler dazukam, mag für Söder nicht ausschlagge-bend gewesen sein. Es hat die Unterstützung des Bayern für Merz aber dennoch gefestigt. Auch über den 17. September hinaus. Wie sich bereits in dem anschließenden Pressestate-ment zeigen sollte: «Es gibt viele Ministerpräsidenten, aber nur zwei Parteivorsitzende der Union», sagt er und macht bewusst eine Pause, damit die Botschaft wirklich ankommt. Anschließend betont Söder gleich mehrfach, wie wichtig seine eigene Rolle in einer möglichen Koalition sein werde. «Für uns ist wichtig, dass Friedrich Merz und die CDU unter seiner Führung ein starkes Koordinatensystem haben, das mit uns, der CSU, gut vereinbar ist.» Dabei sei seine Aufgabe klar, die Unterstützung von Merz. «Denn in einer Koalition ist der Koalitionsausschuss der entscheidende Punkt, wo politische Verantwortung sich auf Dauer zeigt und auch politische Macht stattfindet.» Und wer ist kein Mitglied im Koalitionsausschuss? Richtig, Hendrik Wüst. Liebe Grüße nach Düsseldorf.

Bohrt man innerhalb der CDU tiefer nach, ob das Spektakel an jenem Dienstag wirklich von langer Hand geplant war, stößt man bald auf sehr unterschiedliche Erzählungen. Die einen behaupten, es sei eine Planänderung. Schließlich habe Merz im Vorfeld nur angekündigt, sich diese Woche mit Söder treffen zu wollen. Von einer Pressekonferenz sei keine Rede gewesen. Andere versichern, es sei genauso geplant gewesen. Allein die Ankündigung von Wüst sei als Überraschung gekommen. Es ist ein Buhlen um die Hoheit über das Narrativ. Und tatsächlich hat Wüst sie gewonnen. Während Söder stichelt, steht Merz gelassen daneben. Er grinst. Mehr nicht. Was der CDU-Chef von Wüsts Auftritt hält, schimmert nur in einem Satz durch, als er sagt, es sei eine gemeinsame Entscheidung der beiden Parteivorsitzenden. Die beiden (nicht drei) hätten sie lange besprochen. Es ist eine kleine Spitze, wohl auch um des CDU/CSU-Friedens willen. Aber eine Zurechtweisung ist es nicht. Warum auch? Für den CDU-Vorsitzenden ist es ein herrlicher Tag. Der Höhepunkt seiner politischen Laufbahn. Das Drumherum ist ein politisches Schauspiel. Während Wüst und Söder sich also darum streiten, wer was in Gang gesetzt hat, bleibt klar: Die Krone trägt am Ende Merz.

Was bewog Wüst und Söder, die nicht nur Umfragen zufolge beide bessere Chancen auf das Amt des Kanzlers gehabt hätten, sondern die sich auch selbst für den deutlich geeigneteren Kandidaten hielten, dazu, das Feld zu räumen? Es gibt eine Reihe von Theorien. Und die Details zu den Entscheidungen werden an anderer Stelle in diesem Buch beleuchtet. Vorab ist einer der wichtigsten Gründe, der auch die Partei insgesamt dazu bewegt hat, sich hinter Merz zu versammeln: die Angst davor, das Wahlkampf-Desaster 2021 könne sich wiederholen. Sie ist am Ende größer als die Sorge, man werde die Wahl mit Merz an der Spitze verlieren. Zumal die Gesamtsituation im September eine deutlich andere ist, als sie es kurz vor der vorherigen Bundestagswahl bei Armin Laschet war. Damals wurden die Werte der Union immer schlechter. Während man die Wahl 2017 noch mit 32,9 Prozent gewonnen hatte, stand man plötzlich in den Umfragen bei 22 Prozent, deutlich hinter der SPD. Durch diverse Wahlkampf-Patzer hatte Laschet sich angreifbar gemacht. Und während man sich in den Bundesländern fragte, wofür sich der Wahlkampf noch lohnte, fürchteten die Abgeordneten der Bundestagsfraktion um ihre Mandate. Im Vergleich dazu sieht die Lage für CDU und CSU drei Jahre später, im September 2024, gut aus. Die Ampel gibt das Bild einer zerstrittenen Regierung ab, während in der Union der Zusammenhalt besser denn je scheint. In den Umfragen stehen die beiden Schwesterparteien im September 2024 bei rund 33 Prozent und sind damit stärker als alle drei Ampel-Partner zusammen. Die SPD kommt gerade so auf 15 Prozent. Ist das Risiko, mit Merz anzutreten, da wirklich so groß? Zu dem Zeitpunkt jedenfalls nicht. Das ist auch Wüst und Söder klar – und sie stellen sich deshalb erst einmal zurück.

Dass sowohl Markus Söder als auch Hendrik Wüst sich schließlich so mehr oder minder geräuschlos einreihen, wird nicht nur in der Partei als großer Erfolg verstanden, sondern auch in der Öffentlichkeit. Die ARD-Korrespondentin Sarah Frühauf kommentiert am Abend der Entscheidung in den Tagesthemen: «Das muss man Friedrich Merz lassen! Die Union hat es geschafft, ohne öffentlichen Streit einen Kanzlerkandidaten zu küren. Strategisch war das eine Meisterleistung.» Es ist ein überragender Sieg für Merz. Über den er sich bewusst ist und dabei gleichzeitig immer Söder im Blick hat. Merz dankt dem Vorsitzenden der kleinen Schwesterpartei bei jeder Gelegenheit für die «tolle Zusammenarbeit». Beide hätten sich gleich zu Beginn ihrer gemeinsamen Arbeit fest versprochen, «dass CDU und CSU wieder besser zusammenarbeiten müssen, als das vorher der Fall war, und dieses Versprechen lösen wir mit dem heutigen Tag ein», sagt Merz bei der Pressekonferenz in der Landesvertretung. Händeschütteln, Schulterklopfen, das haben wir gut geschaukelt. Die beiden geben sich alle Mühe, harmonisch zu wirken. Wenngleich vor allem Söders Worte durchklingen lassen, was nach wie vor allen Beteiligten klar ist: In der Bayerischen Landesvertretung sprechen an jenem Dienstagmittag keine Verbündeten. Die Entscheidung über die K-Frage hat kein plötzliches Dream-Team aus zwei Parteivorsitzenden geschaffen. Der CSU-Chef wird in den Wochen danach immer wieder betonen, wie geeignet sie beide gewesen wären, Friedrich Merz habe jedoch von seinem «Zugriffsrecht Gebrauch gemacht». Überzeugung klingt anders. Und Merz? Der sitzt an einem Abend wenige Tage nach der Entscheidung bei einer Buchvorstellung des ehemaligen CDU-Politikers Andreas Rödder. Als er einen Journalisten von der *taz* sieht, ruft er ihm zu: «Schöne Überschrift.» Die Tageszeitung hatte am 18. September über einem Foto der beiden Parteivorsitzenden getitelt: «Erste erfolgreiche Zurückweisung».

Was an jenem 17. September logisch wirkt, das schien lange undenkbar. Der Sauerländer war von 2009 bis 2021 von der politischen Bühne verschwunden. Sein Comeback an die Spitze der Partei: zwei Mal gescheitert. Nicht nur, weil die anderen besser waren als er, sondern auch, weil Merz lange nicht ausreichend überzeugt hat, die Partei nicht mehr kannte. Auch nach seiner Wahl zum Parteivorsitzenden fremdelten weite Teile der CDU mit Merz. Viele blickten besorgt und durchaus auch mit Widerstand auf den bevorstehenden Kurswechsel, den er mit sich brachte. Nicht wenige überlegten sogar, wie man ihn wieder loswerden könnte. Bis schließlich der Moment eintrat, in dem man ihn akzeptierte. Der Moment, in dem Merz unausweichlich wurde. Unvermeidbar.

Wie und wann genau das passierte, darum wird es in diesem Buch gehen. Denn am Ende hat Angela Merkel ein Vakuum in der Partei hinterlassen, von dem einige glaubten, es füllen zu können, darunter eine designierte Nachfolgerin und ein Ministerpräsident aus Nordrhein-Westfalen. Am Ende gelang es hingegen aller Widerstände und Zweifel ausgerechnet dem alten Rivalen der Kanzlerin: Friedrich Merz. Mit ihm beginnt für die Partei eine neue Ära. Was wird also aus der CDU, aber auch aus der Union insgesamt unter dem Mann, der eigentlich längst Geschichte zu sein schien? Und was bedeutet ein potenzieller Kanzler Merz für Deutschland? Die folgenden Seiten sind der Versuch einer Erörterung.

DER UNVERMEIDBARE PARTEIVORSITZENDE

1

«ZEIT FÜR EINEN WECHSEL»

Wolfgang Schäuble

Wolfgang Schäuble lässt sich nicht stören, als die Tür zu seinem Büro aufgeht. Seine Augen sind konzentriert auf ein Papier gerichtet, das vor ihm auf dem Schreibtisch liegt. Mit einem Stift macht Schäuble Anmerkungen, alles andere ist gerade unwichtig. Erst als seine Sekretärin sich räuspert, hebt er den Kopf, bewegt seinen Rollstuhl in den Raum hinein, an einen größeren Tisch. «Bitte, setzen Sie sich», sagt er. Es ist ein trüber Winternachmittag, der 25. Januar 2022, unmittelbar nach dem CDU-Parteitag. Vor gerade mal drei Tagen haben die Delegierten Friedrich Merz zu ihrem Vorsitzenden gewählt. Schäuble zählt bis zu seinem Tod am 26. Dezember 2023 zu den engsten Wegbegleitern des Sauerländers. Merz selbst wird in seiner Rede beim Staatsakt für den verstorbenen Christdemokraten sagen: «Über die letzten 30 Jahre ist zwischen Wolfgang Schäuble und mir eine tiefe und vertrauensvolle Freundschaft entstanden.» Anschließend wird er immer wieder betonen, er habe mit Schäuble seinen «engsten Freund und Ratgeber» verloren.

An diesem Nachmittag im Januar, fast zwei Jahre vor seinem Tod, hat Schäuble zu einem Gespräch geladen. Es wird darin um Friedrich Merz gehen und um die CDU nach Angela Merkel. Schon zu Lebzeiten gehörte der Mann aus Baden-Württemberg in der Politik zu den prägendsten Figuren der vergangenen Jahrzehnte. Unter Helmut Kohl hat er die Wiedervereinigung mitverhandelt, unter Merkel Deutschland durch die Finanzkrise gesteuert. Zwei Mal hat er 16 Jahre Regierung erlebt, als Abgeordneter, Bundesminister und Bundestagspräsident die deutsche Politik geprägt, und jetzt verbringt er seine letzten Jahre im Parlament noch einmal in der Opposition.

Nachdem die CDU im September 2021 die Bundestagswahl verloren hatte, brach für einige Abgeordnete der CDU/CSU-Fraktion nicht nur eine gänzlich neue Ära an, sondern auch eine Welt zusammen. Viele von ihnen kannten das Leben in der Opposition bislang nicht.

Schäuble hingegen sieht die Sache entspannt. Über die verlorene Wahl sagt er bloß: «Nach 16 Jahren ist es in jedem Fall an der Zeit für einen Wechsel.» Es sei nicht normal, dass ein Kanzler oder eine Kanzlerin derart lange regiere. Nicht einmal Helmut Kohl habe das geschafft. Schäuble glaubt, dass Kohl die Wahl ohne den Mauerfall verloren hätte, «nach dem, was man 1989 absehen konnte». Nur durch die umwälzenden Ereignisse habe der CDU-Kanzler noch einmal acht Jahre bekommen. «Kohl war eigentlich zwei Mal acht Jahre Kanzler», so Schäuble. Der SPD-Politiker Gerhard Schröder habe dann schließlich den Wahlslogan «Danke, Helmut, es reicht» ins Spiel gebracht – und Kohl damit abgelöst. Deswegen sei es nicht so überraschend, wenn man es aus dieser eher historischen Perspektive sehe, «dass nach so vielen Jahren die Wahrscheinlichkeit für einen Wechsel sehr groß ist», erklärt Schäuble. Und in diesem Fall sei noch hinzugekommen, dass die SPD über Jahre einen schweren Niedergang habe durchmachen müssen, der durch die Tatsache, dass man sich 2017 noch mal auf eine Große Koalition eingelassen habe, weiter befeuert worden ist.

Der CDU-Politiker sieht aus dem Fenster und fixiert einen

Punkt in der Ferne. Er kneift die Augen ein wenig zusammen, überlegt einen Moment, bevor er hinzufügt: «Wenn Sie mich fragen, wann man falsch abgebogen ist – dann 2017 mit der Großen Koalition.» Schäuble sagt, er selbst habe deutlich davor gewarnt und der Kanzlerin dringend davon abgeraten, als Jamaika nicht zustande gekommen war. Schon damals habe er vorhergesagt, dass das Bündnis nicht nur für die SPD, sondern auch für die CDU eine Katastrophe werden würde. Was anschließend kam, sei unvermeidbar gewesen: «ein unaufhaltbarer Aufstieg der Grünen».

Was Schäuble in diesem Gespräch beschreibt – und was durch die Coronakrise kurzzeitig in den Hintergrund gerückt war: Auch die Regierung unter Angela Merkel hatte die Deutschen ermüdet. In einem schleichenden Prozess und über mehrere Jahre hinweg hatte die Kanzlerin ihre Machtbasis dahinschwinden sehen. Die Partei, zu der Merkel ohnehin ein spezielles Verhältnis pflegte, entfremdete sich zunehmend von ihr – und andersherum. Mit der Flüchtlingskrise 2015 passierte schließlich erstmals etwas, das über Jahre undenkbar schien. Merkel, der es sonst gut gelungen war, ein Gespür für mehrheitsfähige Entscheidungen zu behalten, handelte in diesem Fall allem voran aus tiefster Überzeugung. Während es nicht nur in der Union einen großen Wunsch nach Grenzschließungen gab, sagte die Kanzlerin den Deutschen: «Wir schaffen das.»

Es gibt viele Christdemokraten, die Merkel diesen Satz bis heute übel nehmen und das auch in aller Regelmäßigkeit äußern. Doch schon damals spiegelte sich die Unzufriedenheit mit der eigenen Führung in lauter Kritik und Protest wider, angefangen mit der Rebellion der CSU in Person von Horst Seehofer. Fast drei Jahre lang loderte der Konflikt zwischen Merkel und dem CSU-Chef im Kern um die Frage, ob Deutschland Zuwanderung begrenzen sollte oder nicht, bis er 2018 schließlich komplett eskalierte. Kurzzeitig befürchtete man in der Union einen irreparablen Bruch.

Unterdessen machte sich die Unzufriedenheit der Bürgerinnen und Bürger mit der Regierung in historisch schwachen Landtagswahlergebnissen bemerkbar. Sowohl Bayern als auch Hessen wurden zu einer Zäsur. Im September verlor die Kanzlerin schließlich den für sie wichtigen Rückhalt der CDU/CSU-Fraktion im Bundestag. Neben dem Merkel-Kandidaten Volker Kauder beschloss auch der Außenseiter Ralph Brinkhaus, für das Amt des Fraktionschefs zu kandidieren – und gewann. Es war ein klares Signal der Abgeordneten in Richtung Kanzlerin, dass diese ihre Loyalität verspielt hatte.

Es gab aber noch einen anderen wichtigen Grund, der zu Merkels Machtverlust beitrug: die Abwendung der Ostdeutschen von der Frau aus der Uckermark. Der *Zeit*-Journalist Martin Machowecz beschrieb es damals in einem Artikel Anfang Oktober 2018 wie folgt: «Ostdeutschland ist mitverantwortlich für Angela Merkels schleichenden Machtverlust, weil niemand ohne seine Basis, ohne seine Leute mächtig sein kann. So wie Horst Seehofers Macht schwindet, seit er die Bayern nicht mehr sicher hinter sich weiß, schwindet Angela Merkels Macht, seit sie den Osten verliert. Man könnte sagen: Eines der größten Probleme der Angela Merkel, größer als die Abwahl Volker Kauders oder ein renitenter Verfassungsschutzchef, ist die Entfremdung zwischen ihr und ihren Leuten.» Damit habe das Finale ihrer politischen Karriere begonnen.

Das Verhältnis der Altkanzlerin zu ihrer Partei war tatsächlich schon immer ein anderes gewesen als bei den meisten Parteigenossen. Der Journalist Alexander Osang, der Merkel über viele Jahre eng begleitet hat, beschrieb es in einem Porträt einmal so, dass die Kanzlerin sich die CDU einst ausgesucht hat wie andere eine Kugel Eis. Während das klassische Verhältnis also immer ein fast familiäres gewesen ist, wurde es bei Merkel mehr Mittel zum Zweck. Sie gewann Wahlen, die Partei verschaffte Mehrheiten. Solange das funktionierte, lief der Laden. So gesehen markierte der Abend der Hessen-Wahl auch deshalb einen entscheidenden Moment. Denn plötzlich funktionierte das Verhältnis nicht mehr. Das Ergebnis war für die Kanzlerin katastrophal. Schäuble und einige andere in der Partei ahnten zu jener Zeit bereits, dass nach wie vor ein Mann darauf wartete, erneut einen Anlauf zu wagen: Friedrich Merz. Er beobachtete die Geschehnisse bis dahin zwar aus der Distanz, aber dafür nicht weniger aufmerksam.

Den Abend des 28. Oktober 2018 verbringt Friedrich Merz zu Hause im Sauerland. Gemeinsam mit seiner Frau Charlotte beobachtet der CDU-Politiker den Ausgang der hessischen Landtagswahl im Wohnzimmer seines dunkelroten Backsteinhauses in Arnsberg. Auf dem Bildschirm kündigt der Moderator die vorläufigen Ergebnisse an. Merz sitzt auf dem Sofa und sieht durch seine runde Brille, wie sich der schwarze Balken seiner Partei nach oben bewegt. Bei 27 Prozent kommt er zum Stehen. Damit hat die CDU die Wahl zwar gewonnen, schneidet jedoch so schwach ab wie noch nie. Es ist ein Minus von 11,3 Prozent. In diesem Moment weiß Merz, dass in der Partei etwas ins Rutschen geraten wird, wenn nicht schon geraten ist. Womöglich steht sogar ein Machtwechsel bevor. Für den CDU-Politiker ist es ein entscheidender Augenblick.

Über Jahre hatte Merz zugesehen, wie Angela Merkel das Amt ausübte, von dem er selbst überzeugt war, es besser zu können. Immer wieder hatten ihm CDU-Mitglieder und ehemalige Kollegen geraten zurückzukehren, ihn darum gebeten und ihn ermutigt. Und so richtig hatte Merz den Gedanken auch nie abgelegt.

An diesem Abend Ende Oktober 2018 wird die Tür zur Parteispitze für ihn nun noch einmal geöffnet. Denn dass sich etwas ändern muss, liegt auf der Hand: Zu massiv ist der Absturz – die Partei verliert mit über 11 Prozent wahnsinnig viel Zuspruch, zu deutlich lässt sich der Ausgang der Wahl auf die Performance im Bund zurückführen. Laut dem Umfrageinstitut infratest dimap gaben 73 Prozent der CDU-Wählerinnen und Wähler an, die Landtagswahl sei «eine gute Gelegenheit, um der Bundesregierung einen Denkzettel zu verpassen». Das Ergebnis ist eine harte Klatsche für die Partei in Berlin und eine Absage an die Kanzlerin. Und auch wenn Merz es so nie zugeben würde: Spätestens ab dem Zeitpunkt, an dem er an diesem Abend die Nachrichtenlage von Arnsberg aus verfolgt, beginnt für ihn der Kampf zurück an die Spitze seiner Partei.

Hunderte Kilometer vom Sauerland entfernt verfolgt Angela Merkel das Geschehen im Kanzleramt. Sie wird an diesem Abend, so berichten es jene aus ihrem Umfeld, nicht mehr in die CDU-Parteizentrale fahren, wird kaum mehr Gespräche führen. Das, worüber Merkel in den kommenden Stunden entscheidet, soll sie weitestgehend mit sich selbst ausgemacht haben. Am nächsten Morgen, es ist der 29. Oktober, tritt Merkel im Konrad-Adenauer-Haus vor die Öffentlichkeit. Die Frau, die fast 20 Jahre an der Spitze der Partei verbracht hat, verströmt eine beachtliche Ruhe. Merkel steht dort vor den Kameras und Notizblöcken der Journalistinnen und Journalisten, lässt den Blick durch die Gesichter schweifen. Unter ihrer magentafarbenen Kostümjacke trägt sie, bewusst oder unbewusst, Schwarz. Sie atmet kurz ein. Dann fängt sie an. «Für mich ist es heute an der Zeit, Ihnen folgende Entscheidung mitzuteilen. Erstens: Auf dem nächsten Bundesparteitag der CDU im Dezember in Hamburg werde ich nicht wieder für das Amt der Vorsitzenden der CDU Deutschlands kandidieren. Zweitens: Diese vierte Amtszeit ist meine letzte als Bundeskanzlerin der Bundesrepublik Deutschland. Bei der Bundestagswahl 2021 werde ich nicht wieder als Kanzlerkandidatin der Union antreten. Und auch nicht mehr für den Deutschen Bundestag kandidieren. Und, das will ich nur zu Protokoll geben, auch keine weiteren politischen Ämter anstreben.» Ein kurzes Lächeln, das war's.

Die Journalisten schreiben eifrig mit, während Merkel all das in einer Abgeklärtheit verkündet, die selbst erfahrene Politprofis in Erstaunen versetzt. Mit der Ankündigung ihres Rückzugs gelingt es Merkel, die Reißleine zu ziehen, bevor ihr jemand zuvorkommen kann. Ohne die Pandemie und den damit plötzlich einhergehenden Stimmungsumschwung wäre das wohl nur eine Frage der Zeit gewesen. Die *Süddeutsche Zeitung* wird später von einem «bemerkenswerten Auftritt» schreiben.

Im Konrad-Adenauer-Haus versuchen sie unterdessen an jenem Vormittag, sich nicht anmerken zu lassen, wie kalt der Rückzug der Parteivorsitzenden sie tatsächlich erwischt hat. Denn so richtig wusste niemand von Merkels Plänen. Ihre Generalsekretärin und designierte Nachfolgerin, Annegret Kramp-Karrenbauer, hatte die Kanzlerin erst am selben Mor gen kurz vor den Gremien eingeweiht. Kramp-Karrenbauer sollte beim Parteitag im Dezember für den CDU-Vorsitz kandidieren. Anschließend würden ihr drei Jahre bleiben, um sich in Stellung zu bringen. Als die Saarländerin von ihrem Schicksal erfährt, bleiben ihr nur wenige Minuten, um ihren Mann und ihre Kinder einzuweihen, ehe die Information aus der Präsidiumssitzung an die Medien durchgestochen wird.

Es dauert nur wenige Minuten, ehe ein Erbstreit beginnt, der Jahre andauern wird. Verschiedene Personen werden sich daran beteiligen. Kramp-Karrenbauer, aber auch der damalige Ministerpräsident von Nordrhein-Westfalen Armin Laschet, der Corona-Gesundheitsminister Jens Spahn, Außenpolitiker Norbert Röttgen, Merkels Kanzleramtschef Helge Braun. Und, allen voran: Friedrich Merz. Um 12:38 Uhr, noch während der Gremiensitzung, schreibt die *Bild*: «Merz zur Kandidatur für CDU-Vorsitz bereit».

Auf diesen Moment haben Merz, aber auch einige andere, schon lange gewartet. Die CDU steht vor einer Zeit der Ungewissheit, aber auch vor einer wichtigen Chance auf Veränderung. Nur, ist sie zu dem Zeitpunkt auch wirklich bereit? Und ist die Halbzeit einer Legislaturperiode der richtige Moment? Viele in der Partei geben sich zu jener Zeit zwar hoffnungsvoll auf Erneuerung, allerdings ist Merkel ja immer noch da. Ein Umstand, der sich in den folgenden Jahren für die Parteivorsitzenden nach ihr immer wieder bemerkbar machen wird. Die Erste, die das zu spüren bekommt, ist Annegret Kramp-Karrenbauer.

Nur wenige Wochen nach Merkels Rückzugsankündigung entscheidet sich die CDU in den Hallen des Messezentrums Hamburg zwischen drei Kandidaten für die Frau aus dem Saarland. 1001 Delegierte versammeln sich dort an einem kalten Dezemberwochenende, um Merkels Nachfolge zu bestimmen. Als Annegret Kramp-Karrenbauer vor Ort ankommt, merken Parteikollegen ihr die Nervosität an. Lange hat sich die Saarländerin auf diesen Moment vorbereitet. Tag für Tag, über Wochen, eigentlich sogar Monate. Die Rede, die sie ausgedruckt bei sich trägt, hat sie Hunderte Male überarbeitet, gekürzt, dann wieder erweitert – und schließlich verinnerlicht. Als Kramp-Karrenbauer vor der Partei auf die Bühne tritt, trägt sie nur noch ein paar Notizen bei sich. Sie legt die Papiere vor sich auf das Rednerpult, nimmt einen großen Schluck Wasser, atmet ein und fängt an.

Es ist ein flammendes Plädoyer, das die Christdemokratin dort hält. Für eine bessere CDU – und für sich selbst. Die Delegierten spüren das. Sie spüren, dass dort eine Frau steht, die bereit ist, der Partei zu dienen, die Ideen hat, um sie voranzutreiben, und die den Kern der CDU doch erhalten will. «AKK» zeigt auf der Bühne, dass sie Respekt vor der Aufgabe hat und sie sich zugleich zutraut. Im Saal kommt das an. Immer wieder applaudiert die Menge, jubelt ihr zu, erhebt sich von den Plätzen. Am Ende hebt AKK stolz den Kopf und lacht. Es ist die erfolgreichste Rede ihrer politischen Karriere.

Die Merkel-Vertraute gewinnt die Wahl mit 35 Stimmen Vorsprung gegen Friedrich Merz. Viele in der Partei werden später sagen, es habe vor allem daran gelegen, dass die Saarländerin auf der Bühne über sich hinausgewachsen sei. Allerdings waren ihrem Auftritt im Vorfeld noch zwei weitere wichtige Entwicklungen vorausgegangen. Die Überzeugungsarbeit der Saarländerin hatte nicht erst mit der fulminanten Rede auf dem Parteitag begonnen. Vielmehr hatte Kramp-Karrenbauer über Wochen Telefonate geführt, mit verschiedenen Gruppen der Partei, darunter auch jenen, die ihr eigentlich nicht wirklich Unterstützung zollten. Es stimmt, was Merz und seine Anhänger gerne behaupten, dass Merkel und sie auch die Frauen mobilisierten. AKK suchte aber darüber hinaus auch Kontakt zu den Konservativen, zu den innenpolitischen Hardlinern und versprach ihnen die Aufarbeitung der Flüchtlingskrise. Zudem wendete sie sich dem Wirtschaftsflügel und der Jungen Union zu, deren Vorsitzenden Paul Ziemiak sie sich als ihren Nachfolger ins Konrad-Adenauer-Haus holte.

Die Saarländerin sah in der CDU eine Partei, die in Teilen noch befriedet werden musste – aber Versöhnung suchte. Zusammenhalt ist in der CDU so wichtig wie in kaum einer anderen Partei, und viele sorgten sich um die Machtübernahme nach Merkel. Was mit einem offenen Machtkampf drohen würde, war für viele schon damals klar. Und genau den hätte es mit Merz wohl unmittelbar gegeben.

Hinzu kam, dass Merz an jenem Samstag in Hamburg den deutlich schwächeren Auftritt hinlegte. Selbst seine Anhänger sagten später, dass Merz' Rede im Saal und für die Delegierten nicht funktioniert hatte. Dabei soll er bei seiner Ankunft, anders als Kramp-Karrenbauer, keineswegs nervös gewirkt haben. Im Gegenteil, der CDU-Politiker schien schon vor Beginn der Veranstaltung sicher zu sein, gute Chancen zu haben. «Er hat die Situation schlicht unterschätzt», wird einer seiner Wegleiter später über jenen Auftritt sagen.

Merz' Rede war maximal durchschnittlich. Anders als Kramp-Karrenbauer, die sich der Partei vollkommen hingab, übermittelte Merz den Anspruch: Ihr wollt mich doch, dann wählt mich auch. Dass er sich noch einmal würde beweisen müssen, stand für ihn offenbar außer Frage. Merz stolperte an jenem Dezemberwochenende in Hamburg über etwas, das ihm in den kommenden Jahren noch häufiger Probleme bereiten sollte: die eigene Selbstsicherheit. Es ist eine Art der Selbstsicherheit, die Merz immer wieder und eben auch vor jenem Parteitag verspürt haben muss. Womöglich hat sie in dem Fall zu dem Glauben geführt, dass die Wahl ohnehin auf ihn hinauslaufen werde.

Merz' Selbstbewusstsein kommt nicht von ungefähr. Der CDU-Mann war zwar nach seinem Ausstieg aus der Berufspolitik weitestgehend von der öffentlichen Bühne verschwunden, erhielt allerdings weiter politischen Zuspruch aus seiner Anhängerschaft. «Nach jeder Bierzeltrede, wenn er bei einem seiner öffentlichen Auftritte wieder Stimmung gemacht hat, haben sie ihm gesagt ‹Friedrich komm zurück. Deine Partei braucht dich›», erzählt ein Parteifreund, der Merz schon lange kennt.

Nach seinem Ausscheiden aus dem Bundestag 2009 blieb der Mann aus dem Sauerland für viele Merkel-Gegner eine konservative Galionsfigur. Für sie war und ist er die einzige Hoffnung. Sie glauben, nur er könne die CDU wieder zu dem zu machen, was sie vor der Kanzlerin einmal war. In diesen «Merz-Ultra-Kreisen» warten sie nicht nur auf die Rückkehr des Sauerländers, sondern auch darauf, dass er die Partei zu ihrem Kern und vielleicht auch ein Stück weiter nach rechts zurückführt. (Weite Teile dieser Gefolgschaft ahnten nicht, dass sie am Ende zumindest teilweise enttäuscht werden sollten.)

Für die Merkel-Anhänger war es ein zentraler Erfolg der Kanzlerin, die CDU-Wählerschaft zu erweitern und auch leicht links der Mitte zu überzeugen. Auf der anderen Seite im Merz-Lager war man sich sicher, dass durch den dafür notwendigen Kurs viel mehr Klientel rechts der Mitte verprellt wurde. Bis heute ist man sich unter Christdemokraten uneins darüber, wo am Ende mehr Potenzial für die Partei liegt. Fakt ist jedoch, dass Merz, anders als viele, die nach ihm gerufen haben, beide Seiten versteht. Den CDU-Politiker wird dieses interne Ringen während seiner Zeit als CDU-Vorsitzender regelmäßig beschäftigen: Wie kann die Union die dazugewonnenen Merkel-Wählerinnen und -Wähler halten und gleichzeitig eine in Teilen verloren gegangene konservative Kernwählerschaft zurückholen?

Allerdings dauert es eine ganze Weile, bis Merz zu diesem Befund kommt. In dem Moment, als Merkel ihren Rücktritt verkündet, ist der Sauerländer sich zunächst einmal über etwas ganz anderes sicher: dass er der natürliche Nachfolger ist. Merz glaubt, dass alles auf ihn hinausläuft, es gar nicht anders geht. Die Partei ist aus seiner Sicht schwer frustriert, und dass die Delegierten sich auf eine «Weiter-so»-Kandidatin und Merkel-Vertraute einlassen würden, glaubt er nicht.

Aber so kam es. Und Merz, der in vielerlei Hinsicht längst nicht so vorbereitet auf die Wahl zum Parteivorsitz war wie seine Gegnerin, trug die Konsequenzen. Wer dachte, dass die Führungsfrage innerhalb der CDU nach dem Hamburger Parteitag geklärt war, sollte bald eines Besseren belehrt werden. Bereits kurz nach der Wahl von AKK fingen die Ersten an, an dem Ast, auf dem sie saß, zu sägen. Ist sie sicher die Richtige? Hat sie auch wirklich das Zeug dazu? Besonders aus einem Landesverband wurden breit und in aller Regelmäßigkeit Zweifel an der neuen CDU-Chefin gestreut: Nordrhein-Westfalen. Das war, wie sich später zeigen sollte, kein Zufall. Denn Kramp-Karrenbauers Nachfolger war schließlich kein anderer als der ehemalige NRW-Ministerpräsident Armin Laschet.

Zusätzlich schürten diverse Fehltritte die grassierenden Zweifel an der neuen Parteivorsitzenden. Von tatsächlich größeren Fehlern wie dem Wechsel als Verteidigungsministerin ins Kabinett von Merkel bis hin zu Lappalien wie dem Auftritt als Putzfrau beim Karneval – es heißt, sogar die Kanzlerin habe am Ende ihre Zweifel geäußert. Über den Karnevals-Auftritt soll sich Merkel empört gezeigt haben, so etwas schade der Autorität, die für eine Kanzlerschaft nötig sei, so soll es die Kanzlerin Teilnehmern zufolge anschließend in einer Runde gesagt haben.

Hinzu kam die Kritik, die Parteivorsitzende täte sich nicht ausreichend hervor. Zudem fehle ihr der Biss, hieß es in der Partei und schließlich auch aus dem Kanzleramt. Interessant ist, dass die Zurückhaltung von Kramp-Karrenbauer nicht nur, aber auch aus ihrer Loyalität zu Merkel resultierte. Denn die Saarländerin hatte sehr wohl im Blick, dass aufseiten der Kanzlerin die Sorge bestand, sie könne versuchen, ihr gefährlich zu werden. Friedrich Merz hätte ihr hier sogar geholfen: In der CDU wird erzählt, Merz hätte der neuen Vorsitzenden angeboten, beim Absägen von Merkel tatkräftig zu helfen. Doch die damalige Parteivorsitzende blieb Merkel treu – und hoffte, dafür belohnt zu werden.

Doch Merkel tat das Gegenteil. Anders als AKK sah die Kanzlerin, wie beschrieben, in der CDU keine «Familie» und in ihrer Nachfolge entsprechend nicht die Weitergabe eines Erbes. Für Merkel folgte dieser Prozess eher der Logik eines Assessment-Centers, also eine Art Bewerbungsverfahren. Stufe eins: die Wahl zur Parteivorsitzenden. Stufe zwei: der Parteivorsitz. Und schließlich Stufe drei: die Kanzlerkandidatur und anschließende Bundestagswahl. AKK war in Stufe zwei gescheitert.

Also hat die Kanzlerin in einer noch mal anderen Gesprächsrunde schließlich sehr bewusst folgenden Satz platziert: «Ich kann die Leute nur in Stellung bringen. Laufen müssen sie schon selbst.» In dieser Formulierung lag die entscheidende Missbilligung: Und diese Frau kann es leider nicht. Merkel dürfte dabei gewusst haben, dass diese Aussage schließlich in der Öffentlichkeit landen und für einen entscheidenden Autoritätsverlust ihrer Vorsitzenden sorgen würde.

Es folgten Monate, in denen die Lage für Kramp-Karrenbauer immer fragiler wurde. Die Kritik wurde lauter und lauter, bis mit der Landtagswahl in Thüringen im Oktober 2019 der Kipppunkt erreicht war. AKK entglitt die Kontrolle, als ihr CDU-Landesverband gemeinsam mit der AfD den FDP-Politiker Thomas Kemmerich zum Ministerpräsidenten wählte. Merkel beschloss, von einer Dienstreise aus Südafrika einzugreifen. Danach sollte es nicht lange dauern, bis die CDU erneut vor einer Wahl zum Parteivorsitz stand. Wieder entschied sich die CDU gegen Friedrich Merz und für einen anderen Kandidaten: Armin Laschet. Doch auch der sollte es nicht endgültig bleiben. Bis nach der verlorenen Bundestagswahl wirkte die CDU orientierungslos. Oder, wie es einer sagte, der heute zur Führungsriege gehört: «Die Partei war im Grunde nicht mehr zum eigenständigen Denken in der Lage.»

Bis heute wird unter Christdemokraten darüber spekuliert, ob das Chaos, in das Merkel die CDU laufen ließ, Absicht, Kontrollverlust oder Gleichgültigkeit war. Ob die ehemalige Vorsitzende damit eine Art Nimbus von sich selbst erzeugen und dem Bild ihrer selbst mehr Gewicht geben wollte. Mancher in der Union sagt bis heute: Merkel habe sich sehr bewusst nicht um ihre Nachfolge gekümmert. Oder aber, wie andere glauben, dass Merkel schlicht nicht mehr die Kraft gehabt habe und die Herausforderungen und Problematiken eines Übergangs unterschätzt hatte.

Im Büro Wolfgang Schäubles im Januar 2022 hält dieser kurz inne, als er auf das Scheitern von Kramp-Karrenbauer angesprochen wird. Kurz wirkt es so, als falle es ihm schwer, die folgenden Worte über die Lippen zu bringen. Dann tut er es doch, zieht die Augenbrauen hoch und sagt: «Frau Merkel war nicht bereit, das zu tun, was sie hätte machen müssen. Sie hätte Frau Kramp-Karrenbauer als Vorsitzender Raum geben müssen. Hat sie aber nicht.»

Gründe dafür habe es laut Schäuble mehrere gegeben: die Sorge, gestürzt zu werden, sei wohl eine davon gewesen. Aber auch der Wunsch der Saarländerin, die Flüchtlingspolitik gemeinsam mit der Partei noch einmal aufzuarbeiten. Das habe Merkel doch deutlich gestört, erzählt Schäuble.

Für Merkel war es am Ende wohl wichtig, als Kanzlerin geschätzt und nach ihrer Zeit auch vermisst zu werden, sie schien letztlich über ihrer Partei zu stehen. Wie weit sich Merkel tatsächlich emanzipiert hatte, sollte sich in den letzten Jahren ihrer Kanzlerschaft noch mehrfach zeigen, und auch viele Christdemokraten bestätigen dies. Vor allem aber zeigte sich ihre Entfernung von der CDU *nach* ihrer Kanzlerschaft. Sie vermied weitestgehend öffentliche Auftritte mit Parteikollegen, sie trat aus der CDU-nahen Konrad-Adenauer-Stiftung aus. Bei einer Pressekonferenz sprach sie von der CDU sogar mal als der Partei, der sie «nahesteht», nicht der, der sie angehört. Aus Versehen, versteht sich.

Jahre später wird Friedrich Merz kurz nach seiner Kür zum Kanzlerkandidaten eine Feier zum 70. Geburtstag der Kanzlerin ausrichten. Es wird die erste CDU-Veranstaltung sein, an der Merkel nach ihrem Abgang teilnimmt. Nach fast drei Jahren. Der Vorsitzende hält das Gruß- und das Schlusswort und beschließt, an den Moment zu erinnern: «Im Namen der gesamten CDU Deutschlands wünsche ich dir und wünschen wir uns, dass dir deine Neugier noch lange erhalten bleibt. Und dass du deiner Partei, der du angehörst und nicht nur nahestehst – am besten beides –, dass du der CDU gewogen bleibst.» Das Publikum lacht. Nur Merkel guckt etwas gequält.

Nachdem es der Altkanzlerin nicht gelungen war, den Staffelstab an ihre Nachfolgerin zu übergeben, brach in der Partei Chaos aus. Und so kam es, dass auch der zweite Nachfolger scheiterte und zum Leidtragenden des Erbstreits nach Merkel wurde. Es war der Ministerpräsident aus Nordrhein-Westfalen: Armin Laschet.

2

DAS TRAUMA

Im Frühjahr 2021 kehrt Friedrich Merz noch einmal in die Bundespolitik zurück. Eine Reihe von Weggefährten soll ihm dazu geraten, ihn darum gebeten haben, so erzählen Merz und sein Umfeld es später. Man habe ihm nahegelegt, seine Wiederkehr sei gewinnbringend – für ihn selbst, die CDU, womöglich sogar das ganze Land.

Zu dem Zeitpunkt ist Merz bereits zwei Mal an einer Kandidatur um den Parteivorsitz gescheitert. Beim digitalen Parteitag der CDU im Januar desselben Jahres hatte sich der Rheinländer Laschet fast schon überraschend gegen den Sauerländer durchgesetzt, obwohl viele zuvor geglaubt hatten, für Merz sei der Wahlsieg sicher. Es kam anders. Laschet wurde Parteivorsitzender, während Merz an den politischen Spielfeldrand zurückkehrte. Vorerst.

Nur wenige Monate nach seiner erneuten Niederlage spricht Merz mit seiner Frau Charlotte darüber, noch einmal für den Bundestag kandidieren zu wollen. In der Küche des gemeinsamen Einfamilienhauses diskutieren die beiden über Merz' Vorschlag. Laschets Umfragewerte schwächeln zu dem Zeitpunkt bereits. Womöglich hat Merz schon im Hinterkopf, dass sich noch ein weiteres Mal eine Tür zum Parteivorsitz öffnen könnte. Und selbst wenn nicht, stehen die Chancen gut, dass Laschet ihn künftig mehr in seine Mannschaft einbinden wird. Schließlich wollte er doch die Partei zusammenbringen. Es gibt also ausreichend Gründe für Merz, zumal der CDU-Politiker leidenschaftlicher Parlamentarier ist.

Wenn der Worst Case bedeute, noch einmal vier Jahre als «einfacher» Abgeordneter gewählt zu werden, könne er auch damit gut leben, so wird er mir später selbst erzählen.

Trotzdem bittet Charlotte Merz ihren Mann, genau in sich zu gehen. Er könne sich nicht darauf verlassen, noch einmal einen wichtigen Posten zu bekommen. «Aber», fügt sie hinzu, «wenn du dir ganz sicher bist, dass es dir reicht, einfacher Abgeordneter zu sein, dann mach es.» Merz reicht es. Für den Moment.

Unterdessen hat Armin Laschet andere Sorgen. In den Monaten nach seiner Wahl zum CDU-Vorsitzenden wachsen relativ schnell Zweifel an ihm. Schon vorher waren viele in der Partei skeptisch, denn der nordrhein-westfälische Ministerpräsident hatte sich während der Coronapandemie eine Reihe von Pannen geleistet. Auch die Kanzlerin war deshalb zwischenzeitlich genervt. Als Laschet es trotzdem schafft, sich gegen Friedrich Merz durchzusetzen, glaubt man in der CDU für den Moment, man bekäme nun einen «neuen Armin». Aber so richtig passiert erst mal nichts. Im Gegenteil, Laschet macht ziemlich genauso weiter wie bisher. In den Reihen seiner Partei ist man sich deshalb bald unsicher, ob der Nordrhein-Westfale für die bevorstehende Bundestagswahl ein geeigneter Spitzenkandidat ist. Immerhin gibt es noch eine Alternative: Markus Söder.

Söders Umfragewerte sind deutlich besser als die von Armin Laschet. Spätestens seit der Coronakrise hat der CSU-Chef das Image des migrationspolitischen Hardliners von 2018 hinter sich gelassen, umarmt inzwischen sogar Bäume – und im übertragenen Sinne auch Angela Merkel. Bei jeder sich bietenden Gelegenheit demonstriert der CSU-Chef die Nähe zur Kanzlerin. Unter Horst Seehofer mit Söder als

Generalsekretär hatte die CSU noch fast mit ihr gebrochen, doch im Sommer 2021 ist das alles Geschichte, Schnee von gestern.

Denn jetzt wittert Söder eine Chance. Nach dem Scheitern Annegret Kramp-Karrenbauers hatte Merkel sich von der Frage ihrer Nachfolge distanziert. Laschet ist zwar gerade Parteichef, so richtig hat die Kanzlerin ihn aber nicht als ihren Erben identifiziert, geschweige denn sich seiner angenommen. Der Slot ist so gesehen noch frei. Durch den Vorsitz der Ministerpräsidentenkonferenz während der ersten Pandemiemonate kann der bayerische Ministerpräsident sich zunehmend an Merkels Seite inszenieren. Söder liest die Stimmung im Land zu dieser Zeit wie hungrige Gäste die Menü-Karte im Restaurant: schnell und zielgerichtet. Die Menschen haben Sorge vor der Pandemie und ihren Folgen? Also gibt Söder den vorsichtigen, mahnenden Landesvater. Als es der Bevölkerung langsam reicht? Wirbt Söder für Öffnungen und ein Ende des Lockdowns. Er prescht vor, bleibt aber immer im Einklang mit der Kanzlerin, legt sich nicht mit ihr an. Während Journalisten den Bayern für seine Windfahnen-Politik kritisieren, nehmen die Zustimmungswerte stetig zu.

Im Frühjahr 2021 trauen ihm 63 Prozent der Deutschen das Amt des Kanzlers zu, und Söder hat zu dem Zeitpunkt längst die Fühler ausgestreckt. Er telefoniert, simst und lässt seine Truppen arbeiten, sucht in der Fraktion und den Ländern nach Unterstützern. Der Deal: Sollte ich angreifen, zieht ihr mit. Unter den Abgeordneten finden die Bayern schnell eine große Anhängerschaft. Der Grund dafür ist ebenso einfach wie nachvollziehbar, schließlich geht es um die eigenen Mandate. Holt die Union ein schlechtes Ergebnis, könnten

Abgeordnete ihre Mandate verlieren und aus dem Bundestag fliegen. Somit hängt der eigene Posten eng am Erfolg des Spitzenkandidaten.

Anfangs bleibt die Kritik an Laschet noch subtil, wird hinter vorgehaltener Hand formuliert, in den Landesverbänden verbreitet, bei Stammtischen oder während Hintergrundgesprächen mit Journalisten. Mit der Zeit äußern sich jedoch immer mehr Stimmen offen für eine Kandidatur des CSU-Vorsitzenden und gegen den CDU-Chef.

Irgendwann hält Söder es nicht mehr aus und fährt zu einem Treffen mit Laschet. Als die beiden sich sehen, wird der CSU-Chef sehr schnell sehr direkt. «Warum sollte ich dich unterstützen?», fragt er. «Ich bin der Bessere. Ich habe die besseren Umfragewerte. Und selbst in der CDU glauben viele, ich sei besser geeignet.» Laschet wirkt überrumpelt. Er scheint zu ahnen, was aus dem Gespräch folgen wird, und poltert zurück, er kenne einen Unternehmer aus Baden-Württemberg. Der habe ihm versichert, er werde die CDU nicht mehr wählen, mit Söder als Kandidaten. Der lacht bloß und sagt, dass auch er eine Unternehmerin aus Bayern kenne, für die das gleiche Argument andersherum gelte. Seine Frau. Ohne Ergebnis geht das Gespräch der beiden Männer zu Ende.

Spätestens ab dem Frühjahr häufen sich für Laschet die schlechten Schlagzeilen. Am 10. April 2021 erscheint eine Ausgabe des *SPIEGEL* mit dem Titel: «Armin Laschet in ‹Häuptling Wirdsonix› – Die Union und ihr Problemkandidat». Auf dem Cover ist ein um sich wedelnder Laschet im Obelix-Kostüm abgebildet. Es ist das Bild, das sich in der öffentlichen Wahrnehmung immer mehr verfestigt. Der tollpatschige Laschet – ein Problem für die CDU.

Wenige Tage später gibt es die nächste Ohrfeige für Laschet. Vor der CDU/CSU-Fraktionssitzung findet im Bundestag ein Showdown statt. Markus Söder ist zu Gast. Beide Männer haben zuvor klargemacht, dass sie Kanzlerkandidat werden wollen. Was sich anschließend abspielt, bezeichnet eine CDU-Politikerin im Nachhinein als «grausam» für ihren Vorsitzenden. Über Stunden sprechen sich Abgeordnete für einen der beiden aus, wobei die Wortmeldungen für den CSU-Vorsitzenden deutlich überwiegen. Immer wieder wird darauf verwiesen, wie gut die Chancen mit Söder stünden – und wie schlecht mit Laschet. Zum Schluss sprechen sich fast doppelt so viele Abgeordnete für den Bayern aus wie für den amtierenden CDU-Chef.

Rückblickend ist es fast erstaunlich, wie schnell sich die Union von ihrem eigenen Kandidaten abgewendet hat. Denn die Umfragewerte standen zu dieser Zeit gar nicht so schlecht. CDU und CSU lagen laut ZDF-Politbarometer bei 31 Prozent, also immer noch 17 Prozentpunkte vor der SPD. Nur Laschets Persönlichkeitswerte waren zu niedrig, gerade mal 29 Prozent der Befragten hielten ihn für kanzlertauglich.

Was damals für die beiden Parteien schwer ertragbar schien, wird drei Jahre später bei Friedrich Merz gänzlich anders bewertet. Tatsächlich sind die Umfragen von Laschet fast bis zuletzt bessere, als Friedrich Merz sie lange verzeichnen kann. Etwa ist der CDU-Vorsitzende im Frühjahr 2024 vor der Wahl nicht beliebter, als sein Vorgänger es war – und die CDU nicht stärker. Der Umgang damit ist aber ein vollkommen anderer. Nicht nur in der Union sprechen sie zu dem Zeitpunkt von «gefestigten Zustimmungswerten». Medien wie der *Stern* oder die *ZEIT* loben Merz, nennen ihn den «neuen Fritz», der durchaus gute Chancen auf das

Kanzleramt haben soll. Dabei gaben einer Forsa-Umfrage für RTL/ntv zufolge im März 2024 nur 23 Prozent der Befragten an, sich bei einer Direktwahl für Merz entscheiden zu wollen. Im Januar desselben Jahres waren es in einer Umfragereihe rund 28 Prozent. Und obwohl die Ampel in der Bevölkerung unbeliebt ist, liegt auch die Union im März 2024 gerade mal bei rund 31 Prozent. Was drei Jahre später als Erfolg gefeiert wird, sorgte bei Laschet für schiere Panik.

Nach seinem Auftritt in der Fraktion kann Söder also gestärkt nach Bayern heimkehren, um nur wenige Tage später für das große Finale zurück nach Berlin zu kommen. Der Journalist Robin Alexander beschreibt in seinem Buch «Machtverfall» eindrucksvoll die Szenen, die sich in der Nacht vom 18. auf den 19. April zwischen CDU und CSU abgespielt haben. Am späten Abend traf sich damals ein kleiner Kreis der beiden Schwesterparteien, um über die K-Frage zu entscheiden. Von CDU-Seite waren der Bundestagspräsident Wolfgang Schäuble, Generalsekretär Paul Ziemiak, der hessische Ministerpräsident Volker Bouffier und natürlich der CDU-Vorsitzende und Anwärter auf die Kanzlerkandidatur Armin Laschet anwesend. Von CSU-Seite der Landesgruppenchef Alexander Dobrindt, Generalsekretär Markus Blume und Laschets Rivale Markus Söder.

Als der CSU-Vorsitzende aus Bayern zu diesem Treffen aufbricht, tut er das in dem Gedanken, er habe das Duell mit Laschet bereits für sich entschieden. Söder weiß: Seine Partei und die Unions-Fraktion stehen hinter ihm. Sogar CDU-Ministerpräsidenten wie Reiner Haseloff und Tobias Hans hatten sich für ihn ausgesprochen. «Leider geht es jetzt nur um die harte Machtfrage: Mit wem haben wir die besten Chancen», hatte der Ministerpräsident von Sachsen-Anhalt dem

SPIEGEL gesagt. Es gehe nicht um Sympathie, Vertrauen oder Charaktereigenschaften. Es helfe nichts, wenn jemand «nach allgemeiner Überzeugung absolut kanzlerfähig ist, aber dieses Amt nicht erreicht, weil die Wählerinnen und Wähler ihn nicht lassen». Auch der Rest der Partei werde Söder aus diesem Grund folgen, so signalisiert man es dem Bayern. Wenn die CDU ihn lässt, kann er die Wahl gewinnen, dann kann er Kanzler werden.

Selbst Angela Merkel erweckt den Eindruck, Söder vorzuziehen. Sie bestätigt das zwar nicht, äußert sich aber auch nicht im Sinne ihres eigenen Vorsitzenden. Also fährt Söder noch einmal das große Besteck auf. Als die CDU kurzfristig einwilligt, sich an jenem Abend zu treffen, chartert Söder am Nürnberger Flughafen einen Privatjet. Es erinnert ein wenig an den ehemaligen CSU-Vorsitzenden und letzten Kanzlerkandidaten Edmund Stoiber, der bei der Bundestagswahl 2002 als fast gewählter Kanzler in das Flugzeug Richtung Berlin stieg, jedoch in der Hauptstadt als Verlierer der Bundestagswahl aus der Maschine aussteigen musste. Und auch Söder trifft in Berlin auf eine Realität, die anders aussieht als die, die er sich beim Einsteigen in Bayern erhofft hatte.

In der Hauptstadt angekommen, steuern Söder und sein Generalsekretär Blume zunächst das Büro von Alexander Dobrindt im Jakob-Kaiser-Haus des Deutschen Bundestags an, zu dem Zeitpunkt sucht man noch einen Ausrichtungsort für die Gespräche. Die große Schwesterpartei schlägt das Konrad-Adenauer-Haus vor. Abgelehnt. Dann die Hessische Landesvertretung. Abgelehnt. Beide Orte werden von der CSU als CDU-Gebiet identifiziert. Stattdessen fordert Söders Generalsekretär Blume ein Treffen auf «neutralem Boden». Man einigt sich auf einen Raum im Reichstag.

In seinem Buch beschreibt Robin Alexander, wie der CDU mit der Wahl des Treffpunkts schließlich ein kleiner Coup gelungen ist, der aus CSU-Perspektive nicht unwichtig war: Das Laschet-Team habe Söders Leuten erklärt, es sei gar nicht so leicht, am Sonntagabend spontan einen geeigneten Raum zu bekommen. Deshalb habe man es über Wolfgang Schäuble versucht – mit Erfolg. Das Ganze sei ein Trick gewesen, der den CSU-Leuten offenbar erst um kurz nach 23 Uhr bewusst wurde. So habe das Gespräch im «Reich Wolfgang Schäuble» stattgefunden. Dieser habe nicht nur den Raum zur Verfügung gestellt, sondern sei damit auch zum Ausrichter des Treffens geworden – und zum Tonangeber. Für die Geschichte ist das deshalb wichtig, weil es am Ende nicht nur Laschets, sondern auch Schäubles Worte sind, die Söders Entscheidung maßgeblich bestimmen werden.

So konzentriert sich Laschet in dem Gespräch auf den Zweikampf zwischen ihm und Söder. «Du wirst nicht Kanzlerkandidat», schmettert der CDU-Vorsitzende dem CSU-Chef entgegen und macht deutlich, dass er ihn unter keinem Umstand akzeptieren werde. Ein mögliches Votum der Bundestagsfraktion von CDU und CSU? Wird von Laschet nicht akzeptiert. Auf der anderen Seite argumentiert Söder wie gewohnt: Er sei der Stärkere und die Wahl gewinne man nun mal mit dem Stärkeren. Selbst dann, wenn Laschet sich durchsetze, werde er als CSU-Chef und bayerischer Ministerpräsident weiter präsent sein. Man werde den CDU-Vorsitzenden immer an ihm messen und für schwächer befinden.

Doch Laschet bleibt stur. Es geht hin und her, das Duell scheint endlos zu werden, bis schließlich Wolfgang Schäuble Laschet zur Seite springt. Schäuble will das Gespräch damit bewusst auf eine andere Ebene hieven. In einem Gespräch mit mir erzählt er im Januar 2022 von jenem Abend aus seiner Perspektive und erläutert, warum für ihn kein Weg an dem CDU-Vorsitzenden vorbeigeführt habe. «Das war nicht gegen Söder gerichtet», sagt Schäuble, «sondern aus dem Verständnis der CDU heraus.» Armin Laschet sei der dritte Vorsitzende in drei Jahren, so etwas kenne man sonst nur von der SPD. «Das hätte keine Logik gehabt, wenn der nicht Kanzlerkandidat geworden wäre.» Schließlich sagt Schäuble das, was 2021, aber auch drei Jahre später bei Friedrich Merz, gelten sollte: «Wenn die Partei einen Vorsitzenden wählt, dann tut sie das in der Annahme, der wird Kanzlerkandidat.»

Die einzige Ausnahme: Der CDU-Chef oder die CDU-Chefin verzichten selbst, so wie es bei Angela Merkel gewesen war. Anders funktioniere es nicht. Das Kräftemessen fand demnach nicht nur zwischen Laschet und Söder statt, sondern zwischen den beiden Schwesterparteien, und dieser Kampf ist für die CSU nicht zu gewinnen. Söder realisiert das am Morgen danach, als sich der CDU-Bundesvorstand trotz aller Kontroversen um den Parteichef für Armin Laschet als Kanzlerkandidaten ausspricht. Da ist die Entscheidung endgültig gefallen.

Trotzdem bleiben in beiden Unions-Parteien weiter die Zweifel an Laschet, insbesondere als sich im Laufe des Sommers abzeichnet, dass mit ihm nicht nur ein schwacher Wahlsieg, sondern womöglich gar eine Niederlage droht. Es ist ein bisschen wie mit der Katze, die sich selbst in den Schwanz beißt. Laschet performt nicht, also hackt man relativ offen auf dem eigenen Kandidaten rum. Das wiederum führt nicht nur dazu, dass Laschet immer unsicherer wird, sondern schadet auch dem eigenen Image. Die Werte sinken weiter.

Der 17. Juli 2021 ist der Sargnagel für den Wahlkampf von Armin Laschet. Als der CDU-Vorsitzende nach der verheerenden Flut im Ahrtal gemeinsam mit dem Bundespräsidenten Frank-Walter Steinmeier das Katastrophengebiet im Rhein-Erft-Kreis besucht, entsteht ein für Laschet und die CDU verheerendes Foto. Während Steinmeier am Mikrofon über die Angehörigen der Opfer spricht, lacht der CDU-Politiker im Hintergrund. Der Moment wird eingefangen und sorgt landesweit für Empörung. Spätestens jetzt ist Markus Söder überzeugt, dass es mit Laschet nichts wird. Für jemanden, der die Macht der Bilder, aber auch die Kunst der Inszenierung so gut beherrscht wie der Bayer, ist Laschets Lachen im Flutgebiet nicht nur vollkommen unverständlich, sondern die blanke Katastrophe. Wäre Söder an seiner Stelle gewesen, er hätte sich wohl Tag für Tag in Gummistiefeln und Camouflage geworfen. Wäre so oft wie nur möglich vor Ort gewesen, hätte das Hochwasser eigenhändig mit der Schaufel aus den Häusern geschöpft. Es wäre sein Helmut-Schmidt-Moment gewesen. Der SPD-Altkanzler war 1962 während der Sturmflut in Hamburg als ultimativer Krisenmanager in die Geschichtsbücher eingegangen. Söder weiß: Solche Momente können nicht nur das Bild von einem selbst in der öffentlichen Wahrnehmung langfristig formen, sie können Wahlen entscheiden.

Im August spitzt sich die Situation zu. Vizekanzler Olaf Scholz hängt Laschet im direkten Vergleich immer weiter ab, nur noch 28 Prozent der Befragten glauben, der CDU-Spitzenkandidat sei geeignet für das Kanzleramt. Sein SPD-Gegenkandidat liegt mit 59 Prozent weit vor ihm. Und nicht nur das: Auch die Umfragewerte der Union insgesamt befinden sich im Sinkflug. Die SPD führt mit stabilem Vorsprung. Laschet wird zum Verantwortlichen gemacht. Parteifreunde beklagen, er schade nicht nur sich selbst, sondern ziehe die gesamte Union runter. Trotzdem gibt sich Laschet zu der Zeit gelassen. Das werde sich schon alles einpendeln, heißt es in jenen Wochen, wenn man ihn auf die katastrophalen Werte anspricht. In Nordrhein-Westfalen habe er bei seiner ersten Wahl zum Ministerpräsidenten auch erst ganz zum Schluss das Feld von hinten aufgeräumt. Spricht man zu der Zeit mit seinem Umfeld, entsteht ein anderer Eindruck. Die laut gewordenen Zweifel und die schlechten Umfragewerte dürften demnach sehr wohl Unsicherheit bei ihm ausgelöst haben.

So ist es wenig überraschend, dass der CDU-Vorsitzende fortlaufend immer wieder Fehler im Wahlkampf macht. Bei einem Termin in Osnabrück kann er in einem Video-Interview nicht einmal mehr drei Dinge aufzählen, die ihm als Bundeskanzler wichtig wären. Laschet nennt Digitalisierung und Bürokratieabbau. Dann gerät er ins Straucheln. «Joa, was machen wir noch ...» Damit erhärtet sich der Vorwurf, er habe inhaltlich kaum etwas zu bieten.

Parallel stichelt die CSU bei jeder Gelegenheit weiter. Söder ist überzeugt, er wäre der Richtige gewesen. Einer Umfrage des Meinungsforschungsinstituts Civey zufolge hält kurz vor der Wahl jeder zweite Deutsche (49 Prozent) den bayerischen Ministerpräsidenten für einen guten Krisenmanager. So stark ist keiner der anderen tatsächlichen Kanzlerkandidaten. Dass er zusehen muss, wie Laschet als Kandidat den Wahlkampf vor die Wand fährt, schmerzt ihn, so scheint es, fast körperlich.

Nach der verlorenen Bundestagswahl sitzt der Frust noch tiefer. Die Union liegt mit 24,2 Prozentpunkten knapp hinter der SPD, die 25,7 Prozent geholt hat. Der CSU-Vorsitzende lässt keinen Zweifel daran, wer seiner Meinung nach die Schuld an der Situation trägt. Weder innerparteilich – noch nach außen. Entsprechend ist die Stimmung während der Sondierungsgespräche am Siedepunkt. Der Clinch zwischen CDU und CSU wird in diesen Tagen brutal offengelegt.

Für die Grünen und die FDP ist eigentlich klar, dass man eine Ampelkoalition unter Führung der SPD bilden wird. Immerhin haben die Sozialdemokraten die Wahl knapp gewonnen. Der Ball liegt also bei ihnen. Und nach 16 Jahren Angela Merkel glauben viele, das Land sei reif für einen Regierungswechsel. Das Gespräch mit der Union wirkt also auf den ersten Blick wie eine reine Formalie – ohne Perspektive. Trotzdem setzen sich sowohl Grüne als auch FDP noch einmal wohlwollend mit CDU und CSU zusammen. Allein schon, weil es aus taktischen Gründen Sinn ergibt, mit allen zu sondieren. Die beiden «kleineren» Parteien können so zeigen, dass es eine Alternative zu Olaf Scholz und zur Ampel gibt.

Es gab zudem noch einen zweiten Grund für die Gunst der beiden Parteien: FDP und Grüne hatten sich lange darauf vorbereitet, eher mit der Union als mit der SPD zu koalieren. Und nicht nur die FDP hatte sich mit der Idee angefreundet, auch weite Teile der Grünen glaubten schon länger, Schwarz-Grün sei das Modell für die Zukunft. Bereits 2013 sondierten beide Parteien durchaus ernsthaft miteinander. Vor den formellen Koalitionsverhandlungen stiegen die Grünen zwar aus, es hieß, es habe zu wenige Gemeinsamkeiten nach einem zu schmerzhaften Wahlkampf gegeben. Doch nicht wenige, sowohl in der Union als auch bei den Grünen, hätten damals gerne weiterverhandelt.

2017 hatte erneut eine Mannschaft um Cem Özdemir und Robert Habeck den Weg in ein Bündnis mit den Konservativen geebnet. Weil die Parteien jedoch keine Mehrheit hatten, musste Merkel die Liberalen hinzuholen. Nach langem Hin und Her ließ FDP-Chef Christian Lindner die Sondierungen mit den berühmten Worten «Lieber nicht regieren als falsch regieren» jedoch platzen. Jahre später erinnert sich die FDP-Politikerin Marie-Agnes Strack-Zimmermann, die im Sommer 2024 Spitzenkandidatin bei der Europawahl wird, mit einem hämischen Lachen an die Sondierungen 2017: «Union und Grüne waren total scharf aufeinander. Und wir sollten das Bett beziehen.» Jamaika sei gescheitert, weil die FDP nicht von Anfang an Wunschpartner war, sondern notgedrungen dazugerufen wurde, so die FDP-Politikerin.

Nach der Bundestagswahl 2021 ist es wieder ein offenes Geheimnis, dass sowohl die ehemaligen Parteichefs Annalena Baerbock und Robert Habeck als auch ihre Nachfolger Omid Nouripour und Ricarda Lang auf Schwarz-Grün eingestellt waren. Und nicht nur sie, selbst Parteilinke sind mittlerweile offen für ein Bündnis mit der Union. Mit der CDU regieren die Grünen zu dem Zeitpunkt seit Jahren zufrieden in mehreren Bundesländern. Also will man zumindest sondieren.

Bevor in großer Runde gesprochen wird, treffen sich Robert Habeck, Annalena Baerbock, Armin Laschet und Markus Söder zu viert. Für Söder ist eigentlich klar, dass man aus einem gescheiterten Kandidaten keinen Kanzler mehr machen kann.

Er lässt sich dennoch auf das Treffen ein, die vier verabreden sich zum Frühstück. Dort macht Habeck klar, dass es von der Union ein großes Zugeständnis bräuchte, damit eine Zusammenarbeit bei den eigenen Leuten nach der verlorenen Wahl begründbar sei. Er will die Reform der Schuldenbremse. Laschet schließt das nicht aus, Söder aber sagt umgehend: nicht mit ihm. Dass der CSU-Chef Laschet jetzt doch noch über Umwege ins Kanzleramt trägt, ist ausgeschlossen. Trotzdem setzt man sich am 5. Oktober noch einmal in größerer Runde zusammen.

Söder seufzt schon, bevor es losgeht, lässt sich in einen Stuhl am Kopfende einer kleinen Tischrunde fallen. Rechts von ihm nimmt die Parteispitze der CDU mit Armin Laschet Platz, links von ihm die Grünen. Bei Söder am Kopfende sitzen CSU-Landesgruppenchef Alexander Dobrindt und sein Generalsekretär Markus Blume.

Laschet beginnt. Er ist sichtlich nervös, spielt mit seinen Händen auf dem Tisch, rutscht unruhig auf seinem Stuhl hin und her, gerät immer wieder ins Stottern. «Er hat extrem unsicher gewirkt», so beschreibt es später jemand, der in der Runde dabeisaß.

Für Söder hingegen ist das Treffen ein Fest. Als Laschet zu sprechen beginnt, steht er auf, lässt seinen Stuhl über den Boden knatschen und schlurft in Richtung Buffet. Dass er dabei womöglich zu laut ist, stört ihn offenbar nicht. Im Gegenteil, während der CDU-Vorsitzende spricht, wird Söder immer wieder auffällig. Er schmatzt, macht Faxen, beugt sich zu Blume oder Dobrindt rüber und flüstert ihnen etwas zu. Jeder Versprecher des CDU-Vorsitzenden ist offenbar Musik in seinen Ohren. Als der Bayer dann selbst an der Reihe ist, macht er kurzen Prozess: «Wissen Sie, wäre ich Kanzlerkandidat geworden, dann würden wir jetzt Schwarz-Grün verhandeln.» Er beugt sich vor, hebt die Hand, zählt an den Fingern ab. Fünf Projekte, die er gleich umgesetzt hätte. Dann lehnt er sich zurück, wirft einen verächtlichen Blick in Richtung Laschet. «Aber wie wir alle wissen, bin ich nicht Kanzlerkandidat geworden. Und die Wahl haben wir verloren. Deswegen weiß ich nicht, was wir hier machen.»

Einen Moment lang herrscht peinliche Stille. Laschet sieht auf den Boden. Der Rest der CDU-Gruppe dreht sich betreten zur Seite. «Da haben sich menschliche Abgründe aufgetan», so beschreibt es ein Teilnehmer der Runde im Gespräch mit mir. Zwei Stunden lang geht das so weiter. Die spätere Außenministerin Annalena Baerbock wird mir in einem Gespräch im Sommer 2024 sagen: «Ich weiß selbst, wie hart Wahlkampf sein kann und was eigene Fehler bedeuten. Auch Armin Laschet mag Fehler gemacht haben. Aber wie mancher Parteifreund während der Bundestagswahl und auch anschließend in den Sondierungen mit ihm umgegangen ist, war nicht fair. Das hat keiner verdient.»

Im Anschluss lassen sich CDU, CSU und Grüne vor der Presse so wenig wie möglich anmerken. Als der Generalsekretär Markus Blume, der Laschet in den vergangenen Wochen mehrfach öffentlich gedemütigt hat, ans Mikrofon tritt, strahlt er über beide Ohren: «Das macht Lust auf mehr», sagt Blume.

Laschet starrt mit versteinerter Miene in den Raum hinein. Söder grinst. Die Zuhörer ahnen in dem Moment nicht, was der CSU-Politiker gemeint haben könnte. Eine Jamaika-Koalition kann es jedenfalls nicht gewesen sein. Baerbock wird über die Sondierungen sagen: «Es gab viele Gründe, die dazu geführt haben, dass wir uns 2021 für eine Ampel entschieden haben. Es gehört aber auch zur Wahrheit, dass Markus Söder mit jeder Pore ausstrahlte, alles dafür zu tun, dass Jamaika unter Armin Laschet nicht funktioniert.» Zu tief saß offenbar der Frust über die verlorene Wahl. Noch Jahre später wird Söder in verschiedenen Runden regelmäßig unterstreichen:

«Ich bin mir sicher, dass wir mit mir die Wahl gewonnen hätten.» In seinem Umfeld behaupten sie, der CSU-Chef hätte sogar schon sein Kabinett geplant, so klar habe er sein Ziel vor Augen gehabt. Und Laschet habe ihm das weggenommen.

Im Februar 2024 treffe ich den Abgeordneten Armin Laschet zu einem Gespräch in seinem Bundestagsbüro. Zweieinhalb Jahre sind seit seiner Wahlniederlage vergangen. Der Rheinländer hat es sich in seinem schwarzen Ledersessel bequem gemacht, die Beine übereinandergeschlagen, den Ellenbogen auf der Lehne. Heute wirkt er weder nervös noch unsicher, sondern entspannt. Laschet ist mittlerweile einfacher Abgeordneter im Bundestag, Ministerpräsident in Nordrhein-Westfalen ist nun Hendrik Wüst. Auf mich macht der CDU-Politiker den Eindruck, sich mit der Situation, wie sie ist, gut arrangiert zu haben.

Aus dem Großteil des Gesprächs will Laschet anschließend nicht zitiert werden. So lässt es der CDU-Politiker kurz vor Produktion dieses Buches über einen Sprecher mitteilen. Eines der wenigen Zitate, das er freigibt, geht so: «Der Konflikt um die Kanzlerkandidatur hat uns nicht gutgetan. Zerstrittene Parteien überzeugen die Wähler nicht, das ist nach der Bundestagswahl für jeden sichtbar geworden. Ich bin niemand, der nachtritt. Und Rheinländer sind großzügige Leute.»

Tatsächlich treffen Grüne und FDP im Oktober 2021 nicht nur auf einen geschlagenen Kanzlerkandidaten und geschwächten Parteivorsitzenden, sondern auf mindestens eine kaputte Partei. Die CDU liegt in Scherben. Sie ist mit einem Mann in die Bundestagswahl gegangen, von dem sie selbst nicht überzeugt war. Laschet ist von Anfang an schwer beschädigt. Nicht, weil ein Angriff von außen kam. Sondern vor allem wegen der innerparteilichen Kritik und dem Zweikampf mit Söder.

Hinzu kommt die inhaltliche Leere. Laschet scheint so damit beschäftigt, den Kopf über Wasser zu halten, dass er sich anscheinend gar nicht damit beschäftigt, wofür die CDU nach Angela Merkel stehen will. Entsprechend sieht es auch im Rest der Partei aus. Besucht man die CDU-Stände in den Tagen vor der Wahl, gewinnt man den Eindruck, der ein oder andere weiß selbst nicht, wofür er oder sie noch wirbt. Die Konsequenz ist bekannt: Die Union wandert nach der verlorenen Bundestagswahl in die Opposition. Laschet auf die Hinterbank.

Im Gespräch ist spürbar, dass der sonst so entspannte Rheinländer wohl nach wie vor ungerne über die Zeit damals spricht. Vor einem sitzt dann ein Mann, der offenbar weiterhin nicht komplett nachvollziehen kann, was damals binnen weniger Wochen passiert ist. Ich habe den ehemaligen Kandidaten Laschet im Wahlkampf regelmäßig begleitet. Auch habe ich oft und lange mit seinem Umfeld gesprochen. Der Versuch einer Erklärung könnte so aussehen: Bei den Veranstaltungen vor Ort merkt ein Kandidat wenig von der Unzufriedenheit mit seiner Person. Weil dort der Anschein erweckt wird, es laufe doch alles. Allerdings ist der von dem Parteiapparat organisierte Applaus eines kleinen Publikums kein Messwert. Hinzu kommen die Zweifel der eigenen Leute und die Kritik aus den Reihen der Schwesterpartei. Wenn man in der Union schon nicht vom Kandidaten überzeugt war, wieso sollte man es dann bei den Wählerinnen und Wählern sein? So wurde aus einem vermeintlich sicheren Sieg am Ende doch noch eine Niederlage.

Was der CDU-Vorsitzende während der Sondierungsgespräche, aber auch vorher, im Laufe des Bundestagswahlkampfes erlebt hat, bleibt nicht nur ihm selbst in Erinnerung, sondern der gesamten Partei. Es ist das erste Mal in Jahrzehnten, dass die Machtmaschine CDU nicht mehr funktioniert. Dass die Panik zu verlieren größer ist als der Wille zu gewinnen. Diverse CDU-Politiker werden sich Jahre später daran erinnern. Ein Unions-Politiker sagt im Frühjahr 2024: «Ich kenne die Zweifel an Friedrich Merz. Etwa, dass er bei Frauen keine Zustimmung generieren kann. Das besorgt mich. Aber, Friedrich ist Parteivorsitzender, und wenn er will, müssen wir ihn unterstützen. So eine Demontage wie bei Armin Laschet darf es nie wieder geben.»

Es ist ein entscheidender Punkt. Denn am Ende mag Laschet, der Mann mit dem rheinländisch-menschelnden Naturell, ein schwacher Kanzlerkandidat für die Union gewesen sein, und er hat sicher mehr als einen Fehler im Wahlkampf gemacht. Unter Berücksichtigung aller Umstände lag die Union mit 24,1 Prozent jedoch nur knapp hinter der SPD, die auf 25,7 Prozent kam. Keiner weiß, wie es hätte kommen können, wenn sich die Partei hinter Laschet versammelt hätte. Was wäre wohl passiert? Es ist der Blick in die Glaskugel. Womöglich hätte die Union dennoch verloren. Wiederholen will man die Fehler aus der Zeit trotzdem nicht. Egal bei welchem Kandidaten.

3

DAS COMEBACK

Für einen Moment schließt Friedrich Merz die Augen und verzieht seine Mundwinkel zu einem Lächeln. Er atmet auf. Es ist der 17. Dezember 2021. Gerade hat der CDU-Generalsekretär Paul Ziemiak das Ergebnis des CDU-Mitgliedervotums für den Parteivorsitz verkündet. «Auf Friedrich Merz entfallen 62,1 Prozent der Stimmen. Das ist die absolute Mehrheit. Ein eindeutiges Ergebnis», sagt Ziemiak. Merz sieht kurz nach oben, bevor er die Hände seiner Mitstreiter schüttelt, so als wolle er dem lieben Gott persönlich danken. Es ist ein Moment der Erlösung für ihn. Er hat lange darauf gewartet. Doch jetzt ist der Mann aus dem Sauerland, von dem über Jahre viele glaubten, er sei weg vom Fenster, designierter CDU-Vorsitzender. Die Wahl auf dem bevorstehenden Parteitag im Januar? Gilt als reine Formalie. Merz ist wieder da.

Mehr als ein Jahrzehnt hat Merz am politischen Spielfeldrand verbracht. Drei Anläufe hat er unternommen, um zurückzukehren. Zwei davon gescheitert, auch am Partei-Establishment, nach Lesart des CDU-Politikers und seines Umfelds. Dort heißt es: Hätten nicht die Delegierten, wie bei Wahlen zum Parteivorsitz in der CDU üblich, sondern die Mitglieder entschieden, wäre Merz es gleich geworden. «Er war immer ein Mann der Basis», sagt sein enger Vertrauter und späterer Generalsekretär Carsten Linnemann im Gespräch mit mir. Auch Merz' langjähriger Wegbegleiter Wolfgang Schäuble war sicher: «Er hatte die Mitglieder immer auf seiner Seite.»

Doch ist das wirklich so? Handelt es sich bei Friedrich Merz tatsächlich um eine Galionsfigur der CDU-Mitglieder? Ist er der langersehnte Retter der Partei, die sich über Jahre von ihrer Kanzlerin und Vorsitzenden gelöst hatte und schließlich orientierungslos dastand? Oder ist Merz nach zwei schnell gescheiterten Nachfolgern von Angela Merkel und einer verlorenen Bundestagswahl schlicht der letzte Ausweg, die Notlösung einer desorientierten Partei? Erst jetzt, als die Partei am Boden liegt, vermag Merz eine Mehrheit hinter sich vereinen. Gilt also vielmehr das Motto: Ach, wenn alles andere auch nicht funktioniert hat, versuchen wir es doch mal?

Wie diese Frage beantwortet wird, hängt davon ab, wen man in der CDU fragt – Merz und seine Anhänger, oder seine Widersacher. Dazwischen gibt es über lange Zeit hinweg nicht so viel. Kaum eine Geschichte hat zwei so ausgeprägte und zugleich unterschiedliche Perspektiven wie der Aufstieg des Friedrich Merz zum Parteivorsitzenden der CDU.

Am 13. Juni 2024 gewährt Friedrich Merz mir einen Einblick in seine Sicht der Dinge. Der CDU-Vorsitzende hat zum Gespräch in sein Büro eingeladen. Im Jakob-Kaiser-Haus des Deutschen Bundestages sitzt Merz schon jetzt da, wo er hinwill: ganz oben. Sein Büro befindet sich im fünften Stockwerk.

Zwei Minuten vor Beginn des Termins kommt der Oppositionsführer mit großen Schritten aus dem Fahrstuhl gehetzt, Aktenordner unterm Arm. Kurzer Blick auf die Uhr. Eigentlich hasst Merz Unpünktlichkeit – sowohl bei sich als auch bei anderen. Aber in diesem Fall geht es nicht anders. Er muss noch einmal verschwinden. Auf ihn wartet noch eine Gruppe, der er ebenfalls eine Unterhaltung versprochen hatte. Also sagt er: «Ich brauche noch kurz», und verschwindet hinter der schweren Holztür, die zum Vorzimmer seines Büros führt. Fünfzehn Minuten später öffnet sich die Tür wieder. Die Gruppe bedankt sich und geht. «Entschuldigen Sie, heute ist wieder einer dieser Tage», sagt Merz und bittet in sein Büro. Auf dem Tisch stehen kleine Glasfläschchen, gefüllt mit Wasser und Cola. Merz lässt sich in einen der schwarzen Ledersessel fallen. Das Büro des CDU-Politikers ist fast ein politisches Statement für sich. Hier hat alles Recht und Ordnung. Die Bücher stehen in Reih und Glied im Regal, auf dem Schreibtisch liegen sauber gestapelte Akten. Gleichmäßige Abstände, als hätte man die Zentimeter mit dem Lineal ausgemessen. Nichts davon wirkt, als habe er es «mal eben abgelegt». Und doch sagte Merz während eines Interviews mit dem Nachrichtenportal *t-online* einmal mit Blick auf ebendiesen sauber geordneten Schreibtisch: «Entschuldigen Sie das Chaos.»

Zum Vergleich: Bei Laschet sah das Büro deutlich anders aus. Es gibt dazu viele Bilder, aufgenommen im Kontext diverser Interviews, mit der *ZEIT* oder dem *Kölner Stadt-Anzeiger*, die den ehemaligen Parteichef inmitten von Aktenstapeln zeigen, bunte Mappen, aus denen die Papiere nur so herausquellen. Überall wild übereinandergestapelte Bücher, auf denen oben noch etwas draufliegt.

Was manchem banal vorkommen mag, sagt in Wahrheit eine Menge aus. Merz mag Ordnung und gute Vorbereitung. Er legt Wert auf dem Anlass entsprechende Krawatten und gut sitzende Anzüge. Was nicht jeder in der Union von sich behaupten kann. Auf die meisten seiner Hemden sind elegant seine Initialen eingestickt.

Es gibt kaum einen Politiker, der so kontrolliert ist – und dann wieder nicht. Seine Auftritte im Deutschen Bundestag bereitet Merz teilweise stundenlang vor. Manchmal sieht man ihn bis zuletzt auf seinem Papier herumkritzeln, die Worte formt er mit dem Mund vor, damit alles perfekt ist. Mit Erfolg. Es gibt wenige Redner im Bundestag, die es rhetorisch mit Merz aufnehmen können. Nicht nur bei seiner Gefolgschaft in der CDU genießt er deshalb Anerkennung.

Gleichwohl ist da noch eine andere Seite von Merz. Wenn er etwa mit gefühlten Wahrheiten um sich wirft, Zahlen vertauscht – und Namen vergisst. In der Partei ist es zum Running Gag geworden, dass Merz Personen mit falschem Vornamen anspricht. In einer Präsidiumssitzung nannte er den ehemaligen Spitzenkandidaten der CDU Brandenburg Jens statt Jan Redmann, beim Landesparteitag in Baden-Württemberg begrüßte er den neuen Landesvorsitzenden mit Manfred statt korrekt mit Manuel Hagel. Und im sächsischen Wahlkampf bedankte er sich während eines Termins bei Clemens Conrad statt bei Conrad Clemens.

Es kann auch passieren, dass Merz zu einem Interview erscheint, ohne zu wissen, wer gleich mit ihm das Gespräch führt. Das alles ist menschlich und gewiss auch korrigierbar, es hinterlässt jedoch Spuren. Bei einem Teil der CDU-Landesvorsitzenden verfestigt sich über die Zeit der Eindruck, Merz nehme den Kontakt zu ihnen nicht ernst genug. Wie zugewandt er seinem Gegenüber ist, hängt bei ihm noch viel mehr als bei anderen von der Tagesform ab.

An diesem Mittwoch ist er jedenfalls gut drauf. Etwas gestresst, aber gut gelaunt. Vor wenigen Tagen war die Europawahl. Und Merz ist für seine Verhältnisse in den vergangenen Tagen viel unterwegs gewesen. Als er hört, wie viele Termine auch an diesem Nachmittag noch auf ihn warten, verdreht er die Augen: «Wissen Sie, wann ich das letzte Mal eine Zeitung von Anfang bis Ende gelesen habe? Von guten Büchern mal ganz abgesehen», sagt er und seufzt. «Ich komme nicht mehr dazu, genug zu lesen. Aber ich will mich nicht beschweren.»

Tatsächlich hat man manchmal den Eindruck, der CDU-Mann, der zu Zeiten von Helmut Kohl politisch sozialisiert wurde, muss sich nach wie vor an das neue Tempo in der Politik gewöhnen, das zwanzig Jahre später deutlich schneller geworden ist. Schon längst zehrt die Öffentlichkeit nicht mehr über Tage von einem einzigen Interview in der Zeitung. Stattdessen muss Merz neben Print und Fernsehen plötzlich auch Onlinemedien, Podcasts und die sozialen Netzwerke bedienen. Und während Politiker wie Markus Söder oder Hendrik Wüst die Vorteile von TikTok und Instagram durchaus für sich zu nutzen wissen und die in Teilen unernste Selbstdarstellung sogar genießen, merkt man Merz doch immer ein bisschen an, dass er sich gerade wahrscheinlich fragt, was der ganze Quatsch eigentlich soll.

Was die Kommunikation angeht, ist Merz anzumerken, dass er die politische Bühne lange verlassen hatte. Aber warum hat sich einer, der ganz offenkundig den Machtwillen hat und drei Mal versucht hat zurückzukehren, damals überhaupt entschlossen zu gehen? Und was motivierte ihn nach so vielen Jahren, noch einmal zurückzukommen?

Merz selbst beharrt darauf, ohne Groll gegangen zu sein. «Es wird häufig so interpretiert, als hätte ich noch offene Rechnungen gehabt. Oder als hätte ich mit etwas nicht abgeschlossen. Wissen Sie, ich bin 2009 umfassend dankbar rückwärts blickend aus dem Bundestag rausgegangen», sagt er selbst über seinen Rückzug. Er habe eine schöne letzte Wahlperiode gehabt, sei im Rechtsausschuss gewesen. Die Zeit habe er sehr genossen. Merz schmunzelt etwas, als er hinzufügt: «Ich habe außerdem die gesamte Wahlperiode keine einzige Rede mehr gehalten. Das hat nur keiner gemerkt.» Anders als es üblich gewesen sei, habe ihn auch keiner gefragt, ob er nicht zum Abschluss noch mal eine Rede im Bundestag halten wolle – oder überhaupt etwas zu seinem Abschied organisiert. Ein Abendessen zum Beispiel sei zu seiner Zeit als Fraktionsvorsitzender der Standard gewesen.

Auch wenn Merz es heute gerne herunterspielt, sind ihm genau solche Dinge enorm wichtig. Er mag Etikette. Dass sie ihm in diesem Fall verweigert wurde, muss ihn zumindest ausreichend geärgert haben, um es 15 Jahre später in diesem Gespräch noch einmal zu erwähnen. Das lässt in Ansätzen durchblicken, wie der Abgang damals wirklich für ihn gewesen sein muss. Er mag selbst entschieden haben zu gehen, als Angela Merkel Fraktionsvorsitzende wurde. Klar ist aber auch, dass seine politischen Karriereaussichten schlecht aussahen. Er saß in einer Sackgasse. Denn Merz und eine Gruppe CDU-Männer hatten über Jahre einen Machtkampf mit Merkel geführt, der damit geendet hatte, dass die Kanzlerin das Kräftemessen gewann und Merz seinen Platz an der Spitze der Fraktion räumen musste. Einige seiner Vertrauten, etwa der ehemalige hessische Ministerpräsident Roland Koch, der als Landesvater sein eigenes Reich in Hessen bespielte, blieben zwar weiter auf der politischen Bühne, doch für Merz machte sich die Machtausweitung Merkels mit Fraktion und Partei in Berlin durchaus bemerkbar. Im Bund war kein Platz für beide. Seine Alternative war die Hinterbank. Also ging er. Ob das am Ende ganz freiwillig war, darf hinterfragt werden.

Zudem vermittelte Merz in der Zwischenzeit nicht gerade den Eindruck, so gar keinen Groll zu hegen. Viele derer, die ihn in den Jahren seiner Abwesenheit getroffen haben, erzählen von teils heftigen Ausbrüchen gegenüber Merkel und ihrer Politik. Ein Journalist berichtet, er habe Merz an einer belebten Straße im Berliner Regierungsviertel getroffen. Zwischen der Grün- und der Rotphase an der Ampel sei es nur so aus ihm herausgesprudelt: «Wahnsinn, was die da schon wieder im Kanzleramt macht.» Die Botschaft, die bei seiner Kritik an der Kanzlerin jedes Mal mitschwang: Ich könnte es besser. Besonders zu Zeiten der Flüchtlingskrise zwischen 2015 und 2018 äußert der CDU-Mann regelmäßig und in verschiedenen Runden Kritik an den Entscheidungen Merkels.

In ihrem Buch «Der Unbeugsame» steigen Daniel Goffart und Jutta Falke-Ischinger mit einer ebendieser Runden ein. Beschrieben wird ein Treffen im Apartment eines deutschen Managers in Washington, D.C., während einer Reise der Atlantik-Brücke im Herbst 2018. Merz habe dort auf dem Sofa gesessen und sich über die deutsche Politik echauffiert. «Sein Blick von jenseits des Atlantiks auf die Arbeit der Regierung in Berlin ist ohne Gnade», schreiben die Autoren. Die Regierung wird zu der Zeit angeführt von Angela Merkel. Angriffspunkte hätten sich zur Genüge gefunden. Ein Teilnehmer der Runde soll sich erinnert haben, Merz selten «so aufgeregt» gesehen zu haben.

Merz vermittelte fast über ein Jahrzehnt lang den Eindruck, mit der Politik nicht abgeschlossen zu haben und noch einmal zurückzuwollen. In der CDU glauben einige, Merz habe nur darauf gewartet, dass Merkel weg ist. Über Jahre habe er auf der Lauer gelegen.

Merz selbst sagt hingegen in unserem Gespräch, es sei anders gewesen. Er sitzt mittlerweile vorgebeugt, die Beine aufgestellt. Die Hände hat er zwischen den Oberschenkeln verschränkt. Mit aufgerissenen Augen guckt er durch seine Brillengläser. «Ich habe das hier wirklich aus einem Gefühl der Verantwortung heraus gemacht. Ich bin immer ein politischer Mensch gewesen. Aber es ging mir nie um ‹Abrechnungen›. Das ist wirklich Unsinn», sagt er entschieden. Dass er zurückgekehrt sei, habe mit einer Abfolge verschiedener Zufälle zusammengehangen. «Ich habe damals nie daran gedacht, wieder in die Verlegenheit zu kommen, diese Aufgabe hier noch einmal zu übernehmen.»

Warum macht er es also? «Weil ich wirklich glaube, dass ich unserem Land und meiner Partei – in dieser Reihenfolge – noch etwas geben kann, was andere vielleicht nicht können», sagt er. Dass die CDU bei der Europawahl dreißig Prozent bekommen habe und stärkste Kraft geworden sei, «war nicht selbstverständlich». Kurz überlegt Merz, ob er es noch dazusagen soll. Dann fügt er an: «Und ich sage es mal so selbstbewusst: Das hätte auch nicht jeder hinbekommen.»

Der ein oder andere politische Begleiter des Sauerländers wird darüber schmunzeln. Wissend, dass es in Wahrheit nur halb stimmt. Dass Merz sehr wohl nachtragend ist und die Zeit jetzt für ihn zumindest in Teilen eine Genugtuung ist. Gleichwohl heißt das nicht, dass das, was er selbst sagt, nicht auch stimmen kann. Nachdem Merkel die Partei auf ihren letzten Metern zurückgelassen und sich schließlich komplett von ihr entkoppelt hatte, ist es Merz gelungen, sie wieder auf die Beine zu bringen. Man mag sich in der Union uneins darüber sein, ob dreißig Prozent bei der Europawahl ein gutes Ergebnis sind (viele sehen das nicht so). Wer die beiden Schwesterparteien jedoch kurz nach der Wahlniederlage 2021 erlebt hat, der sieht auch, dass seitdem eine Entwicklung stattgefunden hat. Die Union ist zumindest nach außen wieder versöhnt. Das Ziel steht klar vor Augen. Das hat auch Merz zu verantworten.

Nur ist er nicht allein verantwortlich für das Comeback der Partei. Es gab noch eine ganze Reihe anderer Faktoren, zum Beispiel die mit starken Ergebnissen gewonnenen Landtagswahlen 2022 in Nordrhein-Westfalen, Schleswig-Holstein und Hessen oder die Arbeit des Generalsekretärs. Das neue Grundsatzprogramm und der unbändige Wille, wieder regieren zu wollen – der bei der Union immer an oberster Stelle kommen wird. Und, nicht zu vergessen, die zunehmend in Ungnade fallende Ampel-Bundesregierung. Doch am Ende heißt der Parteivorsitzende, mit dem all das nach Hause geht, Friedrich Merz. Was hat der Sauerländer also anders, besser gemacht als Kramp-Karrenbauer und anschließend Laschet? Oder war die Wiederauferstehung der CDU auch ein bisschen Zufall?

Spricht man Merz auf seine Wahlniederlage auf dem Hamburger Parteitag 2018 an, muss der nicht lange überlegen, um zu definieren, woran es gelegen hat. «Ich bin damals auf eine Partei gestoßen, die ich nicht mehr gut genug kannte», erklärt er entspannt, weil es in der Retrospektive nur halb so schlimm ist. Neun Jahre hatte Merz zu dem Zeitpunkt des Hamburger Parteitags jenseits der aktiven politischen Bühne verbracht. Weder die Partei noch die CDU/CSU-Bundestagsfraktion waren ihm da wirklich vertraut.

Seine Rede war zwar, wie so oft, intensiv vorbereitet worden, was aber nichts daran änderte, dass es die falsche für diesen Tag war. Über Wochen hatte Merz sich Gedanken gemacht, ein Bild von einer CDU gezeichnet, wie er sie sich vorstellte. Nur hatte er dabei vergessen zu fragen, was wohl die Funktionäre in der Partei selbst wollten. Und so begründet Merz im Gespräch mit mir seine Niederlage in Hamburg mit einer Mischung aus drei Faktoren. Erstens: eine ihm entfremdete Partei. Zweitens: die falsche Rede, weil er zu viel antizipiert habe, genauer: Merz beschrieb das Ende eines Prozesses, ohne den Prozess selbst zu beschreiben. Und drittens: die Macht des Establishments.

Natürlich. Für Merz war klar, dass es Annegret Kramp-Karrenbauer und vor allem Angela Merkel gelungen war, Teile der CDU gegen ihn zu mobilisieren, besonders die Frauen. Im Merz-Lager wird bis heute darauf beharrt, dass eine Elite, angeführt von seiner ewigen Antagonistin Angela Merkel, Merz um jeden Preis verhindern wollte. Vertraute des CDU-Politikers behaupten sogar zu wissen, dass die Parteizentrale, also das Konrad-Adenauer-Haus, die Auftritte manipuliert habe. Mikrofon zu leise, Licht zu grell – was man so macht, um die Situation negativ zu beeinflussen.

Tatsächlich gehört ausgerechnet jener Groll, von dem Merz behauptet, es gebe ihn nicht, zu seiner größten Schwachstelle. Der Gedanke, dass es da eine Gruppe gibt, die versucht, ihn zu ramponieren, saß so tief, dass Merz gar nicht merkte, was eigentlich im Vorfeld des Parteitags passiert ist.

Denn Merz überschätzte nicht nur seine eigene Beziehung zur Partei, er unterschätzte zugleich auch die der damaligen Generalsekretärin. Kramp-Karrenbauer war im Vorfeld des Parteitags eine strategische Meisterleistung gelungen, indem sie sich in den vielen Telefonaten über Wochen ein Bild von der Stimmung bei den Delegierten machte. So kann sie in Hamburg genau die richtige Rede halten und gewann damit schließlich die Wahl gegen Merz. In der CDU ist das, was Kramp-Karrenbauer hier demonstriert hat, für den eigenen Erfolg entscheidend. Die Macht des Telefons – die Bereitschaft zuzuhören, einzubinden und zu geben. Merz ist eigentlich nicht der Typ für diese Taktierereien. Dabei wird er später selbst noch die Erfahrung machen, wie wichtig sie sind.

Hinzu kam, dass alle Beteiligten wussten, was passiert wäre, hätte Merz die Wahl zum Parteivorsitz damals gewonnen. Spätestens kurz nach der Wahl zeigte er es selbst noch einmal in aller Deutlichkeit. Denn wie viele andere, darunter auch Wolfgang Schäuble, hielt Merz es für falsch von Merkel, den Parteivorsitz abzugeben, das Kanzleramt jedoch zu behalten. Er fand, die beiden Ämter sollten nicht getrennt voneinander sein. Rückblickend schüttelt er immer noch den Kopf darüber. «Ich habe bei der Sache immer das Bild von einem falsch eingeknüpften Mantel im Kopf. Der Fehler ist am 29. Oktober 2018 gemacht worden», sagt Merz. Wäre er selbst Teil des Präsidiums gewesen oder hätte die Wahl in Hamburg gewonnen, «ich hätte es so nicht akzeptiert».

Kurz nach ihrer Wahl zur Vorsitzenden rief er deshalb Kramp-Karrenbauer an, um ihr einen Vorschlag zu machen. Sie sollte Merkel die Kanzlerschaft abnehmen. Er werde ihr dabei helfen. Es wäre ein gewaltiger Kraftakt gewesen, den Merz hier empfahl, mit geringer Aussicht auf Erfolg. Kramp-Karrenbauer entschied sich dagegen, was ihr retrospektiv weder genutzt noch geschadet hat. Als CDU-Chefin scheiterte sie nicht nur daran, dass Merkel Kanzlerin blieb. Allerdings dankte ihre Parteifreundin ihr die Loyalität auch nicht, im Gegenteil, Merkel glaubte sogar kurz, Kramp-Karrenbauer plane, sie doch zu stürzen und verhielt sich entsprechend. Wäre Merz es geworden, wäre diese Sorge berechtigt gewesen. Ob er Erfolg gehabt hätte, ist jedoch mehr als fragwürdig.

Er selbst sieht das mittlerweile ein. Darauf angesprochen, lehnt er sich ein Stück weit im Sessel zurück. Er kräuselt die Stirn, sieht ins Leere. Die Hand hält er gekrümmt vor den Mund. Dann denkt er laut: «Wissen Sie, es ist vielleicht vom Ergebnis her besser so gewesen, als wenn ich es gleich beim ersten Anlauf geworden wäre. Denn dann wäre ich womöglich in einen neuen Konflikt mit Angela Merkel geraten. Und wer weiß, wie das ausgegangen wäre.» Er macht eine kurze Pause. Dann lächelt er, zieht dabei die Augenbrauen hoch und sagt: «Es hätte mich auch noch mal hinwegreißen können.»

Es ist die Einsicht, dass er den Machtkampf womöglich ein zweites Mal hätte verlieren können. Und es stimmt, dann wäre Merz wohl endgültig weg vom Fenster gewesen. Es kam anders.

Anstelle von Merz scheitert im Februar 2020 Kramp-Karrenbauer. Die Regierungskrise in Thüringen sorgt dafür, dass Angela Merkel sich noch einmal in die Arbeit der Vorsitzenden einmischt, um den möglichen Koalitionsbruch mit der SPD im Bund zu verhindern. Für die CDU-Vorsitzende folgt daraus der Rücktritt. Für Merz ist es eine zweite Chance. Im Dezember während der Coronapandemie will er es auf dem Parteitag noch einmal probieren. Die Gegenkandidaten: der nordrhein-westfälische Ministerpräsident Armin Laschet und der CDU-Politiker Norbert Röttgen.

Als die Spitzengremien entscheiden, die Veranstaltung aus Infektionsschutzgründen abzusagen und damit die Wahl des Vorsitzenden auf unbestimmte Zeit zu vertagen, platzt ihm der Kragen. Er sieht diverse Funktionäre gegen sich arbeiten und will nicht länger davon absehen, die Öffentlichkeit einzuweihen. Also sagt er dem ARD-Morgenmagazin in einem

Interview, es gebe «beachtliche Teile des Parteiestablishments, die verhindern wollen, dass ich Parteivorsitzender werde». Vor dem Hintergrund sei auch die aktuelle Debatte um die Verschiebung des Parteitags zu sehen, so Merz.

Es ist ein Bild, das sich über die Jahre bis hin zur Wahl von Merz zum CDU-Vorsitzenden durchzieht, das des Mr Anti-Establishment. Der Mann für die Basis, die Galionsfigur gegen «die da oben». Umso überraschender ist es, dass bei einer späteren Befragung unter CDU-Mitgliedern dem NRW-Ministerpräsidenten Hendrik Wüst bessere Chancen für eine Kanzlerkandidatur eingeräumt werden als Merz. Trotzdem stimmt, dass der Parteichef lange eine große Zustimmung an der Basis genießt: Beim dritten Anlauf nach der verlorenen Bundestagswahl besteht er deshalb darauf, dass die Mitglieder dieses Mal entscheiden. Sie wählen ihn.

Tatsächlich war es für Merz' späteren Erfolg entscheidend, dass er erst beim dritten Anlauf gewann. Einmal, weil Angela Merkel nicht mehr im Bild war. Die Altkanzlerin hat sich nach ihrem Abschied, wie angekündigt, weitestgehend aus der Öffentlichkeit und der Partei zurückgezogen, weil sie ihr Leben «ohne politische Zwänge» leben will. Und während der radikale Rückzug Merkels bei manchem in der Partei für Irritation sorgte, schaffte ebendiese Entscheidung für Merz plötzlich neue Freiräume. Sie ging, er kam. Es begann eine neue Zeit. Die CDU ist jetzt in ihrer Merz-Ära.

Und es spielte noch ein zweiter Grund eine wichtige, wenn nicht die entscheidende Rolle. Die verlorene Bundestagswahl 2021. Hätte Armin Laschet gewonnen, hätte es in der CDU wohl ein «Weiter so» gegeben. Vielleicht ein paar kleine Veränderungen, aber nicht mehr. Mit der verlorenen Wahl war der Wille nach richtiger Veränderung jedoch größer denn je. Niemand glaubte wirklich, dass Laschet allein schuld am Ergebnis gewesen sei. Oder dass es ausschließlich am Theater um die Kandidatur zwischen Laschet und Söder gelegen habe. Gerade mit etwas Abstand kommen viele Christdemokraten zu dem Schluss, dass die CDU 2021 inhaltlich völlig orientierungslos war.

Merkel hatte die Partei, die ohnehin nach dem Motto «Pragmatismus first, Inhalte second» lebt, über die Jahre immer weiter entkernt. Und so hätte es keinen besseren Zeitpunkt für die totale Neuausrichtung geben können. Die von Merz vorangetriebene Abkehr von der Merkel-CDU wäre zu einem früheren Zeitpunkt wohl in der Breite nicht so akzeptiert worden.

Merz selbst spricht von einem Prozess, der im Grunde mit dem 29. Oktober 2018 begonnen hat. Er dauert etwas über drei Jahre – und mündete schließlich in dem Tiefpunkt der verlorenen Bundestagswahl 2021. Aus seiner Sicht hat die Partei sich diesem Moment in Etappen genähert. Andere behaupten, es habe auch daran gelegen, dass nach 16 Jahren ganz einfach etwas Neues kommen musste. Das schließt sich nicht aus. Denn am Ende kommen alle zu dem gleichen Schluss: So wie bisher geht es nicht weiter. Es war Zeit für einen Kurswechsel. Und Merz stand bereit.

DER UNVERMEIDBARE
KANZLERKANDIDAT

4

DIE CDU-GMBH

Als Friedrich Merz im Februar 2022 sein neues, altes Büro im Jakob-Kaiser Haus bezieht, ist fast alles wie früher. Der Raum ist im Grunde so, wie er ihn damals, 2002, verlassen hat. Sogar der Schreibtisch steht immer noch da. Nur die CDU ist eine andere. Merz, der die vergangene Dekade in der Wirtschaft verbracht hat, muss die eigenen Leute erst wieder neu kennenlernen – und will mit den Abgeordneten anfangen.

So sicher, wie er glaubte, dass Merkel die Kanzlerschaft nicht vom Parteivorsitz hätte trennen dürfen, ist der CDU-Chef jetzt davon überzeugt, dass in der Opposition Partei und Fraktion in einer, in seiner Hand liegen müssen. Fraktion und Partei sollen sich auf keinen Fall in die Quere kommen. Übernimmt er beides, ist er das alleinige Machtzentrum. Und das, so scheint es, ist eine Rolle, die ihm sehr gut gefällt, zumal er den einen Teil bereits kennt.

Merz war schon einmal Oppositionsführer, und in der Fraktion ist alles auf den Vorsitzenden zugeschnitten. Erst recht, wenn nicht regiert wird und es keine mächtigen Ministerinnen und Minister oder gar eine Kanzlerin mit Exekutivgewalt gibt. In der Opposition sind prominente Ämter rar gesät. Selbst vermeintliche Schwergewichte müssen sich mit Stellvertreterposten zufriedengeben – klar dem Fraktionschef untergeordnet. Sie sind dann jeweils für ein Thema zuständig, wie zum Beispiel Mathias Middelberg für Haushalt und Finanzen und Kommunalpolitik. Aber am Ende läuft alles bei Merz zusammen. Im Zweifel ist er das Gesicht für jedes Thema. Was er sagt, hat Gültigkeit. Tatsächlich sind sogar die Runden, in denen man sich immer dienstags in Sitzungswochen trifft und austauscht, nach dem jeweiligen Fraktionschef benannt. So gibt es jetzt «Merz-Runden», davor waren es «Brinkhaus-Runden», nach dem ehemaligen Fraktionsvorsitzenden Ralph Brinkhaus.

Nach seiner Rückkehr investiert Merz also all seine Kraft und Aufmerksamkeit in die Übernahme und anschließende Umstrukturierung der Bundestagsfraktion. Um die Partei soll sich erst einmal ein anderer kümmern, nämlich der neue Generalsekretär Mario Czaja. Merz hat den Sozialpolitiker aus Berlin berufen, weil er glaubt, damit ein Zeichen der Versöhnung an seine Skeptiker senden zu können. Eigentlich hätte er lieber Carsten Linnemann, den ehemaligen Chef der Mittelstands- und Wirtschaftsunion, auf diesem Posten gehabt. Später wird sich zeigen, dass Merz und er deutlich kompatibler sind. Trotzdem versucht der CDU-Chef es erst einmal anders. Mit Czaja holt er sich einen CDU-Mann ins Konrad-Adenauer-Haus, der nun wirklich nicht unter Verdacht steht, «Merzianer» zu sein. Czaja ist es bei der Bundestagswahl gegen den Trend gelungen, ein Direktmandat in einem nicht klassischen CDU-Wahlkreis zu holen: fast 30 Prozent im von Plattenbauten geprägten Berlin-Marzahn-Hellersdorf. Merz beeindruckt so was. Direkt gewählt zu werden, ist für ihn ohnehin eine Währung, die enorm wichtig ist. Auf den ersten Blick hält er Czaja deshalb für eine vielversprechende Wahl.

Doch Merz hat ein Problem übersehen oder hielt es offenbar nicht für gefährlich: Auch Czaja kennt die Partei jenseits der Hauptstadt nicht wirklich. Dem neuen Generalsekretär fehlt das Know-how für die Prozesse und Strukturen. Und ihm fehlt das Telefonbuch, sowohl in die CDU/CSU hinein, als auch zu Journalistinnen und Journalisten. Es hätte wohl eine Kennenlern-Tour für ihn gebraucht.

Bei einer Reihe von Regionalkonferenzen, die zur Erarbeitung des neuen CDU-Grundsatzprogramms über Monate in ganz Deutschland stattfinden, war Czaja zwar dabei, die zentrale Figur wurde hier jedoch Carsten Linnemann, der den Prozess verantwortete. Merz, der großen Wert auf Macht und Machtverteilung legt, nahm seinem Generalsekretär damit eine der wichtigsten Aufgaben und übergab sie an Linnemann. Spätestens ab diesem Zeitpunkt war jedem in der Partei, auch Czaja selbst, klar, dass er ein Generalsekretär auf Abruf ist. Merz hingegen verkennt bei dieser Aktion, dass daraus auch ein Problem für ihn entsteht. Eigentlich hätte ihm ein ausgleichender Faktor gutgetan. Denn gerade zu Beginn seiner Amtszeit fremdelten noch viele in der Partei mit dem neuen Vorsitzenden. Die schnelle und harsche Abkehr von der CDU-DNA unter Angela Merkel war für Teile der Partei eine Herausforderung. Doch anstatt mit seinem Generalsekretär im Tandem zu arbeiten, ließ Merz ihn in den anderthalb Jahren im Amt des Generalsekretärs am langen Arm verhungern. Und alleine fand Czaja sich, anders als sein Nachfolger Carsten Linnemann, in der Partei nicht zurecht. Das Verhältnis zwischen Merz und Czaja wurde immer zynischer, die eigentliche Aufgabe blieb unerfüllt.

In der Konsequenz blieb Czaja in der Breite der Partei für viele ein Unbekannter, wo er doch eigentlich als Sprachrohr von Merz fungieren sollte. Aber zentrale Personen in den Landesverbänden bauten keinerlei Verhältnis zu ihm auf – und auch nicht zu Merz. Der Sauerländer pflegte zwar nach wie vor einige enge Freundschaften zu CDU-Politikern, die er von früher kannte, etwa zu Roland Koch. Aber: Koch ist, wie die meisten Wegbegleiter aus Merz' erstem politischen Leben, nicht mehr aktiv dabei. Die CDU hat sich in weiten Teilen erneuert, die neuen Schwergewichte gehören einer deutlich jüngeren Generation an, für die er zunächst mal ein Fremder ist.

Dass Merz sich nicht um die neue Generation in den Landesverbänden bemüht, wird vor Ort durchaus registriert. Es herrscht das Gefühl, der Vorsitzende habe wenig Interesse daran, sich um die Länder zu bemühen, sein Fokus liege zu sehr auf der Fraktion, so wird kritisiert.

Ein Landesminister fasst es später rückblickend so zusammen: «Friedrich Merz hat sich schlicht nicht um die Partei bemüht, weil er glaubt, unsere Loyalität stehe ihm qua Amt zu. So funktioniert der Apparat aber nicht. Die Fraktion vielleicht, aber mit der allein kann er keinen Wahlkampf machen.» Man beginnt sich immer mehr über das fehlende Engagement des Vorsitzenden zu wundern und schließlich zu ärgern. Bei Landespolitikern fallen Sätze wie «Der will Kanzlerkandidat werden – mit wessen Unterstützung denn eigentlich?» oder «Der wird schon noch merken, dass er uns braucht».

Tatsächlich prallen hier zwei sehr unterschiedlich Rollenverständnisse davon aufeinander, wie bemüht ein Vorsitzender um seine Partei sein sollte. CDU und CSU sind zwar deutlich weniger basisdemokratisch als beispielsweise die Grünen oder die SPD. Nicht umsonst hielten sich Helmut Kohl und Angela Merkel über so viele Jahre an der Spitze, Kohl 25 Jahre, Merkel 18 Jahre. Dass die Vorsitzenden dermaßen regelmäßig ausgetauscht werden, wie es in den vergangenen Jahren der Fall war, ist quasi ein Unfall in der Parteigeschichte. Dennoch sind hier zwei Seiten aufeinander angewiesen, denn eine Partei funktioniert anders als eine Fraktion. In den Bundesländern, die ihren eigenen Vorsitzenden haben, ist die Macht des Parteichefs immer begrenzt.

Spätestens im September 2024 bei den Landtagswahlen in Thüringen, Sachsen und Brandenburg bekam Merz das zu spüren. Dort wies man den Vorsitzenden freundlich, aber bestimmt darauf hin, dass er weder die Themen im Wahlkampf noch die Koalitionspartner zu bestimmen habe. Dass Merz zunächst eine Zusammenarbeit mit dem neu gegründeten Bündnis Sahra Wagenknecht ausschloss, musste er, zumindest mit Blick auf die Länder, wenig später korrigieren.

Loyalität qua Amt gibt es hier nicht. Die muss Merz sich erarbeiten. Hinzu kommt, so sagt Merz es selbst, dass ein Vorsitzender der CDU erst dann wirklich fest im Sattel sitzt, wenn er oder sie eine Bundestagswahl gewinnt und Kanzler wird.

Nun hatte Merz nach seiner Wahl zum Parteichef einen anderen Zeitplan: erst die Fraktion auf Vordermann bringen, dann die Partei. In den Landesverbänden wird diese Strategie lange beklagt. Zu wenig Aufmerksamkeit, zu wenig Einbindung, so die Kritik. Unterdessen glaubt man im Konrad-Adenauer-Haus und in Merz' sonstigem Umfeld, dass alles gut läuft. Ein bisschen ist das so wie in der Anfangsphase beim Dating, wenn eine Seite denkt, es läuft richtig gut, die andere Person aber schon wieder auf Tinder am Swipen ist und erst mal nur weiter mitmacht, weil sich nichts anderes auftut.

Hätte es den CDU-Chef wirklich so viel Zeit gekostet, etwas mehr herumzutelefonieren, Treffen proaktiv anzubieten, Kontakte zu knüpfen? Eigentlich weiß Merz um die Bedeutung solcher Seilschaften. Allerdings macht er als Vorsitzender den Eindruck, als sei ihm der Blick für die Notwendigkeit abhandengekommen. Viele sagen dem CDU-Chef bis nach seiner Kür zum Kanzlerkandidaten nach, ihm liege das Netzwerken nicht. Andererseits: Hat es Merz bis hierhin wirklich geschadet? Schließlich lief für ihn bislang alles nach Plan. Jenen, die ihn kurzzeitig drängten, die Entscheidung zur K-Frage früher zu klären, aus Sorge in den Bundesländern könne sich eine Revolte zusammenbrauen, kann Merz heute entspannt entgegenlächeln und mit Genugtuung sagen: Seht ihr? Alle sind sitzen geblieben.

Interessant wird sein, wie Merz künftig mit den CDU-Länder-Chefs umgeht. Sowohl für die Wahlkampf-Phase als auch für die Zeit danach, sollte es zu einer unionsgeführten Bundesregierung kommen (andernfalls ist Merz ohnehin weg, das weiß er auch selbst). Denn am Ende gehört es auch zu der Essenz der Parteipolitik, seine Drähte zu pflegen, also zwischendurch anzurufen, vielleicht sogar mal zu dem ein oder anderen Landesparteitag zu fahren oder an internen Veranstaltungen teilzunehmen. Und nicht zuletzt ein Auge darauf zu haben, wer für ein potenzielles Kabinett infrage kommt. Denn das lässt sich nicht mit der Bundestagsfraktion allein bestücken.

Es zählte zu den viel gelobten Qualitäten der Altkanzlerin Angela Merkel, dass sie genau das gut beherrscht haben soll. Die Art und Weise, wie sie innerhalb der Partei Verbindungen herstellte und für sich zu nutzen wusste, habe ihr lange den Machterhalt gesichert, so berichten es einige aus Merkels ehemaligem Umfeld. Merz hingegen zeigt bislang kaum Interesse an strategischen Bündnissen. Während sich ein gewisser Ministerpräsident aus Nordrhein-Westfalen von Bundesland zu Bundesland arbeitet und über die vergangenen Jahre langsam, aber stetig seine Machtbasis ausbaut, erweckt der CDU-Chef bislang den Eindruck, er habe das gar nicht mehr nötig. Tatsächlich fällt stattdessen immer wieder auf, dass der Mann, der die vergangenen Jahre in der Wirtschaft, unter anderem als Aufsichtsratsvorsitzender des Vermögensverwalters Blackrock, verbracht hat, den entsprechenden Führungsstil zunehmend auf die Partei zu übertragen scheint, zum Unverständnis der eigenen Leute. Nicht nur Hendrik Wüst hat deshalb in den vergangenen Jahren immer wieder betont, dass die Landesverbände von ihrem Parteivorsitzenden erwarten, bei zentralen Entscheidungen ausreichend eingebunden zu werden.

Bislang ist Merz darauf scheinbar nur wenig eingegangen. Das beste Beispiel ist die Kanzlerkandidatenfrage. Wüst hatte im Vorfeld betont, dass die zwei Parteivorsitzenden Söder und Merz das zwar miteinander besprechen werden. Allerdings, so Wüst, müsse auch klar sein, dass derjenige, der es macht, am Ende die «gesamte Partei» hinter sich habe. Überspitzt kann man daraus ableiten: Binde uns ein, sonst stürzen wir dich. Nur: Weder hat Merz diese verdeckte Drohung jemals ernst genommen noch hatte es Konsequenzen, dass der CDU-Chef dieser Bitte nach Einbindung auch nicht wirklich nachgekommen ist. Merz hatte die Vorsitzenden der Länder am Ende lediglich in einem Anruf über den Sachverhalt informiert, noch dazu ohne wirkliche Details über den weiteren Fahrplan zu nennen. Mit Mitsprache hat das kaum noch etwas zu tun. Oder wie es einer der Ministerpräsidenten selbst sagt: «Die Sache war klar, wir wurden nur informiert.»

Das muss nicht heißen, dass die fehlenden Beziehungen zu den Landesverbänden für den CDU-Vorsitzenden längerfristig nicht doch noch gefährlich werden könnten. Nun ist die Kanzlerkandidatenfrage geklärt. Nach dem Bruch der Ampel (auf den in diesem Buch zu späterer Stelle noch eingegangen wird) ist der CDU-Chef gefestigt wie nie. Auch hat er gute Chancen, die Bundestagswahl, die aller Voraussicht nach Anfang 2025 stattfinden wird, zu gewinnen. Allerdings hört damit die Abhängigkeit von der Loyalität der eigenen Mannschaft nicht auf. Sie beginnt sogar erst. Gerade mit Blick auf die Ministerpräsidenten, die in der CDU so gefestigt und stark sind wie lange nicht mehr.

5

DIE NEUEN AUFSTEIGER

Wenige Monate nach der verlorenen Bundestagswahl, zu Beginn des Jahres 2022, gibt es für die Union nur wenig Grund zur Freude. Während die CDU sich in einem Transformationsprozess zwischen dem gescheiterten Spitzenkandidaten Armin Laschet und ihrem neuen Vorsitzenden Friedrich Merz befindet, ist Markus Söder in Bayern untergetaucht. Die Ampel macht es sich in Berlin langsam bequem. Und die beiden Schwesterparteien CDU und CSU fallen in den Umfragen deutlich zurück. Laut ZDF-Politbarometer kommen sie Mitte Januar gerade mal auf 22 Prozent, während es bei den Sozialdemokraten 27 Prozentpunkte sind. In der Unionsfraktion, wo sich mancher schon ausgemalt hatte, Bundesminister zu werden, herrschen Frust und Orientierungslosigkeit.

In den Landesverbänden blickt man besorgt auf die bevorstehenden Landtagswahlen und hofft, dass die Lage im Bund nicht auch darauf abfärbt. Nach dem Parteitag im Januar und der offiziellen Wahl von Merz zum neuen Vorsitzenden herrscht zwar ein wenig Aufbruchstimmung. Aber so richtig scheint die CDU erst einmal nicht auf die Beine zu kommen.

Hinzu kommt, dass am 24. Februar ein Ausnahmezustand beginnt. Russland greift die Ukraine an. Wladimir Putin macht damit wahr, womit er lange gedroht hat. Plötzlich herrscht Krieg auf europäischem Boden. Auch Deutschland steht deshalb unter Schock. Und für den Moment werden alle weiteren Themen überschattet. Während die Unionsfraktion gerade noch dabei war, sich neu zu sortieren, erweckt die Ampel zu Beginn der Legislatur noch den Eindruck, dass sie den Umgang mit der Krise beherrscht.

Drei Tage nach Ausbruch des Krieges tritt Olaf Scholz im Deutschen Bundestag vor die Abgeordneten und die Öffentlichkeit und verkündet ein 100-Milliarden-Euro-Sondervermögen für die Bundeswehr. Scholz sagt an jenem Vormittag in seiner Rede, dass Deutschland deutlich mehr in die eigene Sicherheit investieren muss, «um auf diese Weise unsere Freiheit und unsere Demokratie zu schützen». Scholz kündigt außerdem an, von nun an jedes Jahr mehr als zwei Prozent des Bruttoinlandsproduktes in die deutsche Verteidigung zu investieren.

Auch die Fraktion der CDU/CSU wird dem Kanzler für diese Worte Applaus spenden. Lange und ausgiebig; viele stehen sogar auf. Der Einladung, das Sondervermögen im Grundgesetz abzusichern, werden Merz und seine Leute anschließend folgen. Parteipolitik und mit ihr auch die für die CDU eigentlich bitter notwendige Profilschärfung der Partei werden damit auch im Bundestag für den Moment zurückgestellt. Der Erneuerungsprozess muss warten. Und während sich unter den Abgeordneten mancher schon wieder ganz wohl in der – wenn auch nur augenscheinlichen – staatspolitischen Verantwortung fühlt, herrscht in der Breite der CDU für den Moment eine Mischung aus Frust und Hoffnungslosigkeit. Bis zum 8. Mai 2022, dem Abend der Landtagswahl in Schleswig-Holstein.

Am Wahlabend tanzt der Landesvorsitzende und amtierende Ministerpräsident Daniel Günther strahlend durch die Menge. Es wird geklatscht und gegrölt. Die Stimmung bei den Christdemokraten ist so ausgelassen wie lange nicht mehr.

Aus voller Kehle singen sie das Helikopterlied: «Mach den Hub, Hub, Hub. Mach den Schrauber, Schrauber, Schrauber. Mach den Helikopter 117.» Günther macht mit und hüpft dabei fröhlich umher. Der CDU-Politiker hat allen Grund zur Freude, denn seine Partei hat in Schleswig-Holstein gerade 43,4 Prozent der Stimmen bekommen. Das sind 11,4 Prozent mehr als beim letzten Mal im Jahr 2017, Stimmenzuwächse in allen 35 Wahlkreisen. Der *SPIEGEL* beschreibt die Wahlkarte als «Schwarz mit einem Hauch von Großstadt-Grün». Für die Partei ist es ein Riesenerfolg. Und das ausgerechnet mit dem Mann, den man in der Partei gerne spöttisch «Genosse Günther» nennt. Für mehr als jeden Zweiten war Günther an der Wahlurne sogar der Hauptgrund, um das Kreuz bei der CDU zu setzen.

Eigentlich zählt der Ministerpräsident von Schleswig-Holstein zu den Anhängern der Altkanzlerin Angela Merkel und gehört nicht zu denen, dessen erste Wahl für den Parteivorsitz Friedrich Merz war. Es hat also eine gewisse Ironie, dass ausgerechnet er der CDU den ersten Lichtblick nach einer langen Zeit der Misere beschert. Sein Wahlerfolg ist wichtig für die Partei – aber auch für Merz. Denn er zeigt, dass die CDU immer noch Wahlen gewinnen kann. Und wo die Partei noch Potenzial hat, über ihre Kernklientel hinaus Wählerinnen und Wähler zu mobilisieren. Außerdem wird hier deutlich, was ein Spitzenkandidat, der in der Breite der Gesellschaft gut funktioniert, ausmachen kann.

Kurz vor der Wahl zeigen Umfragen des Instituts infratest dimap, dass Günther für seine politische Arbeit Zustimmungswerte von 75 Prozent bei den Befragten genießt. Damit ist der CDU-Politiker aus Schleswig-Holstein beliebter als alle anderen Ministerpräsidentinnen und Ministerpräsidenten in Deutschland (inklusive Bayern). Zum Vergleich: Mit der Arbeit des Parteivorsitzenden Friedrich Merz sind im Mai 2022 gerade mal 31 Prozent der Befragten zufrieden.

Im Gespräch erklärt Daniel Günther mit Blick auf die vergangene Landtagswahl in Schleswig-Holstein noch einmal, inwieweit sein Erfolg mit dem Merkel-Kurs zusammenhängt. Er tut das an dem Beispiel der vergangenen Bundestagswahl. Dass die Union im September 2021 gegen die SPD verloren habe, sei durch unterschiedliche Faktoren begründet. «Ein maßgeblicher davon waren die Knüppel, die Markus Söder Armin Laschet auch nach der Nominierung zum Kanzlerkandidaten noch zwischen die Beine geworfen hat», schiebt er noch ein und muss fast selbst etwas lachen. Denn die Rivalität zwischen ihm und dem CSU-Politiker ist in der Union kein Geheimnis.

Dann räumt Günther jedoch ein, dass es durchaus noch mehr Gründe gab. Der SPD sei es gelungen, den Leuten das Gefühl zu vermitteln, «Olaf Scholz sei derjenige, der die Arbeit von Angela Merkel fortsetzen würde». Der CDU-Politiker hält es offensichtlich für einen Fehler, dass seine Partei sich nach dem Wechsel an der Spitze so schnell und deutlich von Merkel distanzierte. Denn viele Christdemokraten wiederholen mittlerweile oft und gerne im Wahlkampf, man selbst habe in 16 Jahren ja auch viele Fehler gemacht. Günther irritiert diese Abkehr von der eigenen Regierungsvergangenheit. «Mancher in der Union versucht hier etwas Wichtiges zu verdrängen oder tut sogar so, als sei Angela Merkel über Jahre Ballast für uns gewesen. Das Gegenteil war der Fall. Angela Merkel ist bis heute und war insbesondere zu ihrer aktiven Zeit eine extrem beliebte Kanzlerin», sagt er.

Angela Merkel habe eine Bindungskraft besessen, die das

Wählerpotenzial der Union mindestens um ein Viertel, vielleicht sogar noch mehr nach oben gebracht habe. Was Günther auch meint, ist, dass es der Altkanzlerin über viele Jahre gelungen ist, Wählerinnen und Wähler von der SPD für die Union zu gewinnen. Ein Beleg dafür ist die Wählerwanderung bei der vergangenen Bundestagswahl, bei der Olaf Scholz sich erfolgreich als Erbe der Kanzlerin inszenierte. Über 1,5 Millionen Wähler verlor die Union da an die SPD.

Günther setzt das Erfolgsprinzip der Altkanzlerin in Schleswig-Holstein unabhängig von der Entwicklung im Bund fort. Die Sozialdemokraten haben sich dort immer mehr den Grünen angenähert und so eine Lücke in ihrer Kernklientel hinterlassen, den Arbeitnehmerinnen und Arbeitnehmern. Der CDU-Politiker tut, was schon Merkel getan hat, und weitet den Blick in den linken Teil der politischen Mitte.

Dabei ist in Schleswig-Holstein 2022 nach fünf Jahren CDU-geführter Landesregierung etwas Interessantes gelungen. Günther gewann nicht nur von der SPD und von den Grünen Wählerinnen und Wähler für die CDU. Sondern auch von FDP, AfD und Nichtwählern. Bei Arbeitnehmern schnitt die CDU mit Abstand am stärksten ab. Außerdem gewann sie sowohl bei Rentnerinnen und Rentnern als auch bei Jüngeren dazu, wenn auch nicht ganz so stark. Es ist der einzige CDU-Landesverband, in dem es zu der Zeit gelingt, Mitglieder dazuzugewinnen.

Während Merz sich weder mit dem Sieg seines Parteikollegen rühmt noch zu hinterfragen scheint, wo dessen Zuspruch herkommt, beschäftigen sich andere in der CDU durchaus mit der Frage, was Günthers Erfolgsgeheimnis konkret ist. Etwa Generalsekretär Mario Czaja. Der verweist immer wieder darauf, dass in Schleswig-Holstein etwas gelungen ist, das schon unter Merkel im Bund für große Erfolge gesorgt hat. Ohne Erfolg.

Unterdessen haben andere CDU-Spitzenpolitiker sehr genau im Blick, was in Schleswig-Holstein gut funktioniert, zum Beispiel Hendrik Wüst. Auch er hat im Mai 2022 eine Wahl vor der Brust. Sein Sieg am 15. Mai 2022 scheint lange nicht sicher zu sein. Noch wenige Wochen vorher liegt die CDU in den Umfragen sogar zwei Prozentpunkte hinter der SPD. Wüst ist zu der Zeit noch frisch im Amt, erst im Oktober des Vorjahres hatte der damals 46-Jährige von seinem Vorgänger Laschet übernommen.

Und Wüst war kein politischer Newcomer. Im Gegenteil: Er hatte es auf Landesebene schon einmal in die erste Reihe geschafft. Unter dem Ministerpräsidenten Jürgen Rüttgers war er von 2006 bis 2010 bereits Generalsekretär der CDU in Nordrhein-Westfalen. Seine Aufgabe war damals das klassische Haudrauf: Er sollte das konservative Stammpublikum bei Laune halten, immer schön gegen die anderen keilen. Die Zeit ging nicht gut für ihn aus. Als im Februar ein Skandal um käufliche Gespräche mit dem Ministerpräsidenten Rüttgers öffentlich wurden, muss Wüst zurücktreten. Er übernahm die Verantwortung, wurde damit zum Sündenbock. In ihrer Biografie über den CDU-Politiker schreiben die Journalisten Tobias Blasius und Moritz Küpper dazu, Wüst werde zu dem Zeitpunkt seit Monaten als «instinktlose Skandalnudel» beschrieben. Und: «In der Partei, erst recht in der nordrhein-westfälischen Öffentlichkeit, ist er unten durch.»

Zehn Jahre später probierte Wüst es noch einmal, unter keinen leichten Voraussetzungen. Im Oktober 2021 startete er wenig bekannt und in der Öffentlichkeit mäßig bewertet in das Amt des Ministerpräsidenten. Dass er bei der Wahl einen großen Erfolg erzielen würde, hat zunächst keiner wirklich erwartet. Merz hielt sich aus dem Wahlkampf weitestgehend heraus, auch wenn es sein Landesverband war. Womöglich wollte er vermeiden, dass eine mögliche Wahlniederlage gleich zu Beginn seiner Zeit als Parteichef an ihm kleben bleiben könnte. Oder weil man ihn nicht gefragt hat. Wüst suchte gar nicht erst seine Hilfe, sondern konzentrierte sich auf die eigenen Leute. Ihm gelang es schließlich, sich neu zu inszenieren.

Vom konservativen Hardliner Wüst war vor der Wahl nichts mehr übrig. Der CDU-Politiker, jetzt junger Familienvater und moderner Christdemokrat, verwendet starke Bilder und gekonnte Leerformeln. Das funktioniert gut. So gut, dass die CDU am 15. Mai nicht nur die Wahl gewinnt, sondern mit 35,7 Prozent sogar weit vor der SPD landet, die gerade mal auf 26,7 Prozent kommt. Ausschlaggebend auf den letzten Metern: Wüst. Rund ein Drittel der CDU-Wähler gab als wichtigsten Grund für ihre Wahlentscheidung seine Person an, deutlich mehr als bei seinem Herausforderer Thomas Kutschaty oder seinem Vorgänger Armin Laschet. Spätestens in diesem Moment verschob sich das Machtgefüge in der Partei. Plötzlich gab es da eine neue Generation erfolgreicher Landesväter, untereinander bestens vernetzt. Sie stärken sich gegenseitig den Rücken. Sollte es Merz gelingen, die nächste Wahl zu gewinnen, werden die Länder für ihn noch einmal wichtiger, als sie es jetzt sind. Er braucht sie nicht mehr nur für den innerparteilichen Machterhalt, sondern auch für Mehrheiten im Bundesrat.

Auf Günther und Wüst folgt Boris Rhein, der in Hessen bereits im Mai 2022 seinen Vorgänger, das CDU-Urgestein Volker Bouffier, abgelöst hat. Bei der Landtagswahl im Oktober 2023 fährt Rhein ein Wahlergebnis von 34,6 Prozent ein. Ein Zugewinn von 7,6 Prozent und eine ziemliche Errungenschaft, wenn man bedenkt, dass auch Rhein zuvor lange unbekannt blieb.

Am Tag nach der Hessenwahl, dem 9. Oktober, ist Friedrich Merz sichtlich zufrieden. Montagmorgen werden Rhein und seine Fraktionsvorsitzende Ines Claus mit Blumensträußen, Glückwünschen und Anerkennung übersät. Anschließend treten sie gemeinsam mit Merz vor die Presse. Nicht nur für Ines Claus ist es das erste Mal, dass sie bundespolitisch eine solche Aufmerksamkeit erfährt. Auch für den Ministerpräsidenten Rhein ist die Situation neu. Seine Wangen sind leicht gerötet. Immer wieder blättert er konzentriert die vor ihm liegenden Sprechzettel. Als Merz den Anfang macht, scheint er fast etwas froh. «Als Parteivorsitzender der CDU kann ich nur sagen, einen ganz besonderen herzlichen Glückwunsch an die Freunde in Hessen. Die hessische CDU hat gestern einen überragenden Wahlsieg eingefahren», sagt der Vorsitzende, und Rhein grinst kurz zufrieden. Dann fügt Merz hinzu: «Das ist der großen Geschlossenheit der CDU insgesamt zu verdanken.» Und dafür Verantwortung trägt, selbstredend, der Vorsitzende.

Merz lobt sich hier zwar nicht direkt selbst. Ein bisschen mitschwingen lässt er dennoch, dass der Wahlsieg auch sein Verdienst ist. Rhein presst die Lippen zusammen und sieht an die Decke. Er könnte gleich sagen, dass Merz keineswegs etwas mit dem Wahlsieg zu tun hatte. Dass sie in Hessen sogar aktiv versucht hatten, den CDU-Chef so gut es geht aus dem Wahlkampf rauszuhalten, weil es die Sorge gab, er könne den Erfolg der Hessen-CDU im schlimmsten Fall sogar torpedieren. Aber er lässt es bleiben. Äußert brav seine Zufriedenheit über das Wahlergebnis. Nur den klassischen Dank gegenüber dem Vorsitzenden für die Unterstützung im Wahlkampf äußert er nicht. Wofür auch?

Anschließend dürfen die Journalisten Fragen stellen. «Herr Merz, Tatsache ist, dass die hessische CDU mit fast 35 Prozent ein deutlich besseres Ergebnis erreicht hat als der Wert, bei dem die Union bundesweit in den Umfragen liegt», fängt einer von ihnen seine Frage an. Merz' Mundwinkel sind nach unten geneigt, die Augenbrauen ziehen sich jetzt noch etwas weiter zusammen. Der Journalist fragt weiter: «Gibt es irgendetwas, das Sie von Boris Rhein als dem sehr erfolgreichen Spitzenkandidaten in Hessen lernen können?» Beide CDU-Politiker lachen jetzt – aus sehr unterschiedlichen Gründen. Bei Merz wirkt es fast süffisant. Er antwortet: «Das ist ja süß», und erklärt, dass die CDU im Bund sich immer weiter gut entwickele, auch die Umfragen in Hessen zuletzt nicht so gut gewesen seien wie das Wahlergebnis, und dass Boris Rhein ja auch noch den Amtsbonus hatte. Von einem strategisch klugen und gelungenen Wahlkampf oder von einem starken Spitzenkandidaten? Kein Wort. Das Gesicht seines hessischen Parteikollegen hat sich derweil verhärtet.

Tatsächlich glaubt in Hessen kaum jemand, dass man die Wahl gemeinsam mit dem Parteivorsitzenden gewonnen hat. Dass es sich hier um einen Aufwärtstrend handelt, von dem man profitiert habe. Der Ministerpräsident Boris Rhein betont im Gespräch mit mir: «Wir haben uns sehr früh dafür entschieden, den Wahlkampf in Hessen aus eigener Kraft zu führen.» Horcht man in den Landesverband hinein, wird man dort sogar noch deutlicher: Man habe bewusst darauf geachtet, Merz nicht zu sehr in den Wahlkampf einzubinden. Nachdem der CDU-Chef die Grünen wenige Wochen vor den Landtagswahlen in Hessen und Bayern zum «Haupt-gegner» seiner Partei erklärt hatte, versuchte man in Wiesbaden ausdrücklich, Abstand zu halten. «Darauf muss man erst mal kommen. So ein Querschuss, und das mitten im Wahlkampf», flucht ein hessischer Landespolitiker anschließend auf Nachfrage. Den Wahlerfolg hätten der neue Chef der Staatskanzlei Benedikt Kuhn und der ehemalige hessische Generalsekretär Manfred Pentz in Kombination mit einem funktionierenden Spitzenkandidaten Rhein zu verantworten, heißt es vielmehr.

Rhein macht es in der Hinsicht wie Günther und Wüst. Sie alle eint, dass Merz in ihrem Wahlkampf kaum eine Rolle gespielt hat. Sie alle pflegen einen deutlich anderen öffentlichen Auftritt als ihr Vorsitzender. Teilweise stehen sie auch inhaltlich für einen anderen Kurs. Für Merz muss das kein Nachteil sein. Wenn er sie einbindet, können sie ihn als Person gut ergänzen. Tut er das nicht, droht ihm mittelfristig doch die Gefahr der jüngeren Alternativen.

6

MERZ UND DIE FRAUEN

Serap Güler macht ein paar kleine Schritte vor und wieder zurück. Mit verschränkten Armen steht die CDU-Politikerin vor der Eingangstür des Berliner Nobel-Cafés «Einstein Unter den Linden». Eine Hand hält den Mantel zu, die andere drückt das Telefon an ihr Ohr. Zwischendurch nickt sie, verdreht leicht die Augen, bevor sie ein paar Sätze in den Hörer antwortet. Es ist Dienstagabend in einer parlamentarischen Sitzungswoche, und Serap Güler kommt direkt aus dem Bundestag. «Entschuldigung, ich musste noch kurz etwas klären», sagt sie, als sie über den schick glänzenden Marmorboden in das Lokal geflogen kommt. Im Moment überschlagen sich ihre Termine nur so.

Das Kaffeehaus «Einstein Unter den Linden» ist in Berlin eine Institution. Von Polit-Prominenz bis Hollywoodstars treffen sich hier die Großen und Mächtigen. Güler ist eine von ihnen. In ihrer Partei ist sie extrem gut vernetzt. Die 44-jährige Nordrhein-Westfälin trägt Jeans und Leo-Print statt Hosenanzug und Etuikleid, pflegt bewusst einen lockeren Umgang, redet lieber Klartext als verklausuliert und nimmt regelmäßig Termine außerhalb der klassischen Politblase wahr. Gerade die CDU, die es sich als Volkspartei zum Ziel gemacht hat, mehr Frauen für politische Ämter zu gewinnen, kann so jemanden gut gebrauchen. Von den Mitgliedern sind aktuell nur 26 Prozent weiblich. Unter den CDU-Abgeordneten im Bundestag sind es mit 20 Prozent sogar noch weniger. «Das kann uns nicht zufriedenstellen», sagt Güler, wenn man sie darauf anspricht. «Wir müssen den Menschen zeigen, dass die CDU keine Männerpartei mehr ist. Das Vorurteil gibt es leider immer noch», fügt sie hinzu und weiß, dass sie selbst ein starkes Gegenbeispiel dafür ist. Die CDU-Politikerin ist die Tochter türkischer Einwanderer, geboren in Marl, rund 25 Kilometer nördlich von Gelsenkirchen. Beide Eltern waren Nicht-Akademiker, Güler ist die Erste in der Familie, die Abitur gemacht hat. In einem *SPIEGEL*-Porträt über die CDU-Politikerin sagte der Generalsekretär Carsten Linnemann mal: «Eine Serap Güler ist zu wenig, wir brauchen 100 Serap Gülers.» Und wie sieht Friedrich Merz das?

Bislang hat Güler ihre Prominenz im Bund vor allem sich selbst zu verdanken. Sie ist offen, eloquent, medienpräsent, erst am Abend vorher war sie mal wieder in einer Talkshow zu Gast. Als Gesprächspartnerin wird sie auch deshalb so gefragt, weil sie sich mit Themen auskennt, die in der Union traditionell eher Männer besetzen. Verteidigung zum Beispiel, oder Migration. Unter dem Ministerpräsidenten Armin Laschet war sie in Nordrhein-Westfalen Staatssekretärin für Integration. Seit dieser Legislaturperiode sitzt sie im Verteidigungs- und im Innenausschuss.

Es täte der CDU gut, wenn gerade bei den sogenannten härteren Themen auch Frauen präsenter wären. Denn bislang sind sie dort unterrepräsentiert. Die allermeisten öffentlichen Auftritte zu finanz-, innen-, verteidigungs- oder sicherheitspolitischen Themen haben bei CDU und CSU immer noch Männer. Das liegt sicherlich auch daran, dass die meisten Männer in der Union, wenn man sie fragt, eigentlich immer bereitstehen. Meist ist egal, um welches Thema es geht. Es gibt so manchen, der traut sich von Walfischfang über Außenpolitik bis hin zu Debatten über Frauenrechte wirklich alles zu – das ist jedoch nicht nur bei CDU und CSU so. Unterdessen überlegen Frauen häufig zwei Mal, ob sie auch wirklich ausreichend Expertise besitzen, um sich zu äußern.

Als Journalistin erlebt man immer wieder folgende Situation: Nach einem interessanten und oft auch bereichernden Hintergrundgespräch mit Politikerinnen fragt man, ob etwas von dem im Nachgang zitierfähig ist. Die Antwort ist dann oft ein «Nein, lieber nicht», oder man bekommt anstelle der gehaltvollen Dinge, die eigentlich gesagt wurden, inhaltslose Hülsen zugeschickt. Manchmal sogar mit Verweis auf einen männlichen Kollegen, der doch «viel tiefer im Thema steckt». In vielen Redaktionen wird ein großer Teil der Frauen, gerade in der Union, deshalb oft gar nicht mehr angefragt. «Zu blass» heißt es dann. Serap Güler gehört zu den Ausnahmen, von denen es sowohl in der Fraktion als auch vereinzelt in Landesverbänden immerhin ein paar Frauen gibt.

Wenn die CDU es ernst meint mit ihrem Vorsatz, nicht nur mehr Frauen, sondern auch Menschen mit Migrationsgeschichte für sich begeistern zu wollen, müsste sie Frauen wie die Nordrhein-Westfälin ganz weit nach vorne stellen.

Tatsächlich dauerte es stattdessen eine ganze Weile, bis Güler unter Merz überhaupt Fuß fassen konnte. Zu Beginn seiner Zeit als Partei- und Fraktionschef hielt er die Frau, die von Armin Laschet gefördert wurde und lange zum sogenannten Merkel-Lager zählte, erst einmal auf Abstand. Merz machte sie zu einer der Stellvertreterinnen in der Grundsatzprogramm-Kommission unter Linnemann als Vorsitzendem, aber das sollte erst einmal reichen. Als Güler es dann auch wagte, in der Fraktion aus der Reihe zu tanzen, wurde sie für den Moment, so scheint es, zur Persona non grata bei Merz.

Gegen Ende des Jahres 2022 geht es im Bundestag um das Chancenaufenthaltsgesetz der Ampel, das geduldeten Asylbewerbern die Chance geben soll, ein dauerhaftes Bleiberecht in Deutschland zu erwerben. Merz will, dass seine Fraktion dagegenstimmt. Allerdings stimmen zwanzig Abgeordnete nicht mit Nein, sondern enthalten sich der Stimme. Güler ist eine von ihnen. «Ich konnte einfach nicht dagegenstimmen», erzählt sie im Gespräch für dieses Buch. «Wir haben in Nordrhein-Westfalen doch genau dafür gekämpft. Das wäre für mich persönlich nicht ehrlich gewesen.»

Merz sieht das anders. Im Plenarsaal verliert er die Beherrschung. Er fühlt sich, so scheint es, von Güler nicht nur verraten, sondern richtig angegriffen. «Was glauben Sie eigentlich, wer Sie sind?», raunzt er der Frau, die deutlich kleiner ist als er, auf offener Bühne entgegen. Seine Wut richtete sich mit voller Wucht gegen Güler, weil er sie als treibende Kraft vermutete. Der CDU-Chef begreift in jenem Moment nicht, welche Eindrücke er damit schafft. Dass solche Szenen ihm deutlich mehr schaden, als dass sie für Respekt sorgen.

Situationen wie diese stehen für ein größeres Problem: Merz und die Frauen. So richtig funktioniert es einfach nicht. Dabei weiß Merz, wie wichtig Frauen für die CDU sind, ob aktiv als Politikerin, so wie Güler, oder in der Wählerschaft. Die CDU war immer dann besonders erfolgreich, wenn sie Frauen für sich gewinnen konnte. In einem Interview mit dem *FOCUS* im August 2022 unterstreicht er deshalb selbst: «Ohne Frauen werden wir in Deutschland keine Wahlen mehr gewinnen.» Auch weil er weiß, wie sehr die anderen Parteien, allen voran die SPD, versuchen, das als seine entscheidende Schwachstelle auszunutzen. Immer wieder werden Merz' Widersacher in den Monaten und Jahren nach seiner Wahl zum Parteichef ein Bild von ihm zeichnen: einer, der Frauen nicht auf Augenhöhe begegnet, der Feminismus als Modeerscheinung versteht, und einer, der 1997 im Bundestag noch dagegenstimmte, dass Vergewaltigung in der Ehe strafbar wurde.

Es ist eine Beschreibung, die Merz nicht gerecht wird, die in Teilen auch unfair verkürzt. Und doch trifft sie im Kern ein echtes Problem. Merz macht, wenngleich gar nicht bewusst, immer wieder den Anschein, Frauen nicht als ebenbürtig zu sehen. Es ist ohnehin schwer, ein in der Öffentlichkeit festgefahrenes Bild von sich selbst zu ändern. Wenn man den Eindruck dann noch über Jahre hinweg wieder und wieder mit unvorteilhaften Momenten füttert, macht es die Sache beinahe unmöglich.

Als Merz im Januar 2021 seine zweite Bewerbungsrede um den Parteivorsitz hält, will er mit dieser Kritik an ihm und seinem Weltbild eigentlich aufräumen. Allerdings löst er genau das Gegenteil aus, als er sagt: «Jung und Alt, Stadt und Land, Männer und Frauen, Arbeitnehmer und Unternehmer – sie alle gehören zu unserer Partei und unserer Politik. Auch diejenigen, die sozial schwach sind, finden gerade bei uns ein Herz und Zuwendung. Lassen Sie mich in diesem Zusammenhang ein Wort zu den Frauen sagen», dann macht Merz eine kurze Pause und grinst etwas selbstgefällig. «Ich höre und lese ja teilweise, nicht in unserer Partei, aber außerhalb, ich hätte da ein altes Bild vor Augen. Liebe Freundinnen und Freunde, wenn das so wäre, dann hätten mir meine Töchter schon längst die Gelbe Karte gezeigt. Und meine Frau mich auch vor vierzig Jahren nicht geheiratet.»

Wie die Worte bei vielen Frauen ankommen, kann man vielleicht in dem Gesichtsausdruck der zu dem Zeitpunkt

Noch-Parteivorsitzenden Annegret Kramp-Karrenbauer erkennen. Sie hört Merz mit hochgezogenen Augenbrauen zu. Das *Handelsblatt* wird anschließend mit Blick auf diese Aussagen schreiben: «Friedrich Merz' Sprache gibt Einblicke in sein Weltbild – und das ist eines von gestern.» Die Szene erinnere an «Stromberg», eine Comedyserie, in der die gleichnamige Hauptfigur ein ziemlich grobschlächtiges und sozial nicht wirklich kompatibles Verhalten an den Tag legt. Es ist ein verheerendes Urteil für Merz, das auch in anderen Medien oder von seinen Gegnern immer wieder aufgerollt wird. Und seine Bemühungen, diesen Eindruck zu ändern? Sie sind lange kaum überzeugend.

Auch wenn Merz es durchaus versucht hat. Zu Beginn seiner Amtszeit Anfang 2022 erweckt der CDU-Chef kurzzeitig wirklich den Eindruck, etwas an seinem Bild in der Öffentlichkeit ändern zu wollen. Bei seinem ersten Parteitag als Vorsitzender setzt er die 30-Prozent-Frauenquote in den Vorstandsämtern der CDU gegen großen Widerstand durch – auf fünf Jahre begrenzt, aber immerhin.

Früher war Merz hier selbst großer Zweifler. Einige in der Partei, darunter weite Teile der Jungen Union und des Wirtschaftsflügels, dürften sich gerade von einem Parteichef Merz erhofft haben, das Thema ohne große Diskussionen abzuräumen. Stattdessen sagt der neue Vorsitzende den Kritikern der Quote in Hannover: «Wir lösen damit das Problem nicht. Aber es geht um ein Signal nach außen, dass wir das Problem ernst nehmen.» Und: «Dann mache ich ihnen das Angebot, dass wir in fünf Jahren wieder darüber sprechen. Und wenn alle die Prophezeiungen eingetreten sind, die wir hier von den Gegnern heute gehört haben, dann fällt sie (die Quote) wieder unter den Tisch. Dann ist das Thema erledigt.

Aber den kleinen Schritt, den gehen wir doch bitte heute gemeinsam.»

Die Botschaft ist klar. Merz will hier offenbar zeigen, dass er die Not sieht. Bei einigen CDU-Frauen herrscht deshalb für einen Moment so etwas wie Hoffnung auf einen «neuen Merz». Viele von ihnen werden anschließend Journalistinnen und Journalisten darauf hinweisen, dass es ohne Merz nicht funktioniert hätte. Immer wieder werden sie auch in Zukunft betonen, wie ernst «der Friedrich» das Thema Frauenförderung nimmt. Sie werden Merz fortan regelmäßig zu Parteiveranstaltungen einladen, bei denen es darum geht, Frauen zu stärken. Der CDU-Chef kommt dann zu jenen Abenden, führt Gespräche, hält eine Rede und macht Fotos. Viele, viele Fotos.

Es ist, wenn man so will, der Versuch, ihm zu helfen. Der Gedanke ist wohl: Wenn Frauen schon sagen, dass Merz kein Problem hat, ist es wirklich eine ausgedachte Darstellung der «links-woken Szene». Das Ergebnis dieses geht-so-guten Masterplans zeigt im März 2024 eine Analyse des Forsa-Instituts, die der *Stern* in Auftrag gegeben hat. Demnach würden gerade mal 18 Prozent der Frauen unter 60 den CDU-Vorsitzenden zum Kanzler wählen. Bei den Wählerinnen zwischen 18 und 29 Jahren sind die Werte noch schlechter. Hier würden nur 9 Prozent der Befragten Merz ihre Stimme geben, und von denen zwischen 30 und 45 Jahren auch nur 13 Prozent. Unterdessen schneidet Merz am stärksten bei Männern zwischen 45 und 59 Jahren ab. 29 Prozent würden Merz hier wählen. Bei den über 60-Jährigen ist die Zustimmung fast genauso stark. Der *Stern* schreibt deshalb auch zwei Jahre nach Merz' Übernahme von Partei- und Fraktionsvorsitz: «Der CDU-Chef ist noch immer ein Altherren-Kandidat.»

Merz vermittelt diesen Eindruck auch deshalb, weil sich jenseits der Quotendebatte vom Parteitag in Hannover nicht so viel verändert hat. Der Sauerländer setzt nach seiner Rückkehr in die Politik augenscheinlich dort an, wo er vor 20 Jahren aufgehört hat. Dasselbe Büro in der Fraktion, derselbe Schreibtisch, die alten Gewohnheiten. Heißt auch, Männer scheinen für Merz nach wie vor die natürlichen Ansprechpartner zu sein. Seine Themen? Männlich. Seine engsten Vertrauten in der Partei? Männer.

Vielleicht fiel auch aufgrund seines männlichen Umfelds folgende Situation im Vorfeld nicht weiter negativ auf: Als an einem Freitag im Februar 2023 die Münchener Sicherheitskonferenz stattfand, wären von der CDU/CSU-Fraktion beinahe nur Männer entsandt worden. Der Fraktionschef hatte für die wichtigste deutsche Veranstaltung im Bereich Sicherheitspolitik nicht eine einzige Frau vorgeschlagen. Obwohl im Vorfeld sehr wohl um paritätische Besetzung gebeten wurde. Sieben Tickets, sie gingen alle an Männer. Dass schlussendlich trotzdem Frauen aus der Union an der Sicherheitskonferenz teilnehmen konnten, funktionierte nur deshalb, weil sie auf anderem Wege an ihrem Vorsitzenden vorbei eingeladen wurden. Darunter die Europapolitikerin Catarina dos Santos. Und: Serap Güler. Inhaltlich passte es, denn beide sitzen in den entsprechenden Ausschüssen.

Als über den Vorfall berichtet wurde, feuerten einige in Merz' Umfeld zurück, die Entscheidung sei keineswegs Sinnbild für ein Problem. Merz nehme Frauen nicht weniger ernst, heißt es auch von CDU-Politikerinnen. Sinngemäß fallen Sätze wie: Dem Friedrich legen sie echt alles negativ aus, dabei ist er eigentlich sehr engagiert.

Es stimmt vermutlich sogar, dass Merz selbst keine Absicht hat, Frauen anders zu behandeln als Männer. Und der CDU-Vorsitzende interessiert sich sicher auch für Frauenförderung. Nur, etwas interessant zu finden oder es ernst zu nehmen, sind zwei verschiedene Paar Schuhe. Denn Feminismus oder Feminist zu sein bedeutet ja nicht einfach, dass man Frauen Aufmerksamkeit widmet. Es bedeutet auch nicht nur, dass man vereinzelte Individuen fördert, weil man sie für ausgesprochen talentiert oder fleißig hält. Vielmehr sieht man Frauen insgesamt als gleichwertigen Teil eines Ganzen, denkt sie automatisch mit und fördert sie genauso wie Männer.

Es reicht zudem nicht, das Problem nach innen zu lösen. Wenn Merz in der samtigen CDU-Blase den Eindruck erweckt, Frauen fördern zu wollen, dann sind anschließend womöglich eine Handvoll CDU-Politikerinnen überzeugt. Allerdings hätten die ihren Vorsitzenden vermutlich ohnehin gewählt. Die Frauen, die es zu überzeugen gilt, sind «die da draußen», die klassischen Angela-Merkel-Wählerinnen. Denn zu der Zeit der Altkanzlerin war die CDU gerade bei Frauen beliebt – und gewann damit Wahlen. Die junge CDU-Politikerin Wiebke Winter, die im Wahlkampf zu den prominenten Gesichtern der Partei zählte, erzählt, Frauen wie Merkel und Ursula von der Leyen seien für sie ein Grund gewesen, in die CDU einzutreten. Und jetzt? «Ich würde mir wünschen, dass wir wieder mehr Identifikationsfiguren für Frauen haben», sagt Winter, die im CDU-Bundesvorstand sitzt, dem *SPIEGEL* im Februar 2023, etwa ein Jahr, nachdem Merz die Partei übernommen hat. «Momentan fehlen diese Frauen uns wieder.»

Auch der ehemalige CDU-Generalsekretär Mario Czaja räumt zu der Zeit ein: «Wir haben starke Frauen in unseren

Reihen. Es ist unsere gemeinsame Aufgabe, dafür zu sorgen, dass es mehr werden und diese starken Frauen mehr Verantwortung in der CDU übernehmen.» In der Parteispitze wissen sie nach wie vor um dieses Manko. Dass nach wie vor sichtbare Frauen fehlen. Und dass es so eigentlich nicht weitergehen kann. Wenn es um die Frage der Mobilisierungsmöglichkeiten für die Partei geht, nennt der Vorsitzende regelmäßig selbst: die Frauen.

Woran hapert es also? Wie wichtig einem Parteivorsitzenden eine Angelegenheit ist, lässt sich oft daran erkennen, wie intensiv er sich damit befasst. Bei Merz ist es so: Themen, die er für relevant hält, übernimmt er selbst. Zum Beispiel Wirtschafts-, Außen- und Sicherheitspolitik. Bei der Frauenförderung in der CDU ist er mehr Gastredner als Initiator.

Im Oktober 2024 nimmt Merz an einer von seiner stellvertretenden Generalsekretärin Christina Stumpp organisierten Veranstaltung im Konrad-Adenauer-Haus teil. Die Presse wird eingeladen, der CDU-YouTube-Kanal streamt alles live. «Women@CDU #Kommunal» – so der Titel der zweitägigen Konferenz. Stumpp macht als Gastgeberin den Anfang, begrüßt zunächst die Frauen, dann die drei CDU-Männer, die teilnehmen, und verkündet dann: «Ich möchte beginnen mit dem wichtigsten Mann in unserer Partei. Mit unserem Parteivorsitzenden und neuem Kanzlerkandidaten: Friedrich Merz.» Stumpp macht eine kurze Pause für den Applaus und fügt dann schnell hinzu: «Er wird in ca. 30 Minuten zu uns stoßen. Viel beschäftigt. Viel beschäftigt.»

Etwas Gelächter geht durch die Reihen. Fragt man anschließend unter den Teilnehmerinnen nach, wird mit einem ironischen Augenzwinkern auf die Situation zurückgeblickt. Als Merz schließlich im Foyer des Adenauer-Hauses eintrifft, dauert es nicht lange, bis er als «Highlight des Abends» auf die Bühne gebeten wird. Merz beginnt damit, die Kommunalpolitikerinnen für ihre Arbeit zu loben. Man spüre das große Engagement und die Begeisterung, sagt der CDU-Chef gleich zu Beginn. Es folgen eine Reihe von Einlassungen, die man so nicht oft von Merz hört. Er spricht über die Unterschiede zwischen Männern und Frauen in der Politik, betont, dass es sie noch immer gibt. «Aus der rechtlichen Gleichberechtigung eine gelebte Gleichberechtigung zu machen, ist dabei keine Frage von links oder rechts, und sie sollte auch keine Frage sein von parteipolitischer Profilierung. Es ist eine Kernaufgabe bürgerlicher Politik, im besten Sinne des Wortes, das zu schaffen», so Merz. Der CDU-Chef räumt ein, die Partei sei noch lange nicht am Ende des Weges, dass nach wie vor viel zu tun sei, es dabei zwei Stellschrauben gebe: die Strukturen, also die Frage, wie die Partei mehr Frauen in politische Ämter und Führungspositionen bekommt. Und dann gebe es noch den politischen Output, womit gemeint sei, «dass in allen Politikfeldern, von der Wirtschaftspolitik über die Bildung bis zur Sozialpolitik, keine Politik gemacht werden darf, ohne ein Auge für die besonderen Herausforderungen, vor denen die Frauen in diesem Land in allen Politikfeldern noch stehen, zu verschließen.»

Es sind Erkenntnisse, die viele dem CDU-Vorsitzenden wohl so bislang nicht zugetraut haben. Die zeigen, dass er sich mit diesen Fragen befasst, auch mit Frauen darüber spricht. Aber Merz muss sich in Wahrheit selbst fragen: Was folgt jetzt daraus? Die Bereitschaft, ein Problem anzuerkennen und in der Theorie über Lösungsansätze zu sprechen, ist noch lange nicht der tatsächliche Wille, etwas zu verändern.

Wie viele CDU-Frauen stellt der Vorsitzende etwa bei haushalts- oder finanzpolitischen Themen nach vorne? Oder wenn es um außen- und verteidigungspolitische Fragen geht? Wie viele sichtbare Frauen hat die Partei, wenn es um Wirtschaft geht? Geht man von den Rednerlisten im Bundestag aus (hier wird bewusst nicht gegendert), ist die Antwort bitter. Stattdessen sprechen weibliche Abgeordnete vor allem zu den Themen: Familie, Soziales, Bildung, Digitalisierung und (natürlich) Frauen.

Das sind alles sehr wichtige Themen. Keine Frage. Um das Image der CDU hier zu ändern, reicht es aber nicht, wenn Frauen nur oder größtenteils Frauenthemen bedienen. Das sehen auch junge Frauen in der CDU selbst so. Wiebke Winter etwa findet: «Frauen müssen in der Außen- und der Verteidigungspolitik genauso vertreten sein wie in der Sozial- und Familienpolitik. Das sollte eine Selbstverständlichkeit sein.» Auch Serap Güler stimmt hier zu: Die aktuelle Krise zeige, dass es nicht mehr nur die Männer sind, die Krieg, Waffensysteme, Geo- und Sicherheitspolitik etwas angehe. In öffentlichen Runden säßen mittlerweile auch «viele starke Frauen». «Diese gesellschaftliche Realität muss sich selbstverständlich auch in einer Volkspartei widerspiegeln», so Güler.

Die Tatsache, dass das bislang so nicht stattfindet, muss keine böse Absicht sein. Allerdings erweckt der Fraktionsvorsitzende Merz damit den Eindruck, in Wahrheit doch keinen Sinn dafür zu haben, dass die Perspektive einer Frau auch bei der Außen- und Sicherheitspolitik gewinnbringend sein kann.

Warum das so wichtig ist, zeigt folgende Szene: Am 23. März 2022 wird während einer Generaldebatte im Bundestag über das 100-Milliarden-Euro-Sondervermögen für die Bundeswehr debattiert. Merz steht am Rednerpult. «Sie können von mir aus feministische Außenpolitik machen, feministische Entwicklungshilfepolitik – das können Sie alles machen», sagt er und winkt ab. «Aber nicht mit diesem Etat für die Bundeswehr.» Merz weiß in diesem Moment noch nicht, was gleich passieren wird. Außenministerin Annalena Baerbock steht auf, geht ans Rednerpult und entgegnet: «Mir bricht es das Herz.» Der CDU-Chef guckt spöttisch. Er fasst sich mit seiner rechten Hand an die Brust und verzieht das Gesicht. Eine herablassende Geste. Baerbock fährt fort: Sie sei bei den Müttern von Srebrenica gewesen. Die würden die Spuren des Krieges noch immer in sich tragen. Es geht um Vergewaltigung als Kriegswaffe. «Deswegen gehört zu einer Sicherheitspolitik des 21. Jahrhunderts auch eine feministische Sichtweise. Das ist kein Gedöns.»

Merz ist jetzt nicht mehr nach Häme. Vielleicht ahnt er da schon, dass man ihm diese Szenen noch lange vorhalten wird. Besitzt er etwa nicht die Muße, sich über den Blickwinkel einer Frau zu erkundigen? Es sind Momente wie dieser, die ihm auch in Zukunft immer wieder auf die Füße fallen.

Dabei ist Merz keiner von denen, die grundsätzlich sagen, früher sei alles besser gewesen und man müsse an der Realität nichts verändern. Eigentlich ist der CDU-Chef durchaus neugierig und auch offen. Aus eigener Erfahrung kann ich berichten, dass Merz im direkten Gespräch ein aufmerksamer Zuhörer ist. Parteikollegen berichten zudem von seiner Begeisterungsfähigkeit, wenn ihn ein Thema packt. Und man kauft ihm auch ab, dass er Frauen mit seinen Aussagen überhaupt nicht beleidigen will. Vieles von dem, was Merz sagt, ist, wenn man ihn oder sein Umfeld anschließend fragt, «ganz anders gemeint gewesen».

Das Problem ist, dass er ständig Klärungsbedarf verursacht. Denn was Merz da teilweise sagt, sorgt für dermaßen unvorteilhafte Botschaften auf der anderen Seite, dass es kaum noch möglich ist, darauf zu beharren, sein Weltbild sei eigentlich ein anderes.

Ein weiteres Beispiel: In einem Interview mit der *Bild* wird der CDU-Chef nach einem Foto der damaligen Grünen-Vorsitzenden Ricarda Lang gefragt, die nach ihrer Hochzeit mit ihrem Ehemann in ein Taxi gestiegen ist, in dem der Fahrer ein arabisches Palituch trug. Die Frage: «Wären Sie auch eingestiegen?» beantwortet Merz mit: «Als Mann wahrscheinlich ja, als Frau nicht.» Die Journalistin, die eigentlich auf den potenziell antisemitischen Hintergrund des Fahrers abzielen wollte, fragt etwas verwundert: «Warum dieser Unterschied?» Merz erklärt: «Na ja, weil ich als Mann vielleicht ein anderes Selbstbewusstsein habe, aber auch vielleicht einen anderen Respekt in Anspruch nehmen kann.» Die Art und Weise, wie Frauen von Taxifahrern teilweise behandelt würden, sei inakzeptabel. Er müsse da als Mann vielleicht nichts befürchten, so Merz. Was folgt, ist ein Shitstorm und eine Reihe prominenter Frauen, darunter auch Lang selbst, die sich von den Aussagen des CDU-Chefs nicht vereinnahmen lassen wollen und klarstellen, sie hätte ausreichend Selbstbewusstsein, um in ein Taxi zu steigen.

Aufseiten von Merz' Umfeld herrscht unterdessen Unverständnis. So sei das doch nicht gemeint gewesen. Der CDU-Chef habe es, wenn überhaupt, von einer Pro-Frauen-Perspektive aus gesehen. Dass es nicht in Ordnung sei, wie respektlos Man(n) in manchen Kulturen Frauen gegenüber-

trete. Selbstverständlich ohne da jemanden unter General-
verdacht stellen zu wollen.

Wenige Wochen später folgt ein nächstes Fettnäpfchen. In
einem Interview mit dem Sender RTL/ntv macht der Oppositionsführer klar, er werde sich für den Fall eines Wahlsieges
nicht auf eine Geschlechterparität in einer CDU-geführten
Bundesregierung festlegen lassen. Merz sagt, er halte wenig
von derartigen Vorschlägen. «Sehen Sie, das ist so schief-
gegangen in der letzten Bundesregierung mit der Verteidigungsministerin», erklärt Merz und meint damit die frühere SPD-Ministerin Christine Lambrecht, die Anfang 2023
nach einer Serie von Pannen von ihrem Amt als Ministerin
zurückgetreten ist. Es habe sich dabei um eine «so krasse
Fehlbesetzung» gehandelt, das sollte man nicht wiederholen.
Und: «Wir tun damit auch den Frauen keinen Gefallen», so
Merz.

Wieder folgt eine Welle der Empörung. Der *SPIEGEL*
schreibt: «Merz nährt mit paternalistischen Aussagen wie
der, dass man Frauen mit Frauenquoten keinen Gefallen tue,
die Idee, dass durch Parität in der Politik unfähige Personen
in Positionen befördert würden, die sie überforderten.» Das
Handelsblatt urteilt noch härter. Die Wirtschaftszeitung,
dessen Zielgruppe für Merz durchaus wichtig ist, titelt über
einem Kommentar: «Friedrich Merz ist für die allermeisten
Frauen unwählbar geworden».

Tatsächlich erweckt der CDU-Chef mit seiner Antwort
auf die Frage nach einem paritätisch besetzten Kabinett erneut einen fatalen Eindruck. Es scheint, als glaube Merz, es
gebe nicht ausreichend qualifizierte Frauen. Oder dass es
eine Kausalität zwischen Fehlbesetzung und Frau gibt. Dabei
wird er selbst wissen, dass es in der Vergangenheit nicht nur

Frauen, sondern auch eine ganze Reihe Männer gab, die in ihren Ministerämtern keine sonderlich gute Figur gemacht haben. Karl-Theodor zu Guttenberg (CSU) zum Beispiel. Der ehemalige Verteidigungsminister trat 2011 von seinem Amt zurück. Oder Andreas Scheuer (CSU). Die geplatzte Pkw-Maut des ehemaligen Verkehrsministers kostete den Bund 243 Millionen Euro. Hinzu kommt, dass Christine Lambrecht, die Merz hier als Negativbeispiel aufführt, auf dem Papier ganz und gar nicht ungeeignet für ein Ministeramt war. Die SPD-Politikerin und Volljuristin brachte viele Jahre Erfahrung im politischen Betrieb mit, war zwei Mal Bundesministerin und hatte zuletzt als Justizministerin einen guten Ruf genossen. So gesehen war Lambrecht deutlich qualifizierter für ihren Kabinettsposten, als Merz es für das Kanzleramt ist. Dass der CDU-Politiker sich das höchste politische Amt dennoch zutraut, zeigt, dass er hier mit zweierlei Maß misst. Merz mag keineswegs die Absicht haben, Frauen das Gefühl zu vermitteln, er nehme sie weniger ernst als Männer oder traue ihnen weniger zu. Womöglich tut er das in Wahrheit auch gar nicht. Allerdings weigert der CDU-Chef sich offenbar nach wie vor zu begreifen, dass er das Bild, was sich über viele Jahre in der Öffentlichkeit manifestiert hat, mit seinen Aussagen nicht nur nicht ändert, sondern bestärkt. Vielleicht ist es ihm auch egal, weil er nicht glaubt, dass das für einen potenziellen Wahlsieg relevant ist.

Das Umfeld des Vorsitzenden dürfte hier eine wichtige Rolle spielen. Die Gespräche des CDU-Vorsitzenden sind größtenteils männlich geprägt. Montags um acht findet eine Videoschalte statt, um die Sitzungswoche vorzubereiten, mit dabei sind CSU-Chef Markus Söder, die Generalsekretäre Martin Huber und erst Mario Czaja, später Carsten Linnemann sowie aus der Fraktion Thorsten Frei und Alexander Dobrindt. Und wenn freitags Bundesratssitzungen stattfinden, trifft Merz am Donnerstag die Ministerpräsidenten der unionsgeführten Bundesländer zum Abendessen: Boris Rhein, Daniel Günther, Hendrik Wüst, Markus Söder, Michael Kretschmer und Reiner Haseloff, nach der Regierungsbildung in Thüringen wird Mario Voigt dazukommen.

Im September 2024 wird öffentlich, dass der Pressesprecher aus der Fraktion, Hero Warrings, die Kommunikation des Kanzlerkandidaten Merz übernehmen wird. Damit ist und bleibt für den bevorstehenden Wahlkampf neben dem Büroleiter in der Fraktion, Jacob Schrot, und seinem Sprecher im Konrad-Adenauer-Haus Armin Peter auch sein engstes Mitarbeiterumfeld rein männlich. Dabei sagt Merz eigentlich selbst: «Gemischte Teams arbeiten besser.»

Fragt man Frauen aus anderen Parteien nach ihrer Wahrnehmung von dem CDU-Vorsitzenden, heißt es, Merz sei eigentlich immer sehr anständig im Umgang gewesen. Höflich und respektvoll, so beschreiben ihn die meisten von ihnen. Auch auf die Frage, ob sie sich von ihm genauso ernst genommen fühlen wie ihre männlichen Kollegen, antworten die meisten mit «Ja».

Umso irritierender ist folgende Situation: Kurz nachdem Merz Fraktionsvorsitzender wird, trifft er Rolf Mützenich und Christian Dürr, seine männlichen Gegenspieler von SPD und FDP. Keine Schwierigkeiten bei der Terminfindung. Bei den beiden Fraktionschefinnen der Grünen, Katharina Dröge und Britta Haßelmann, sieht die Situation anders aus. Merz vertröstet. Zweimal, so hört man damals aus dem Umfeld der beiden Frauen. Beim dritten Anlauf soll er deutlich zu spät gekommen sein. Die beiden Fraktionsvorsitzenden seien kurz vorm Gehen gewesen. Passiert Merz so etwas bewusst oder unbewusst?

In der CDU betonen sie immer wieder, Merz mache das ganz sicher nicht bewusst oder habe böse Absichten, wenn man sie nach solchen und ähnlichen Fettnäpfchen fragt, in die der Vorsitzende regelmäßig tritt. Viele von ihnen sind überzeugt, Merz wisse um den Eindruck, den er manchmal erweckt, und versuche sehr wohl, das zu ändern. Allerdings sehen zumindest Teile der CDU ein, dass die Anstrengungen ihres Vorsitzenden, die CDU weiblicher zu machen, bislang nur semi-erfolgreich waren. Spricht man Güler auf die ein oder andere Äußerung ihres Vorsitzenden an, sagt sie: «Er ist, wie er ist. Wer ihn versteht, weiß, wie die Dinge, die er manchmal sagt, gemeint sind. Dass keine böse Absicht dahintersteckt. Für die anderen müssen wir ganz einfach ein breiteres Angebot machen. Es gibt so viele entsprechend starke Gesichter in dieser Partei – Frauen wie Männer», findet Güler. Heißt übersetzt: Verstellen bringt nichts.

Die CDUlerin hat hier einen validen Punkt. Merz zu verstellen, wäre gewiss nicht das Allheilmittel. Klar ist allerdings auch: Gehen die Dinge einfach so weiter, wird die CDU unter Merz wieder zu der Altherrenpartei, die sie Ende der 90er-Jahre war. Derzeit hat die Partei keine einzige weibliche Landesvorsitzende. Für die nächste Legislaturperiode hat jetzt zudem eine ganze Reihe von Frauen angekündigt, nicht wieder für den Bundestag kandidieren zu wollen. Darunter die Vorsitzende der Frauen-Union Annette Widmann-Mauz und die stellvertretende Bundestagspräsidentin Yvonne Magwas. Merz mag nicht unbedingt schuld daran sein, allerdings wird er wissen, dass das davon ausgehende Signal dennoch kein gutes ist.

Wenn die CDU bei der nächsten Bundestagswahl mehrheitsfähig sein will, braucht sie Frauen – in allen Bereichen. Oder wie Merz es selbst sagt: «Ohne Frauen werden wir in Deutschland keine Wahlen mehr gewinnen.»

7

DER ABGRUND

Eigentlich sollten es ein paar schöne Tage für den CDU-Vorsitzenden werden. Am 29. Und 30. August 2023 trifft sich der Vorstand der CDU/CSU-Bundestagsfraktion für eine zweitägige Sommerklausur im Romantikhotel Deimann in Schmallenberg im Hochsauerlandkreis. Grüne Wälder, blühende Landschaften und dazwischen die CDU/CSU – es ist die perfekte Postkarte (oder das Wahlplakat) aus Nordrhein-Westfalen.

Als der Fraktionsvorsitzende Friedrich Merz und der CSU-Landesgruppenchef Alexander Dobrindt bei strahlendem Sonnenschein gemeinsam vor die Mikrofone treten, ist Merz gut gelaunt. Das hier ist ein Heimspiel für den Sauerländer. Merz ist guter Dinge für die bevorstehenden Tage. Es soll um wirtschaftliche Fragen gehen, darum, wie er und seine CDU Deutschland wieder auf Vordermann bringen wollen. Die Kritik an der Ampel reicht dem Oppositionsführer nicht mehr. Er will nun eigene Konzepte entwickeln. «Wir werden uns vor allem mit der Frage beschäftigen, wie wir denn nach unserer Vorstellung aus dieser schwierigen Lage, in der wir im Augenblick sind, herauskommen», sagt Merz. Vor seinem inneren Auge scheint alles ganz klar. Wie die Union das Land aus der Krise leitet. Mit ihm als Bundeskanzler, versteht sich. Für einen Moment könnte man glatt vergessen, dass der CDU-Vorsitzende in dieser Zeit etwas über ein Jahr vor seiner Kür zum Kanzlerkandidaten kurz vor dem politischen Abgrund stand.

In Wahrheit taumelt Merz in diesen Monaten von Fehltritt zu Fehltritt. In der Öffentlichkeit bekommt er kaum noch Raum, sich mit anderen Themen zu profilieren, sosehr er es auch versucht. Die Wahrnehmung beschränkt sich auf eine Reihe von Aussagen, die Merz in Interviews getätigt und fast immer «nicht so gemeint» hat. Zwar hatte es seit seiner Rückkehr auf die bundespolitische Bühne auch vorher immer mal wieder Kritik an Merz gegeben – innerhalb wie außerhalb seiner Partei. Vor seiner Zeit als Parteivorsitzender ist die Welle der Empörung jedoch meist schnell wieder abgeflacht. Wohingegen wenige Monate nach seiner Wahl eine Abwärtsspirale beginnt, die Merz tatsächlich kurzzeitig droht gefährlich zu werden.

Es fängt an mit einem Auftritt bei BILD TV Ende September 2022. Merz sitzt sichtlich entspannt im Studio des Axel-Springer-Hochhauses. Es geht um die Frage, ob man, mit Blick auf den russischen Angriffskrieg in der Ukraine, in Krisen nicht eine restriktivere Flüchtlingspolitik brauche. Der CDU-Vorsitzende überlegt nicht lang. Er antwortet mit harscher Kritik an der Asylpolitik der Ampel, holt kurz Luft und sagt dann in dem Zusammenhang: «Wir erleben mittlerweile einen Sozialtourismus dieser Flüchtlinge: nach Deutschland, zurück in die Ukraine, nach Deutschland, zurück in die Ukraine.» Grund dafür ist Merz zufolge die Tatsache, dass Geflüchtete aus der Ukraine seit Juni 2022 die gleichen Leistungen wie etwa Hartz-IV- und später Bürgergeld-Empfängerinnen und -Empfänger erhalten.

Das Echo auf diesen Satz ist verheerend. Parteiübergreifend ertönt scharfe Kritik. Bundesinnenministerin Nancy Faeser (SPD) bezeichnet die Aussagen als «schäbig», der FDP-Fraktionsvorsitzende Christian Dürr nennt sie «absolut deplatziert». Nachdem in der CDU erfolglos versucht wird, das, was der Parteichef dort gesagt hat, zu erklären, entschuldigt Merz sich schließlich auf Twitter: «Zu meinen Äußerungen von gestern über die Flüchtlinge aus der Ukraine gibt es viel Kritik. Ich bedaure die Verwendung des Wortes ‹Sozialtourismus›. Das war eine unzutreffende Beschreibung eines in Einzelfällen zu beobachtenden Problems.» Und: «Wenn meine Wortwahl als verletzend empfunden wird, dann bitte ich dafür in aller Form um Entschuldigung», schreibt er.

Nur scheint der Parteivorsitzende in der Folgezeit aus seinem Fehler kaum zu lernen. Wenige Monate später manövriert Merz sich in eine ähnlich unglückliche Situation. Am 10. Januar 2023 ist er zu Gast in der ZDF-Talkshow Markus Lanz. Zuerst sollte es dabei weder um das Thema Migration noch um gescheiterte Integration gehen. Sondern um Klimaschutz, so erzählt es Merz' Umfeld anschließend. Die CDU hatte sich gerade während ihrer zweitägigen Bundesvorstandsklausur in Weimar auf ein umfassendes Papier zu dem Thema geeinigt. «Wirtschaftspolitik, Energiepolitik und Klimaschutz als Einheit verstehen», so der Titel. Kurzerhand gibt es dann aber offenbar doch eine Planänderung. In der Sendung soll es plötzlich um die deutschlandweiten Ausschreitungen in der Silvesternacht 2022 auf den 1. Januar 2023 gehen. In mehreren Städten hatte es massive Krawalle und Übergriffe auf Einsatzkräfte von Polizei, Feuerwehr und Rettungsdiensten gegeben. Teilweise musste die Polizei sogar ausrücken, um Feuerwehrleute beim Löschen von Bränden gegen Angriffe zu schützen. Mehrere Politiker werden die Situation anschließend als inakzeptabel beschreiben, viele von ihnen fordern rechtliche Konsequenzen.

In der Sendung fragt Lanz den CDU-Vorsitzenden nach seiner Erklärung dafür. «Warum eskaliert das so?», will er wissen. Für einen Moment bleibt Merz differenziert, sagt, dass es sich vor allem um junge Männer handele, die den Rechtsstaat nicht respektieren. Auch, aber nicht ausschließlich, mit Migrationshintergrund. Nur, dann gerät Merz ins Reden, wird grundsätzlicher – und pauschalisiert. «Wir sprechen hier über Leute, die eigentlich in Deutschland nichts zu suchen haben. Die wir hier seit längerer Zeit dulden, die wir nicht zurückschieben, die wir nicht abschieben und bei denen wir uns dann darüber wundern, dass es hier solche Exzesse gibt», sagt er mit Blick auf die Täter. Das fange auch nicht mit Berlin und insbesondere Neukölln an: «Sprechen Sie mal mit Lehrerinnen und Lehrern in den Grundschulen. Was die jeden Tag erleben, auch an verbaler Gewalt. Und dann wollen sie diese Kinder zur Ordnung rufen, und die Folge ist, dass die Väter in den Schulen erscheinen und sich das verbitten. Insbesondere wenn es sich um Lehrerinnen handelt, dass sie ihre Söhne, die kleinen ‹Paschas›, da mal etwas zurechtweisen. Da fängt es an.»

Die anschließende Kommentarlage in der Öffentlichkeit? Wieder verheerend. Für Merz und für die CDU. «Wer Grundschulkinder ‹Paschas› nennt, ist Teil des Problems» titelt das *Handelsblatt*. Und nicht nur in den Medien erntet Merz harsche Kritik. Die SPD-Vorsitzende Saskia Esken findet: «Wer in Talkshows Deutschlands Kinder mit Migrationshintergrund als unerwünschte Personen bezeichnet, spaltet das Land und zerstört damit bewusst den Zusammenhalt unserer Gesellschaft.» FDP-Chef Christian Lindner spricht Merz sogar den Führungsanspruch ab: «Wer pauschal über Sozialtourismus und ‹kleine Paschas› spricht, der kann keinen Füh-

rungsanspruch für das moderne Deutschland begründen»,
so Lindner. Dafür seien «differenzierte Urteile» notwendig.
Sogar unter den führenden Christdemokraten zeigen sich einige unzufrieden mit dem Vorsitzenden. «Die CDU ist gut
beraten, wenn sie Zuwanderung als etwas Positives begreift»,
sagt Daniel Günther dem *Tagesspiegel*.

Anders als beim «Sozialtourismus» wird Merz sich in diesem Fall jedoch nicht entschuldigen. Im Gegenteil, der CDU-Vorsitzende zeigt sich noch lange nach seinem Auftritt bei
Markus Lanz schwer irritiert über die harsche Kritik an der
«Pascha»-Aussage. Immerhin sei die Formulierung nicht
einmal seine Wortschöpfung, sondern gehe auf eine Unterhaltung mit zwei Lehrerinnen aus dem Hochsauerlandkreis
zurück, erklärt er anschließend immer wieder.

Auch für einen ähnlichen Fall im September wird Merz
keine Reue zeigen. In einer Talkshow des Senders *Welt* sagt
der CDU-Vorsitzende in einer Debatte um das Asylbewerberleistungsgesetz: «Die werden doch wahnsinnig, die Leute,
wenn die sehen, dass 300000 Asylbewerber abgelehnt sind,
nicht ausreisen, die vollen Leistungen bekommen, die volle
Heilfürsorge bekommen. Die sitzen beim Arzt und lassen
sich die Zähne neu machen, und die deutschen Bürger nebendran kriegen keine Termine.»

Wie schon bei den «Paschas» soll es sich auch hier um
einen Befund gehandelt haben, so heißt es aus dem Umfeld des Vorsitzenden, der Merz in Gesprächen mit Betroffenen berichtet worden sei. Das Problem hier geht noch ein
Stück weiter, weil die Behauptung nicht nur konkrete Zahlen vermissen lässt, sondern in diesem Fall anschließend
auch von diversen Experten widerlegt wird. Etwa wies die
Bundeszahnärztekammer die Aussagen als unzutreffend zu-

rück. Der Präsident der Kammer, Christoph Benz, sagte der *WirtschaftsWoche* kurz nach dem Auftritt: «Ich kann die Aussagen von Friedrich Merz ehrlich gesagt nicht nachvollziehen.» Und: «Beim Zahnarzt kriegt man in der Regel problemlos Termine.» Die Behandlung von Geflüchteten und Asylbewerbern verursache «im Moment» auch keine außergewöhnliche Arbeitsbelastung für die Zahnärztinnen und Zahnärzte.

Auch der Chef der Kassenärztlichen Bundesvereinigung Andreas Gassen distanziert sich von Merz' Aussagen. Patienten müssten auf Termine warten und werden sich in Zukunft noch länger gedulden müssen. Grund dafür seien jedoch nicht abgelehnte Asylbewerber, «sondern ein chronisch unterfinanziertes Gesundheitssystem», sagte Gassen dem ZDF.

Die Korrespondentin Katharina Hamberger kritisierte ferner im Deutschlandfunk: «Statt einer sachlichen Debatte macht er (Merz) ein ‹die gegen uns› auf – die, wie er sagt, ‹deutschen Bürger› gegen die abgelehnten Asylbewerber. Das ist Populismus, der gesellschaftliche Polarisierung fördert und zur Verfestigung von Ressentiments gegen Geflüchtete, Schwarze Menschen und People of Color führt.»

Auch in den Reihen der CDU wird der Parteichef erneut kritisiert. Der Vizechef des CDU-Sozialflügels, Christian Bäumler, fordert seinen Vorsitzenden etwa auf, die Aussagen zurückzunehmen. Die Entgleisungen seien nicht mit dem christlichen Menschenbild vereinbar. «Viele CDU-Mitglieder schämen sich für ihren Parteivorsitzenden», sagte Bäumler der Nachrichtenagentur dpa. Doch auch in diesem Fall sieht Merz nicht ein, was er falsch gemacht haben soll. Seine Aussagen zur Asylpolitik verteidigt er stattdessen weiter. Man müsse zu diesem Thema auch mal etwas Kritisches sagen können, so Merz etwa auf dem Landesparteitag der sachsen-anhaltischen CDU in Magdeburg. Die Republik müsse nicht in «Schnappatmungen» verfallen, wenn man auf drohende Überforderung hinweise. Zumal auch der frühere Bundespräsident Joachim Gauck kürzlich vor einer Überforderung der Kommunen gewarnt habe, die immer mehr Geflüchtete unterbringen müssten. Auch Gauck habe für eine Begrenzung der Zuwanderung plädiert, so Merz.

Interessant sind dabei zwei Dinge. Einmal ist Merz hier in allen drei Fällen, also beim «Sozialtourismus», den «Paschas» und den «Zahnärzten», tatsächlich etwas ähnlich Ungeschicktes passiert. Denn in allen drei Fällen bemerkt der CDU-Politiker offenbar nicht den entscheidenden Unterschied zwischen dem Versuch, ein Problem anzusprechen, und dem Ergebnis, auf Grundlage von problematischen Einzelfällen ein Stigma zu bedienen. Ob bewusst oder unbewusst – genau das tut Merz sowohl im Falle der Geflüchteten aus der Ukraine als auch bei den Söhnen von Migranten.

Daraus folgt ein zweiter, fast noch spannenderer Punkt. Er wird erst später, lange nachdem Merz sich von seiner Abwärtsspirale erholt hat, deutlich. Nämlich im Herbst 2024. Die CDU, aber auch andere Parteien, wie die SPD, werden dann beim Thema Migration einen deutlich härteren Kurs einschlagen als bislang. Merz und Teile seines Umfelds werden das retrospektiv als Bestätigung verstehen. Dafür, dass der Vorsitzende «schon immer recht hatte» und im Jahr zuvor auf die Aussagen von Merz «überreagiert» wurde. Jetzt habe man endlich verstanden, dass es so nicht weitergehe, heißt es dann aus der Parteispitze. Dabei wird vollkommen verkannt, dass Merz im Herbst 2024 zwar härter in der Sache, allerdings deutlich sachlicher im Ton geworden ist. Hier hat eine entscheidende, wenn man so will, staatsmännische, Entwicklung stattgefunden, auf die an späterer Stelle noch einmal genauer eingegangen wird. Ohne sie hätte Merz die Partei ein Jahr später gewiss nicht im Ansatz so hinter sich bringen können. Ein Jahr zuvor, so ehrlich muss man sein, war er noch ein ganzes Stück von ihr entfernt.

Entsprechend ist der CDU-Vorsitzende in dieser Phase zwischen dem Herbst 2022 und dem Herbst 2023 politisch schwer angeschlagen. In der Partei herrscht erkennbare Unruhe. Sogar eine Ablöse des Vorsitzenden ist zu der Zeit hinter vorgehaltener Hand im Gespräch. Die Aufregung und der Frust über die unkontrollierten Auftritte, die Ausbrüche, die Rückfälle in teils plumpen Populismus sind groß. Ist Merz, der bislang nur die Opposition kennt, dem Regieren wirklich gewachsen? Wenn schon in einer Talkshow jederzeit ein Kontrollverlust droht, was soll dann in einer wirklichen Krisensituation passieren? Den Beweis, dass Friedrich Merz auch den Staatsmann beherrscht, dass er ausgleichend und diplomatisch zu agieren weiß, bleibt er in dieser Phase schuldig.

Spricht man mit seinem Umfeld darüber, ist man sich der Lage durchaus bewusst. Das Problem, so heißt es dort, sei, dass Merz in solchen Momenten oft von persönlichen Begegnungen oder Gesprächen berichte. Es sei gar nicht seine Absicht, jemanden damit zu diskriminieren. Auf die Gegenfrage, ob ihm gespiegelt werde, dass es in Teilen der Öffentlichkeit dennoch so ankommt, folgt lange betretendes Schweigen.

Tatsächlich fragt man sich in jener Zeit immer wieder, ob Merz überhaupt kritische Stimmen in seinem Umfeld hat bzw. zulässt. Ob ihm jemand sagt, welchen Schaden er mit seinen Aussagen der Partei, vor allem aber sich selbst zufügt.

Merz unterschätzt nach seiner Wiederkehr in die Politik die Tatsache, dass er nicht als unbeschriebenes Blatt zurück-kehrt, sondern sich viele Wählerinnen und Wähler bereits ein Bild von ihm gemacht haben. Noch dazu kein sonderlich ausgeglichenes.

Als der CDU-Politiker den Parteivorsitz übernahm, ge-hörte er nach wie vor zu jenen, die polarisieren. Während in konservativen Kreisen eine Reihe von Merz-Fanclubs die langersehnte Machtübernahme feierte, stand dem neuen CDU-Chef das linksliberale Lager, auch dem der Christde-mokraten, erst mal kritisch gegenüber. Merz' Image war dort aufgrund diverser Auftritte und Aussagen aus seiner Vergan-genheit negativ behaftet. Etwa erinnerten sich viele daran, dass sich der CDU-Politiker noch 2020 im Rahmen eines In-terviews mindestens an der Grenze zur Homophobie, wenn nicht darüber hinaus bewegt hat. Auf die Frage nach einem potenziellen schwulen Bundeskanzler antwortete Merz da-mals nach mehrfachem Nachhaken: «Ich sage mal so, über die Frage der sexuellen Orientierung, das geht die Öffent-lichkeit nichts an. Solange sich das im Rahmen der Gesetze bewegt und solange es nicht Kinder betrifft – an der Stelle ist für mich allerdings eine absolute Grenze erreicht – ist das kein Thema für die öffentliche Diskussion.» Es sind Sätze wie diese, die dazu führten, dass Merz von seinen Widersachern eine «Zurück in die 90er»-Mentalität unterstellt wurde. Seine Aussagen werden wohl auch deshalb oft kritischer beäugt als die anderer. Merz bestätigt damit immer wieder eine Repu-tation, die ihm vorauseilt. Hinzu kommt, dass der zu der Zeit 67-Jährige offenbar zunächst nicht im Blick hatte, wie sich die Medienlandschaft seit seinem ersten politischen Leben verändert hat. Dass plötzlich jede Aussage aus dem Kontext gerissen und zu einem durchaus gefährlichen Clip auf den sozialen Medien verarbeitet werden kann. Welche Verbreitungsmechanismen das Internet nun hat. Und dass es nicht vergisst, sondern Aussagen vom politischen Gegner jederzeit wieder herausgekramt und aufgewärmt werden können.

Eigentlich müsste es das Ziel des CDU-Vorsitzenden sein, Menschen über die eigene Kernklientel hinaus zu überzeugen. An Angela Merkel hat die Partei geschätzt, dass ihr genau das gelungen ist. Bei Merz hingegen sehen die Umfragen im Jahr nach seiner Wahl zum Parteivorsitzenden düster aus. Im August 2023 halten den CDU-Politiker laut ZDF-Politbarometer gerade mal 22 Prozent der Deutschen für einen geeigneten Bundeskanzler. 69 Prozent der Befragten antworten auf die Frage, ob Friedrich Merz sich als Kanzler eignen würde, mit «Nein». Fast noch schlimmer ist, dass die Werte selbst unter den CDU/CSU-Anhängern nicht viel besser aussehen. Dort halten Merz nur 39 Prozent für geeignet, 50 Prozent nicht – und das unter den eigenen Anhängern. Das muss man erst mal sacken lassen. Zumal in einer Zeit, in der die Arbeit der Ampel die Bürgerinnen und Bürger diversen Umfragen zufolge nicht mehr zufriedenstellt.

Den absoluten Tiefpunkt erreicht Merz im Juli 2023. Als er für Unklarheit sorgt, was die Zusammenarbeit der CDU mit der AfD angeht, drohen selbst die eigenen Reihen sich von ihm abzuwenden. Im Sommerinterview mit dem ZDF bekräftigt der Parteichef zwar, dass die CDU nicht mit der AfD kooperieren werde. Allerdings beschränkt er dieses Tabu auf «gesetzgebende Körperschaften» – etwa auf europäischer, Bundes- oder Landesebene. Wenn jedoch in Thüringen ein Landrat und in Sachsen-Anhalt ein Bürgermeister von der AfD gewählt worden sei, dann seien das demokratische Wahlen, so Merz. Er findet: «Das haben wir doch zu akzeptieren, und natürlich muss in den Kommunalparlamenten dann auch nach Wegen gesucht werden, wie man gemeinsam die Stadt, das Land, den Landkreis gestaltet.»

In der CDU beginnt die bislang größte Welle der Empörung. «Die AfD kennt nur Dagegen und Spaltung», schreibt Berlins Regierender Bürgermeister Kai Wegner auf X. Und weiter: «Wo soll es da eine Zusammenarbeit geben?» Auch Hessens Ministerpräsident Boris Rhein grenzt sich ab: «Für die CDU Hessen kann ich sehr klar sagen, dass die Brandmauer ganz klar steht. Das sind keine Partner von uns, mit denen arbeiten wir nicht zusammen», sagt er in einem Interview mit dem ZDF-Morgenmagazin.

Der *Stern* titelt anschließend «Friedrich der Falsche – Arrogant und ungeschickt: CDU-Chef Merz scheitert beim Kampf gegen Ampel und AfD immer wieder an sich selbst. Kann er so Kanzler werden?» Es ist eine Frage, die sich in der CDU, und auch in der CSU, mittlerweile eine ganze Reihe von Personen stellen. Mit zunehmender Skepsis.

Es stimmt, dass Friedrich Merz gern falsch verstanden wird. Es ist auch nicht immer fair, dass anders als bei vielen anderen Politikern bei Merz gleich das gesamte Weltbild infrage gestellt wird. Anstatt jedoch zu hinterfragen, woran das liegen könnte oder wie er dieses Bild ändern kann, erweckt Merz zeitweise einen fast trotzigen Eindruck. In der Partei beschreiben sie ihn zu der Zeit als dünnhäutig, patzig und stur. Nicht gerade Eigenschaften, die einen staatsmännisch aussehen lassen.

Was das in den eigenen Reihen auslösen kann, zeigt eine Szene, die der *SPIEGEL* später in einem Text beschreiben wird. Sie soll sich während der eingangs erwähnten Klausur des CDU/CSU-Fraktionsvorstandes in Schmallenberg zuge-tragen haben. Merz habe demnach beim Frühstück an einem der Tische gesessen, die so lang waren, dass er offenbar an ei-ner Seite nicht mithören konnte, wie am anderen Ende über ihn hergezogen wurde. Ein bekannter CDU-Politiker habe berichtet, dass er am Abend mit seiner Frau telefoniert hätte. Die habe geklagt, dass Merz in seinen öffentlichen Auftritten so unbeherrscht sei, dass man Angst haben müsse, dass der mal Kanzler werden könnte. Der *SPIEGEL* schreibt: «Und so geht es munter weiter. Während Merz vorn am Tisch mit auf-gesetzter Fröhlichkeit sein Brötchen schmiert, sind sie sich hinten am Tisch einig, dass der Parteichef eine Fehlbesetzung ist.» Man habe sich gefragt, in welcher Welt Merz eigentlich lebe, dass er Migranten ausschließlich als Problem definiere. Ob der CDU-Politiker nicht wisse, wie es mittlerweile in Deutschland aussehe: der Zahnarzt aus Syrien, die Ärztin aus Afghanistan, der Busfahrer aus dem Irak, die Lehrerin aus der Ukraine. Dass ohne Migranten alles in Deutschland zusam-menbrechen würde, sie dazugehörten. «Nein», soll einer von ihnen gesagt haben, «der Merz kann es einfach nicht.»

Merz wird anschließend noch eine ganze Weile brauchen, bis er den Schalter schließlich umlegt. Eine wichtige Ent-scheidung, die später zum Grundstein seines Erfolgs wird, trifft er aber schon in jenem Unglücks-Sommer. Im Juli teilt Merz seinem Generalsekretär Mario Czaja mit, dass es mit ihm nicht mehr funktioniert. Er müsse etwas verändern. An-schließend bittet er Carsten Linnemann, den Posten zu über-nehmen. Der ehemalige Vorsitzende der Mittelstandsunion, der sich zu dem Zeitpunkt eigentlich damit angefreundet hatte, das neue Grundsatzprogramm für die Partei zu schrei-ben, braucht kurz Bedenkzeit. Nach drei Tagen willigt er ein.

Allerdings benötigt auch er etwas Zeit, um in seinem neuen Amt anzukommen – und um sich mit Merz einzuspielen. Unterdessen bringen sich in der Partei längst erste Alternativen zu Merz in Position.

8

DER ANTI-MERZ

Hendrik Wüst nimmt seinen Platz ein. Um ihn herum sitzt in einer kleinen Gaststätte eine Reihe von Bezirksvorsitzenden des Landesverbandes der Jungen Union Nordrhein-Westfalen. Es ist 1999, und eine Gruppe junger Christdemokraten ist zu diesem informellen Treffen in der Stadt Arnsberg angereist. Es soll auch darum gehen, wer möglicherweise der nächste Landesvorsitzende der Jungen Union NRW wird. Eine Entscheidung wird bei diesem Treffen aber noch nicht getroffen. Es ist ein mächtiger Posten. Ein Sprungbrett. Man hat gute Chancen auf den Bundesvorsitz der Jungen Union oder sogar ein politisches Amt in der CDU, wenn man einen guten Job macht. Wüst hat bereits ausgiebig Vorarbeit geleistet und will sich diesen Posten sichern. Jedes Gespräch kann entscheidend dafür sein, dass er am Ende Erfolg haben wird. Nachdem die jungen Männer eine Weile zusammensitzen, stößt der Bundestagsabgeordnete Friedrich Merz zu ihnen. Es ist das erste Mal, dass Wüst Merz persönlich trifft. Der CDU-Politiker steht zu der Zeit kurz vor seiner Wahl zum Fraktionsvorsitzenden. Im Bund gehört er zu einem der vielversprechendsten Aufsteiger seiner Partei, und bei der Jungen Union ist der konservative Merz extrem beliebt. Auch bei Wüst. Dass er ihm Jahre später Konkurrenz machen würde, ahnt der CDU-Politiker damals nicht.

Rund zwanzig Jahre später steht Hendrik Wüst im Innenhof der Sachsen-Anhaltischen Landesvertretung in Berlin-Mitte. Es ist ein warmer Septemberabend. Die Politszene feiert ihre letzten Sommerfeste. Hendrik Wüst ist auch gekommen – mittlerweile ist er auf diesen Veranstaltungen der Rising Star. Um ihn herum bildet sich gleich zu Beginn eine Menschentraube. Wüst grinst verschmitzt hinter seiner Brille hervor. Die Lippen hält er dabei geschlossen, als wollte er sichergehen, dass ihm nicht doch noch die falschen Worte rausrutschen. Bevor sich sein Blick auf den Mann richtet, der gerade nach ihm gerufen hat, scannt er die Menge um ihn herum. Anwesend sind neben Politikerinnen und Politikern auch ein paar Journalisten. Kann ja nicht schaden zu wissen, wer da gerade so zuhört. Dann sieht er zu Reiner Haseloff. Der Ministerpräsident von Sachsen-Anhalt an der Theke deutet auf den Zapfhahn und schiebt hinterher: «Noch ein Bier für den Kanzlerkandidaten.» Wüst lacht jetzt. Ob er Haseloff gehört hat oder nicht, ist unklar. Aber sein Besuch an diesem Abend hat sich gelohnt.

Der CDU-Politiker ist nun seit etwas über einem Jahr Ministerpräsident von Nordrhein-Westfalen. Das Verhältnis in seiner schwarz-grünen Regierung ist harmonisch, die Arbeit funktioniert geräuschlos. Obwohl kurzzeitig nicht ganz sicher war, ob Wüst als Nachfolger von Armin Laschet wirklich der geeignetste Kandidat ist, läuft dann alles nach Plan. Wüst sitzt fest im Sattel. Den größten und wichtigsten Landesverband der Partei hat er auf sich eingeschworen. Auch Friedrich Merz kommt aus Nordrhein-Westfalen, dennoch scheint die Loyalität der CDU NRW in erster Linie dem Ministerpräsidenten zu gelten.

Als der Landesverband im Frühjahr 2023 zu einer Parteiveranstaltung in Münster lädt, zu der auch Merz erwartet wird, sieht das entsprechende Werbebild so aus: Ganz vorn prangt Hendrik Wüst, gefolgt von einer Reihe Christdemokraten aus seinem Bundesland. Und ganz links in der Ecke, also an hinterster Stelle, da ist Friedrich Merz zu sehen, der Bundesvorsitzende der CDU. Das Konrad-Adenauer-Haus in Berlin war offenbar so irritiert, dass man in Düsseldorf anrief. Eine Sprecherin wird später berichten, es habe sich um ein «Büroversehen vonseiten der CDU NRW» gehandelt, das man bat zu korrigieren. Es gab dann ein neues Bild, bei dem Wüst und Merz vorn stehen, Wüst aber immer noch etwas größer erscheint. Falls vorher nicht klar war, dass der Ministerpräsident von NRW sich eine Menge zutraut, dann spätestens jetzt.

Aber würde Wüst auch so weit gehen und nach der Kanzlerkandidatur für die Union greifen? Lange schien alles auf Merz zuzulaufen, aber im Frühjahr 2023, als der CDU-Vorsitzende in einer Krisenphase steckt, spielt sich plötzlich auch Hendrik Wüst in den Vordergrund. Es wirkt, als werde hier etwas vorbereitet. Ein Kandidatenrennen, wie 2021. Und das nicht nur zwischen Söder und Merz. Über Monate pirscht Wüst sich langsam, aber sicher nach vorne. Seine Medienpräsenz nimmt zu, er besucht Landesparteitage und Sommerfeste, pflegt einen engen Draht zu den anderen Bundesländern, nimmt sich besonders viel Zeit für Wahlkampfhilfe. Immer wieder macht Wüst sich für den Einfluss der Länder-Chefs in der Partei stark. Er telefoniert viel, geht in Vorleistung, sammelt Pluspunkte. Womöglich tut er das auch in dem Gedanken, dass die Landesverbände am Ende eine entscheidende Rolle in der Frage des Kanzlerkandidaten spielen könnten.

An einem Mittwoch im April 2023 reist der NRW-Ministerpräsident für einen Wahlkampfbesuch nach Bremen und Bremerhaven. Im Mai ist dort Bürgerschaftswahl. Wüst

kommt, um die beiden CDU-Spitzenkandidaten, Frank Imhoff und Wiebke Winter, zu unterstützen. «Dass du dir so viel
Zeit nimmst», schwärmt Imhoff während des Besuchs. Das
sei ein «ganz, ganz tolles Zeichen». Der NRW-Ministerpräsident führt Integrationsgespräche, trifft Schulklassen, gibt
Autogramme. Für Imhoff und Winter ist Wüst nach seinem
Wahlsieg in Nordrhein-Westfalen ein Vorbild. Er zeige, «dass
vermeintliche SPD-Hochburgen auch CDU-Länder werden
können», sagt Imhoff. Bürgerliche Wählerinnen und Wähler
von SPD und Grünen zurückzuholen, davon träumen viele in
der CDU. Immerhin könnten die Merkel-Wähler, die Scholz
2021 ins Amt trugen, 2025 den Ausschlag geben.

Das Kernargument im Wüst-Lager geht so: Die Union
brauche einen modernen Spitzenkandidaten, der jenseits des
konservativen Spektrums begeistern kann. Einen, den auch
Frauen oder Menschen mit Migrationshintergrund wählen.
Der die nächste Generation in der CDU nicht nur anspricht,
sondern Teil von ihr ist. Merz hat ebenfalls einen Wahlkampf-
auftritt in Bremen geplant. Er soll unter anderem den Wirt-
schaftsrat besuchen. Es ist eher das konservative Programm.
So oder so ähnlich wird das in den darauffolgenden Monaten
immer wieder passieren. Auch der hessische Ministerpräsident Boris Rhein lädt Wüst vor seiner Landtagswahl ein, im
Wahlkampf zu unterstützen. Die beiden machen sogar eine
Art XXL-Pressetermin: eine gemeinsame Wanderung durch
den strömenden Regen und über Deutschlands längste Hän-
gebrücke von Hessen nach Nordrhein-Westfalen. Sehr symbolisch.

Wüst mag solche Termine. Gute Bilder und der persönliche Umgang, beides liegt ihm. Anders als Merz. Der Sauerländer ist insofern authentisch, als dass man ihm in den al-

lermeisten Fällen anmerkt, wenn er auf etwas keine Lust hat. Merz schert sich nicht darum, dass jedes Foto von ihm gut aussieht oder ihn die Leute als charmanten Gesprächspartner wahrnehmen. Auf Abendveranstaltungen ist der CDU-Chef häufig einer der Ersten, der nach dem offiziellen Teil das Weite sucht. Sich unter das Volk mischen? Das macht er augenscheinlich nur ungern. Während jüngere Politiker wie Wüst, oder auch Merz' späterer Generalsekretär Carsten Linnemann, nach dem offiziellen Programm in der Menge baden, rauscht der CDU-Chef meist direkt von der Bühne zurück in den Dienstwagen. Hendrik Wüst nennen sie in der Partei gerne «Schwiegermamas Liebling». Und wer den Effekt des CDU-Politikers auf Frauen zwischen 50 und 70 beobachtet, versteht schnell, warum. Merz hingegen wirkt manchmal eher wie der grummelige Schwiegervater.

Ende März 2023 brandet in der großen Halle des Paul-Löbe-Hauses im Deutschen Bundestag Applaus auf. Friedrich Merz hat gerade die Fehler der Bundesregierung aufgezählt. Steigende Flüchtlingszahlen, überlastete Kommunen, zu wenig Initiativen der Bundesinnenministerin. Es ging um Migrationspolitik – die Liste des CDU-Chefs war lang. Die Unionsfraktion hatte zum Flüchtlingsgipfel in den Bundestag geladen. Der Oppositionsführer Merz wollte mit Kommunalpolitikern darüber sprechen, wie schlimm die Lage ist. Inhaltlich ist das genau sein Thema, er schärft damit das konservative Profil der Union. Die Fraktion hat er hier längst auf Linie gebracht. Hier ist Merz *unangefochten*. Die Abgeordneten hat er im vergangenen Jahr hinter sich gebracht, sie schätzen Merz als Oppositionsführer. Zumal unter ihnen der größte relevante Unterstützerkreis für Merz als Kanzlerkandidaten ist. Im April 2023 sprachen sich erste Köpfe für den CDU-Vorsitzenden im *SPIEGEL* aus. Etwa CDU-Vize Carsten Linnemann, der Merz für «den besten Kandidaten» hält. Und der CDU/CSU-Fraktionsgeschäftsführer und enge Vertraute von Merz, Thorsten Frei, sagte, Fraktion und Partei würden sich in der K-Frage hinter Merz stellen. Von Zweifel keine Spur. Aber ist das wirklich so? Bohrt man zu der Zeit bei dem ein oder anderen Abgeordneten jenseits der Merz-Fankurve nach, wie geklärt die Führungsfrage in der Union ist, dann scheint noch nichts ausgemacht zu sein. Die frühe Festlegung von Anhängern wie Linnemann und Frei dürfte auch der Sorge entspringen, dass die K-Frage wieder im Chaos enden könnte.

Für viele in der Partei ist Hendrik Wüst das Gegenmodell zu Friedrich Merz. Der eine, also Wüst, arbeitet so harmonisch mit den Grünen in einer Koalition, dass man glatt denken könnte, die beiden Parteien seien fusioniert. Er redet über «moderne Familienmodelle» und von «offener Gesellschaft». Der andere, Merz, bestätigt zu Beginn seiner Zeit als Parteivorsitzender das Bild des konservativen Hardliners. Einer, der Klimaschutz in der politischen Debatte für wichtig hält, aber nicht überbewerten will. Der im Parlament als Oppositionsführer mit seiner Rhetorik gegen den Kanzler glänzt, der aber auch immer wieder mit seinen Aussagen gegen gesellschaftliche Gruppen provoziert. Und im Zeitalter sozialer Medien wird jedes Wort auf die Goldwaage gelegt. Dass ein falscher Satz oder ein falsches Bild im entscheidenden Moment fatal sein können, wissen sie in der CDU spätestens, seit der gescheiterte Kanzlerkandidat Armin Laschet bei einem Besuch in Erftstadt kurz nach der verheerenden Flut feixend gefilmt wurde.

Wüst hat die Aufmerksamkeitsökonomie und die Gewichtung der richtigen Sprache nicht nur verstanden, er hat beides verinnerlicht. Merz' Schwächen weiß er entsprechend für sich zu nutzen. Rutscht dem CDU-Chef über Jungs mit Migrationshintergrund heraus, sie seien «kleine Paschas», spricht Wüst kurze Zeit später von «unseren Kindern». Die Herkunft sei doch völlig egal. Er gibt den Anti-Merz.

Kaum ein deutscher Spitzen-Politiker kontrolliert seinen öffentlichen Auftritt so perfekt wie Wüst. Mancher Christdemokrat lästert deshalb auch gerne, der NRW-Ministerpräsident setze vor allem auf Selbstinszenierung. Wer ihm auf Instagram oder Twitter folgt oder seinen Kanal bei WhatsApp abonniert hat, kann unschwer erkennen, was damit gemeint ist: Wüst beim Fastenbrechen mit Muslimen. Wüst beim Joggen mit seiner Tochter im Kinderwagen. Wüst, wie er zu Hause kocht oder den Handwerker macht. Und Wüst im Hoodie mit einer Currywurst. Wüst zu einer Privataudienz beim Papst und Wüst auf einem Selfie mit Präsident Emmanuel Macron. Es ist eine perfekt zusammengesteckte Diashow aus dem Alltag des Politikers, der sich hin und wieder auch von seiner privaten Seite zeigt, ohne aber zu viel preiszugeben. Der CDU-Politiker ist in dieser Hinsicht schon heute auf Spitzenniveau, anders als Merz.

Vielleicht hat der CDU-Vorsitzende auch deshalb am Ostersonntag 2023 mal etwas Neues ausprobiert. Auf Twitter und Instagram werden über Merz' Account drei Fotos geteilt, die ihn im blauen Krankenpfleger-Outfit zeigen. Der Text dazu: «In der Karwoche habe ich ein Versprechen eingelöst: eine Schicht auf der #Intensivstation des Klinikums Hochsauerland zu absolvieren. Nicht als Politiker, sondern als Teil des Pflegeteams. Danke für diese wertvolle Erfahrung und dem ganzen Team frohe #Ostern!» Zwar folgte im Internet auch eine unmittelbare Spottwelle, größtenteils in Form von Memes – insgesamt war das Echo für Merz jedoch positiv. In der CDU dürften viele gedacht haben: mehr davon! Das Problem: Merz macht so etwas nicht gern. Jene, die ihm nahestehen, erzählen, er halte Selbstinszenierung für überflüssig, Zeitverschwendung. Zum Leidwesen einiger seiner Berater, die Merz gerne nahbarer machen möchten. Sympathischer. Jemand aus seinem Team erzählt: «Wenn die Leute ihn kennen würden, fänden ihn sicher viele deutlich charmanter.» Nur werden die allermeisten Deutschen Friedrich Merz vor der kommenden Bundestagswahl wohl kaum persönlich kennenlernen. Und Momente wie der Krankenhausbesuch oder ein Video vom tanzenden CDU-Chef beim Sommerfest der Fraktion bleiben lange die Ausnahme. Unterdessen genießt Wüst, dass er in der öffentlichen Wahrnehmung mehr und mehr stattfindet. Sein Bekanntheitsgrad nimmt zu. Und plötzlich wird neben Friedrich Merz und Markus Söder auch sein Name abgefragt, als es darum geht, welcher Unions-Politiker für eine Kanzlerkandidatur am besten geeignet ist.

Nordrhein-Westfalen spielt zudem als größter und wichtigster Verband der CDU eine entscheidende Rolle. Merz kommt aus dem Sauerland, die Nummer eins in NRW heißt jedoch Hendrik Wüst. Und das zeigt er auch. Beim Neujahrsempfang seiner Partei in Nordrhein-Westfalen für das Jahr 2023 hat der Ministerpräsident in seiner Rede kein einziges Wort der Anerkennung an seinen Bundesvorsitzenden gerichtet. Und nachdem Merz es versäumt hatte, der Altkanzlerin Merkel zu gratulieren, als diese vom Bundespräsidenten mit dem Großkreuz des Bundesverdienstordens ausgezeichnet wurde, verlieh Wüst ihr kurzerhand den Staatspreis des

Landes NRW. Auf Twitter teilte er dazu unter anderem die Worte: «Angela #Merkel hat als herausragende Persönlichkeit & prägende Politikerin Geschichte geschrieben.» Und aus einer Präsidiumssitzung berichten Teilnehmer, wie Wüst über das Papier der Unionsfraktion zur Migration sagt, es sei ein «Gesellenstück» gewesen. Jetzt müsse nur noch ein «Meisterwerk» dazukommen.

Das Ganze erinnert zeitweise fast an die Sticheleien von Markus Söder. Auch weil Wüst auf die Kanzlerkandidatur angesprochen immer wieder betont, seine Aufgaben lägen «derzeit» in Nordrhein-Westfalen. Ähnlich wie der CSU-Vorsitzende 2021 bis zuletzt darauf beharrte, sein Platz sei «aktuell» in Bayern.

Was über Monate nichts als Geraune ist, nimmt am 15. Juni 2023 erstmals Form an. An jenem Donnerstag veröffentlicht die *Frankfurter Allgemeine Zeitung* einen Namensbeitrag des Ministerpräsidenten von Nordrhein-Westfalen. Der Titel: «Das Herz schlägt in der Mitte». Es ist der Moment, auf den Teile der CDU bereits gewartet hatten. Als der Text online geht, weiß Merz von nichts. Auf den ersten Blick ist es ein ziemlich theoretisches Gedankenspiel darüber, wie die Partei sich in Zukunft ausrichten sollte, um weiterhin Mehrheiten für sich zu gewinnen. Der Teufel steckt jedoch im Detail. Wüst lobt, dass Helmut Kohl und Angela Merkel «durch eine Politik von Modernität, Mitte und Ausgleich über Jahrzehnte hinweg die Regierungs- und Mehrheitsfähigkeit der CDU» gesichert haben. Von Friedrich Merz ist in dem gesamten Text keine Rede. Wer war noch mal Parteivorsitzender? Außerdem schreibt Wüst: «Wir machen pragmatische Politik, um die Probleme der Zeit anzugehen. Wer nur die billigen Punkte hervorhebt und sich mit den Populisten gemeinmacht, legt die Axt an die eigenen Wurzeln und stürzt sich selbst ins Chaos. Es geht auch anders.»

Zudem dürfte es kein Zufall sein, dass der NRW-Chef seinen Beitrag ausgerechnet in der *FAZ* veröffentlicht. Der Zeitung, in der sich am 22. Dezember 1999 die damalige Generalsekretärin Angela Merkel inmitten der CDU-Parteispendenaffäre von Helmut Kohl lossagte («Die Partei muss laufen lernen»). Es ist eine Parallele, die auffällt, in der Partei und bei Friedrich Merz. Und wer nun immer noch Zweifel daran hat, wen Wüst hier indirekt anspricht oder wer sich angesprochen gefühlt haben könnte, dem hilft der Blick auf die andere Seite. Seinem Umfeld zufolge hat Merz den Gastbeitrag von Wüst in der *FAZ* als Frontalangriff interpretiert. Dem *SPIEGEL* zufolge soll Merz von seinem Umfeld mit Sätzen wie «Ich schmeiß hin» zitiert worden sein und: «Ich sag gleich im Bundesvorstand, dass der Wüst das machen soll. Soll der doch auch morgen die Rede halten. Ich hab die Schnauze voll. Das ist eine Schweinerei.» Diese Darstellung soll übertrieben sein, sagen andere Teile von Merz' Vertrauten, aber so ganz ausgedacht ist die Tatsache, dass Merz sich über den Gastbeitrag echauffiert hat, wohl nicht. Sein Umfeld wird später schon einräumen, dass der Vorsitzende sich schwer aufgeregt hat. Erst Stunden später bei der Bundesvorstandssitzung und anschließend bei der sogenannten Kaminrunde, einem Abendessen im kleinen Bund-Länder-Unionskreis am Vorabend des Bundesrats, soll der CDU-Chef sich beruhigt haben.

Ein Interview am darauffolgenden Wochenende lässt durchblicken, wie tief der Stachel trotzdem auch Tage später noch sitzt. In der ZDF-Sendung Berlin direkt greift Merz Wüst plötzlich frontal an. Angesprochen auf eine mögliche

Kanzlerkandidatur des nordrhein-westfälischen Minister-präsidenten antwortet Merz: «Die Unzufriedenheit, auch in den Ländern, auch leider in Nordrhein-Westfalen, aus dem ich ja komme, mit der Landesregierung ist fast genauso groß wie mit der Bundesregierung.» Die AfD würde in NRW derzeit ähnlich gut abschneiden wie im Bund. Im Rest der Parteispitze schlagen sie in jenem Moment im übertragenen Sinne die Hände über dem Kopf zusammen. Merz geht hier seinen wichtigsten Länderchef frontal und live im Fernsehen an. Sollte es vorher noch irgendeinen Zweifel an der Rivalität der beiden Männer gegeben haben, dürfte es jetzt offensicht-lich sein.

Doch obwohl Wüst zu der Zeit seit anderthalb Jahren Mi-nisterpräsident von Nordrhein-Westfalen ist und der Regie-rung vorher als Verkehrsminister angehörte, ist er einigen in der Partei zu unerfahren, um Merz – dem jegliche Regie-rungserfahrung fehlt – ernsthaft Konkurrenz zu machen. Manche aus der Partei sagen, das reiche nicht. Um Kanzler-kandidat zu werden, müsse Wüst mindestens noch mal wie-dergewählt werden. Außerdem habe das politische Parkett in der Hauptstadt schon den ein oder anderen Landesfürsten überfordert. Wüsts Vorgänger, Armin Laschet, zum Beispiel. Allerdings ist das kein Gesetz. Auch wenn Wüst es nicht offen sagt, gibt es neben dem Gastbeitrag in der *FAZ* einige Belege, die darauf hindeuten, dass er mit dem Gedanken spielt, sei-nen Hut bei der K-Frage in den Ring zu werfen. Und für eine Weile sieht es sogar so aus, als könnte es für Merz am Ende schwerer werden als gedacht, sich gegen ihn durchzusetzen.

Der CDU-Vorsitzende glaubt zwar nicht, dass Wüst ihm wirklich gefährlich werden könnte. Aber er will auf Nummer sicher gehen. Wüst soll wissen, wer in der Partei welchen

Platz hat. Also lädt Merz ihn zu sich ins Sauerland ein. In sein Zuhause nach Arnsberg. Das rote Backsteingebäude ist so gebaut, dass es nach hintenraus eine riesige Fensterfront hat. Die beiden Männer stehen im Wohnzimmer, durch die Glasscheibe kann man ins Grüne sehen. Was sie besprechen, ist nicht im Detail bekannt. Aus dem Umfeld der beiden heißt es jedoch, der CDU-Vorsitzende habe dem 20 Jahre jüngeren Ministerpräsidenten mehr oder weniger deutlich zu verstehen gegeben, dass der noch Zeit habe.

Dabei wissen beide, dass Politik so nicht funktioniert. Wie kurz der Weg vom aussichtsreichen Aufsteiger zu «weg vom Fenster» manchmal ist, damit ist gerade Wüst vertraut. Er hat die Erfahrung als Generalsekretär unter Jürgen Rüttgers selbst gemacht, als er nach dem Skandal um käufliche Gespräche mit dem Ministerpräsidenten zum Bauernopfer wurde. Wer die Chance auf Macht bekommt und nicht nach ihr greift, der droht sein Zeitfenster zu verpassen.

Im Januar 2024 scheint Wüst die Worte, die Merz ihm gesagt hat, zwar noch im Hinterkopf zu haben. Auffällige Kritik an dem Parteivorsitzenden spart er aus. Trotzdem achten der CDU-Politiker aus NRW und sein Umfeld parallel akribisch darauf, ihn weiter im Rennen um die Kanzlerkandidatur zu halten. Wüst weiß zur rechten Zeit am richtigen Ort zu sein. Seine Rolle als Vorsitzender des größten Landesverbandes macht er in aller Regelmäßigkeit geltend. In Berlin ist er häufig präsent. Vor der Landesvertretung von Nordrhein-Westfalen kann man dann beobachten, wie die dunklen Dienstautos mit unterschiedlichen Kennzeichen im Wechsel vorfahren. Mal ist es Wiesbaden, mal Kiel und mal München.

Denn auch in der CSU-Parteispitze haben sie das alles genau im Blick. Wie Wüst sich in Stellung bringt; dass er in den

Umfragen plötzlich immer weiter dazugewinnt. Im Februar taucht Wüst erstmals in der Bewertung der zehn wichtigsten Politiker und Politikerinnen der Forschungsgruppe Wahlen auf. Als einziger Nicht-Partei- oder -Fraktionschef, -Kanzler oder -Bundesminister steigt er direkt auf Platz zwei ein und liegt damit in der Skala nicht nur vor Friedrich Merz, sondern plötzlich auch vor Markus Söder. Bei der Kanzlerkandidatenfrage liegt der Bayer zwar nach wie vor und bis zuletzt vorne, allerdings kommt sehr knapp hinter ihm nun auch Wüst vor Merz. Zeitweise soll der Bayer über die Debatte richtig verärgert gewesen sein. Bereits als sie im Vorjahr erstmals aufkam, hatten sie in der CSU betont, das sei viel zu früh. Die Diskussion brauche man doch nicht mehr als ein Jahr vorher zu führen. Der Zeitpunkt dürfte damals aus CSU-Sicht auch deshalb ungünstig gewesen sein, weil der bayerische Ministerpräsident vor seiner Landtagswahl keinen Anspruch auf die Kanzlerkandidatur erheben konnte. Söder musste sich zunächst auf den Freistaat konzentrieren. Von der Wahl im Oktober hing seine politische Zukunft ab. Erst anschließend konnte er sich selbst wieder ins Spiel bringen. Und so wurde aus dem Argument, das sei viel zu früh, das Argument: Die Sache machen die beiden Parteivorsitzenden zwischen sich aus. Die CSU würde einen Kandidaten jenseits von Merz niemals akzeptieren. Dabei weiß Söder selbst, dass sie ihm in der CDU wiederum noch immer das Verhalten vor der Bundestagswahl 2021 nachtragen. Auch deshalb wurde gerade in den Landesverbänden kurzzeitig diskutiert, ob am Ende also nicht Söder, sondern Wüst zum entscheidenden Konkurrenten für Friedrich Merz werden könnte. Für sie repräsentiert er die neue CDU. Außerdem sind einige von ihnen besorgt, dass es bei dem fast 70-jährigen Merz in wenigen Jahren bereits die nächste Debatte geben könnte – um seine Nachfolge. Mit Wüst wäre das Thema erst mal vom Tisch. Irgendwann hat Wüst die Zusagen fast aller Landesvorsitzenden: Wenn du es machst, stützen wir dich. Es ist der ultimative Rückhalt, der Merz lange fehlt. Und für einen Moment wirkt es, als wollte Wüst ihn nutzen – und zugreifen.

Nur tat er es nicht. Am Ende ist der Ministerpräsident aus Nordrhein-Westfalen den entscheidenden Schritt nicht gegangen. Obwohl alles mühsam vorbereitet war, ist Wüst nicht gesprungen. Vielleicht weil ihm der entscheidende Hebel dann doch fehlte. Vielleicht weil er nicht selbst den Königsmörder machen wollte. Vielleicht aber auch, weil er einfach aus persönlichen Gründen nicht wollte. Wüst ist verheiratet, hat eine kleine Tochter. Merz hat womöglich doch recht, wenn er dem jungen CDU-Politiker sagt, dass der noch Zeit habe. Denn damit müssen nicht nur politische Ämter gemeint sein, sondern auch das Leben jenseits der politischen Laufbahn.

Und so lädt Hendrik Wüst am 16. September 2024 zu einem Pressestatement in die Landesgeschäftsstelle der CDU Nordrhein-Westfalen in Düsseldorf ein. Um der Öffentlichkeit schließlich mitzuteilen, dass er «aktuell und unter den gegebenen Umständen für die Kanzlerkandidatur der Union bei der Bundestagswahl 2025 nicht zur Verfügung» stehe. Viele in der Partei hatten das zu dem Zeitpunkt lange vermutet. Wüst hatte sich seit Beginn des Jahres nicht mehr richtig nach vorne gewagt. Seine Leute hatten größtenteils im Hintergrund agiert, von einer Offensive kann jedoch keine Rede gewesen sein. Womöglich auch, weil sie und Wüst wussten, dass die Chancen mit den Entwicklungen der Dinge von Tag zu Tag schlechter standen. Merz war es schließlich gelungen, den Schalter umzulegen. Die Partei wollte Frieden. Und eine Kampfkandidatur hätte nur Chaos bedeutet. Also entscheidet sich Wüst zu verzichten. Oder zumindest den Eindruck zu erwecken, er verzichte. Mit seinem Statement kurz vor der Entscheidung von Merz und Söder schafft der Ministerpräsident aus Nordrhein-Westfalen es, Königsmacher statt -mörder zu sein. Zugunsten der Sache, so wirkt es. Was bei Markus Söder zu großer Verärgerung führt, findet im Rest der Partei große Anerkennung.

Einige Monate zuvor, an einem Vormittag Anfang Juli 2024, empfängt der Ministerpräsident von Nordrhein-Westfalen mich für ein Gespräch im Landtag. Zu diesem Zeitpunkt ist Wüst bereits klar, dass alles auf Merz' Kanzlerkandidatur hinauslaufen wird. Der CDU-Vorsitzende hat sich ausreichend stabilisiert. Es scheint nur noch darum zu gehen, wem in dem Prozess welche Rolle zuteilwird. Wüst denkt parallel schon ein paar Meter weiter, in Richtung Bundestagswahl. Mit Blick auf das bevorstehende Jahr 2025 macht er klar, dass der Unmut über die Ampel nicht ausreichen wird, um zu gewinnen: «Neben der Unzufriedenheit mit der Ampel-Regierung ist es so wichtig, dass die Menschen uns wieder zutrauen, die Probleme des Landes zu lösen.» Erst im Mai hatte die CDU sich dermaßen auf ihrem Parteitag gefeiert, dass man kurz dachte, sie hätte die Wahl schon gewonnen. «Wissen Sie», sagt Wüst weiter, «wir haben bei der Europawahl zwar 30 Prozent geholt, das waren aber insgesamt gerade mal 800 000 Stimmen mehr als bei der Bundestagswahl.» Das Ergebnis, auf das Wüst hier anspielt, wird bis heute von vielen in der Union als Desaster bezeichnet. Und tatsächlich ist die Stimmenverteilung bei der Europawahl etwas anders. Heißt, wenn die Union bei der Bundestagswahl 30 Prozent holen will, braucht sie vier bis fünf Millionen Stimmen mehr. Wo die herkommen sollen? «Die CDU ist dann stark, wenn sie es schafft, über ihre Kernklientel hinaus Wählerinnen und Wähler zu mobilisieren», erklärt Wüst. So hätte man schließlich über Jahre Wahlen gewonnen. Im Kern sagt er damit auch, was er in seinem Gastbeitrag vor einem Jahr bereits hat anklingen lassen: Wahlen werden in der Mitte gewonnen. Oder wie der CDU-Politiker es mittlerweile versucht, diplomatisch zu sagen: «Wir haben jetzt über viele Jahre behauptet, wir müssten als CDU wieder mehr bei uns selbst sein und zu unserem Markenkern zurückkehren. Das ist nachvollziehbar, und ich finde das auch richtig. Für uns als Partei war es gut, dass wir uns programmatisch wieder gefunden haben. Auch das Grundsatzprogramm spiegelt das als Akt der Selbstvergewisserung wider.» Er betont aber auch, wie wichtig es sei, die Arme weit auszubreiten, «um im Wahlkampf über unsere Kernklientel hinaus Erfolg zu haben». Davon sei er fest überzeugt. Und dann kommt Wüst auf einen Punkt zu sprechen, der besonders interessant ist. Am Ende ist er womöglich sogar wichtiger als die Frage, wie sehr man die Menschen inhaltlich abholt. Es geht darum, wie man den Menschen, also konkret Friedrich Merz, mehrheitsfähig macht. Oder ob er es womöglich schon ist. Wüst überlegt einen Moment und sagt dann: «Wäre Politik ein Geschäft, dann wäre es ein Geschäft im Austausch mit den Menschen.» Dann fragt er: «Kennen Sie die Geschichte, wie man einen Kugelschreiber verkauft? Nein? Passen Sie auf, es ist so: Sie kriegen die Menschen nicht dazu, einen Kugelschreiber zu kaufen, indem Sie ihnen den Stift nur vor die Nase halten. Sondern mit der Wertschätzung ihrer Gedanken, die es wert sind, mit diesem Kugelschreiber aufgeschrieben zu werden.» Was Wüst damit wohl meint: In der Politik sind Personen wie Merz und er quasi das Äquivalent zum Kugelschreiber. Er betont: «Man muss bereit sein, sich seinem Gegenüber zu öffnen, und man muss Menschen immer wieder mit Freude und Interesse begegnen. Wer keine Lust auf andere Menschen hat, der ist falsch in der Politik.» Wüst dürfte wissen, dass er hier eine seiner eigenen Stärken beschreibt. Dann fügt er hinzu: «Ich will jedem zugestehen, dass man irgendwann den Punkt erreicht, an dem man lieber mit sich selbst ist. Wenn das Gefühl aber überwiegt, dann muss man aufhören.»

9

DER WENDEPUNKT

*Merz' neuer Generalsekretär und
das Grundsatzprogramm*

Carsten Linnemann läuft hektisch die Treppe im Konrad-Adenauer-Haus hinunter. «Ich muss gleich weiter, sorry, keine Zeit zum Quatschen», sagt er noch schnell im Vorbeigehen. Der CDU-Politiker ist in Eile. Sein nächster Termin wartet schon. Seit Linnemann von Friedrich Merz die Aufgabe bekommen hat, das neue Grundsatzprogramm zu schreiben, überschlagen sich die Termine nur so. Fachkommissionen, Live-Debatten, Experten-Gespräche – die Aufgabe ist ihm extrem ernst. Immerhin handelt es sich hier erst um das vierte Programm in der bald 80-jährigen Geschichte der Partei, das erste nach sechzehn Jahren Merkel-Regierung. Es ist ein Meilenstein für die CDU. Also gibt Linnemann alles. Der Tag beginnt für ihn in der Regel um 5:30 Uhr. Erst Aufstehen und Laufen, dann Nachrichten und Kaffee. In der Regel macht er rund acht Kilometer. Das bringt ihn in Fahrt, macht den Kopf frei. In Sitzungswochen hat der CDU-Politiker sogar eine Art CDU-Running-Club ins Leben gerufen. Treffpunkt ist jeden Morgen um 6 Uhr in der Nähe vom Bundestag. Die anderen Unions-Abgeordneten kommen nach Belieben dazu. Linnemann ist fast immer da.

Danach fährt der CDU-Politiker meist ins Büro. Bevor der Tag richtig losgeht, muss der Schreibtisch leer sein, so sein Anspruch. Er versucht, jedem zu antworten, ruft häufig zurück – mit unterdrückter Nummer, versteht sich. Aber sich gar nicht melden? Zu beschäftigt sein? Das mag er nicht. Manchmal stellt er sich Termine länger ein, als sie eigentlich dauern, um noch etwas Zeit zu schinden. Er sitzt dann allein auf der Rückbank seines Dienstwagens und tippt wie wild auf dem Handy, schreibt Antworten. Die Leute sollen denken, dass er immer noch einer von ihnen ist. Ist er ja auch. Irgendwie. Wenn er den Freitagabend lieber in seiner Stammkneipe mit der Skatrunde als auf einem roten Teppich verbringt zum Beispiel. Und dann wieder nicht. Wenn er mit Friedrich Merz vor Fernsehkameras spricht und in geheimen Runden die Kanzlerkandidatur plant.

Auch an diesem Tag steht bei Linnemann viel auf dem Zettel. Mit schnellen Schritten bewegt er sich durch die riesige Eingangshalle in Richtung Ausgang der Parteizentrale. Das Taxi steht vor der Tür. Er will bloß nicht zu spät kommen. Das habe Merz ihm abtrainiert, erzählt er selbst gerne. Kurz bleibt er doch stehen: «Oder kommen Sie noch ein Stück mit? Dann können wir reden. Aber dann jetzt, zack, zack.»

Der CDU-Politiker aus Paderborn ist in vielerlei Hinsicht unkonventionell. Er versucht, nicht in verklausulierten Sätzen zu sprechen. Wenn Olaf Scholz nicht auf die gestellte Frage antworten will, merkt man es als Gegenüber manchmal erst gar nicht. Er antwortet in Seelenruhe. Redet. Und redet. Und redet. Bis man merkt: Er sagt ja gar nichts. Wenn es einem dann nach kurzer Zeit auffällt und man den Kanzler irritiert ansieht, grinst der manchmal hämisch zurück. Ist alles gesagt, oder?

Linnemann ist das Gegenteil. Nicht antworten fällt ihm schwer. Manchmal kommt dann so was wie: «Ach man, ich kann da jetzt nix zu sagen. Das Thema soll jetzt auch mal zu

Ende sein. Man ey, aber nicht böse sein, ja? Ich kann Sie ja auch verstehen. Also Ihre Perspektive und warum Sie mich das jetzt fragen. Aber Sie mich doch auch, oder? Ich kann da jetzt nix mehr zu sagen. Echt nicht.» Erst mit der Zeit lernt Linnemann ein paar Stanzen dazu. Als Merz ihn im Sommer 2023 zum Nachfolger von Mario Czaja macht, muss er das. Plötzlich ist er in einer deutlich repräsentativeren Rolle als vorher. «Läuft alles super» oder «Wir sind vorbereitet» – das sind dann so die Klassiker.

An diesem Vormittag ist er noch nicht Generalsekretär – und gesprächig. «Was wollen Sie denn wissen?», fragt er und tippt dabei noch schnell etwas auf seinem Handy. «Zum Grundsatzprogramm? Das war gerade wieder ein super Termin. Wirklich. Klasse.» Wenn es um Inhalte geht, redet Linnemann gerne und viel. Im Taxi kann der CDU-Politiker kaum ruhig sitzen, als er beginnt zu erzählen. «Wir ziehen das richtig groß auf jetzt», sagt er und fuchtelt mit den Händen vor seiner eckigen Brille herum. «Es wird einen riesigen Thinktank geben. Ganz viele Unterkommissionen. Mit Experten auch. Und dann gehen wir ins Land. Reden mit den Menschen. Mit den echten Menschen. Nicht diese Berlin-Mitte-Leute. Sie wissen schon.» Die Augen leuchten hinter den sauber geputzten Gläsern seiner Brille, sein Mund hat sich zu einem euphorischen Lachen verschoben. Er träumt jetzt ein bisschen. Für einen kurzen Moment könnte man denken, dass die CDU jetzt eine Programmpartei ist. Aber ist sie das auch? Oder gehört das alles – die Grundsatzprogramm-Kommission, die Regionalkonferenzen, Linnemanns Bemühungen – zu einem Selbstfindungsprozess. Und am Ende steht eine Partei, die im Zweifel immer den Pragmatismus vor Überzeugungen walten lässt?

Es ist so: Als Merz die Partei übernimmt, ist sie inhaltlich entkernt. Sie braucht irgendeine Form der programmatischen Neuaufstellung. So viel ist klar. Nach der verlorenen Bundestagswahl im Herbst 2021 haben sehr viele Christdemokraten genau das als Kritikpunkt geäußert. Die Partei sei inhaltlich blank.

Es gibt da zum Beispiel einen Moment auf dem Deutschlandtag der Jungen Union in Münster, relativ unmittelbar nach der Wahl. Die beiden zu der Zeit verantwortlichen Generalsekretäre von CDU und CSU, Paul Ziemiak und Markus Blume, stehen auf der Bühne, so, als hätte man sie an den Pranger gestellt. Wortmeldung für Wortmeldung arbeiten die jungen Delegierten sich an ihnen ab, kritisieren den Wahlkampf und allem voran: die inhaltliche Leere. Ein junger Mann hinterlässt besonders Eindruck. Es ist der JU-Kreisvorsitzende von Wesel, Frederik Paul. Er steht auf, tritt ans Mikrofon. Unter seinem Kinn klemmt noch eine schwarze Corona-Maske, die Hände zittern. «Wir sind in unseren Inhalten einfach viel zu beliebig geworden», sagt er zunächst mit brüchiger Stimme. Es brauche wieder streitbare Positionen, mehr Profil. Immer wieder bestärken ihn die Delegierten im Saal mit Applaus. Seine Stimme stabilisiert sich. «Wir haben den Wahl-O-Mat, den machen Hunderttausende Menschen. Da kann man ja mal angucken, wie die Union dort ihre Positionen verkauft hat», sagt Paul weiter. Tatsächlich spricht das JU-Mitglied hier einen wichtigen Punkt an. Der Selbsttest für die Parteiprogramme hat im Jahr vor der Bundestagswahl 2021 Rekordnutzerzahlen verbucht. Zwischen dem 2. und dem 26. September wird der Wahl-O-Mat 21,25 Millionen Mal verwendet. Paul zählt auf, wie die Union dabei wegkommt: «Ökologische Landwirtschaft soll stärker gefördert werden als konventionelle Landwirtschaft – die Union hat keine Position. Der gesetzliche Mindestlohn soll im Jahr 2022 erhöht werden – die Union hat keine Position.» Paul verschluckt die Worte nur so, während er sie von einem kleinen Zettel abliest. Vor Aufregung wirbelt er wild mit den Armen. Die Halle im Hintergrund grölt und jubelt ihm zu. Dann sieht er hoch zu den Generalsekretären: «Wie kann das sein?», ruft er ihnen zu. Die beiden Männer gucken halb beschämt, halb verzweifelt in die Menge. Bis zu dem Zeitpunkt hat man für die verlorene Bundestagswahl vor allem einen verantwortlich gemacht: den Kanzlerkandidaten Armin Laschet. Vielleicht noch ein bisschen die Sticheleien von Markus Söder. Jetzt stellt sich plötzlich noch eine andere Frage darüber hinaus: War das Problem nicht vielleicht ein viel größeres? Es ist die Frage, die viele Wahlkämpfer auf dem Marktplatz nicht mehr beantworten konnten: Wofür steht die Union eigentlich?

Linnemann will das ändern. Wenn es nach ihm geht, weiß jeder Christdemokrat, wenn man ihn um 3 Uhr morgens weckt, die drei wichtigsten Punkte. Er spricht von Eigenverantwortung, der Freiheit des Individuums und dem Raum für Ideen. Eigentlich wollte er von Anfang an Generalsekretär werden. Unter Friedrich Merz, so dachte man zunächst, hätte das aber schwierig werden können. Zwei Wirtschaftsmänner aus Nordrhein-Westfalen an der Spitze der CDU – so das Argument dagegen. Linnemann war zuvor Chef der Mittelstands- und Wirtschaftsunion (MIT) gewesen. Also holt Merz erst einmal Mario Czaja ins Boot. Linnemann soll sich stattdessen um das Grundsatzprogramm kümmern. Im Kern ist das gar nicht mal schlechter – er ist für die inhaltliche Neuaufstellung der CDU verantwortlich. Damit ist er nach Merz eigentlich schon vor seiner Berufung zum Generalsekretär der wichtigste Mann der Partei.

Bei einem Mittagessen im Frühjahr 2023 schwärmt Linnemann mal wieder. Er schiebt sich eine volle Gabel in den Mund. Zu essen gibt es Arabisch. «Ich hab da richtig Bock drauf», sagt er und meint in dem Moment nicht die Falafel, sondern das Grundsatzprogramm. Er findet, man müsse die Menschen einfach mal wieder machen lassen. Linnemann wünscht sich das gefühlt ein paar Hundert Mal am Tag. Weniger Zweifel, weniger Bürokratie oder Gründe dafür, dass Dinge nicht funktionieren, sondern «einfach mal machen».

Dabei weiß er, dass auch seine Partei lange eine andere Mentalität gepflegt hat. Nach vielen Jahren Krisenmanagement und Regierungsrealität ist die CDU zu einer Machtmaschine geworden. Er will das richten. Der Partei wieder Botschaften und Überzeugungen geben. Auf rund 100 Seiten schreibt er in einem Jahr den Entwurf für das Programm. Elf Fachkommissionen ruft Linnemann dafür ins Leben. Er lässt Umfragen erstellen, führt Debatten und veranstaltet Konferenzen im ganzen Land. Alle sollen mitmachen – von Mittelständlern über Wissenschaftler bis hin zum Zentralkomitee der Katholiken. Der CDU-Politiker führt Hunderte Gespräche, ist hoch motiviert.

Auf den Regionalkonferenzen rennt er wild durch die Reihen. Bei einem dieser Termine sollen die Mitglieder und Gäste aufschreiben, was sie mit dem «C» der CDU verbinden. Viele schreiben «Nächstenliebe» oder «Vielfalt». Das reicht Linnemann nicht. Er will Erläuterungen. Vier Personen sollen dafür an aufgestellte Mikrofone treten. Als sich kaum einer meldet, wird er fast etwas ungeduldig. «Na, kommen Sie», sagt Linnemann freundlich, aber auch energisch.

Die Zurückhaltung kann er nicht verstehen. Er selbst wäre bei so etwas der Erste, der sich meldet. Für ihn ist die Sache klar, die Partei muss jetzt mal wach werden. Und er ist der Wecker, der auch beim achten Mal Snoozen noch klingelt.

Linnemann vergisst dabei manchmal, dass längst nicht alle in der Partei so viel Wert auf Programm legen wie er. Beim Deutschlandtag der Jungen Union im November 2022 sagt der nordrhein-westfälische Ministerpräsident Hendrik Wüst: «Manche bei uns haben gerade ganz viel Lust, Nabelschau zu betreiben.» Man wolle mal wieder leidenschaftlich über den Markenkern reden – «mal links, mal rechts. Ganz viel Theorie», sagt Wüst und fügt an: «Wenn die CDU 75 Jahre eines war, dann pragmatisch.» Christdemokraten seien keine Theoretiker. «Wir waren nie eine Programmpartei», findet der CDU-Ministerpräsident. Es ist die alte Merkel-Schule, an die Wüst dort auf dem Deutschlandtag erinnert. Die anderen machen das Programm, die CDU regiert. Das war lange erfolgreich, wenn man bedenkt, was am Ende alles mit der Kanzlerin nach Hause ging: der Mindestlohn, der Atomausstieg, die gleichgeschlechtliche Ehe. Das alles kam aus dem Wahlprogramm anderer Parteien.

Linnemann muss hier zwei Sachen zusammenbinden. Auf der einen Seite steht der Wunsch nach mehr Substanz, nach Programmatik und Inhalten. Auf der anderen Seite bleibt das klare Bekenntnis zum Pragmatismus. Wolfgang Schäuble erklärt es im *SPIEGEL* mal so: In den Grundsatzfragen brauche die CDU klare Positionen, «aber ob auf Autobahnen ein Tempolimit herrschen soll oder nicht, das muss nicht im Grundsatzprogramm festgelegt sein».

Hört man in die Partei hinein, klingen viele Christdemokraten so. Also formuliert Linnemann im Grundsatzprogramm eher einen Mentalitätswechsel als konkrete Punkte. Erstens: «Wir Christdemokraten lassen uns leiten von dem Respekt vor der Individualität der Person. Wir schätzen die Vielfalt der Menschen. Aus dieser Vielfalt Zusammenhalt und Gemeinschaft zu schaffen, das ist seit jeher unser Anspruch, aus ihr ergibt sich unsere Stärke als Volkspartei.» Sprich, Individuum vor Kollektiv. Zweitens: Es gilt das Prinzip von «Solidarität und Subsidiarität», also einer Mischung aus der Kraft des freien Marktes und der Bereitschaft, Verantwortung füreinander zu übernehmen. Und drittens: «Politik gibt immer nur vorletzte Antworten.» Man erlegt sich also auf, neugierig zu bleiben.

Am Ende ist das Grundsatzprogramm Meilenstein und Etappenziel zugleich. Es ist das vierte Mal, dass man sich zusammensetzt, um die eigenen Werte zu definieren. Auch Angela Merkel hat das 2007 getan. Nun soll eine neue Ära beginnen. Merz grenzt sich und seine Partei damit klar von der Zeit vor ihm ab. Während es eine Weile so wirkt, als wollte der neue CDU-Vorsitzende seine Skeptiker befrieden, ist jetzt klar, dass Merz die Partei neu und nach sich ausrichten wird. Bislang ist das der für ihn erfolgreichere Weg. Merz und Linnemann haben die CDU unterscheidbar gemacht. Für die Mobilisierung der eigenen Leute war das durchaus wichtig. Mit Linnemann hat Merz jemanden ins Boot geholt, dem es gelungen ist, die Partei mit seinem Programmprozess neu zu beleben. Der neue Generalsekretär hat die CDU, die eine Weile im Tiefschlaf war, gerüttelt und gerüttelt. Jetzt ist sie hellwach.

Wie wichtig dieser Prozess für die CDU und Friedrich Merz ist, zeigt der Parteitag im Estrel Congress Center in Berlin am 7. Mai 2024. Im Januar hat der Bundesvorstand das

Grundsatzprogramm während seiner Klausur in Heidelberg abgesegnet. In der Partei ist Ruhe eingekehrt. Bis hierhin hat Linnemann schon eine ziemliche Strecke hinter sich gebracht, um die CDU auf die bevorstehende Bundestagswahl vorzubereiten. Jetzt müssen die Delegierten dem Grundsatzprogramm auf dem Parteitag zustimmen. Dann kann es losgehen.

Kurz vor der Veranstaltung glaubt man noch, es könne eine ganze Reihe von Debatten geben. Immerhin liegen fast 2300 Änderungsanträge vor. «Auch kontroverse», erzählt Linnemann selbst im Vorfeld.

Aber auf dem Parteitag passiert erst mal: nichts. Erst als eine junge Frau an das Mikrofon tritt, scheint es, als könne doch noch eine Diskussion entstehen. Die Stimme der Delegierten aus Hessen zittert etwas beim Sprechen, man merkt, dass ihr das Thema wichtig ist. Es geht um Gleichstellung, sie ist dagegen. Das habe rein gar nichts mit Gleichberechtigung zu tun, unterstreicht sie. Im Gegenteil: Das sei doch Identitätspolitik. Es ist eine alte Debatte, die die CDU schon häufig geführt hat. Die Rednerin nach ihr stimmt zu. «Von Gleichstellung zu reden in einem Programm, das von Freiheit geprägt ist, ist ein massiver Schönheitsfehler», kritisiert sie. Genau das unterscheide doch die CDU von «linken Gleichheitsfantasien». Im Saal herrscht kurz Spannung. Die Journalistinnen und Journalisten recken die Hälse und halten die Stifte bereit, als Julia Klöckner mit energischen Schritten die Bühne betritt. Klöckner kennt diese Debatten. Schon während des Parteitags in Hannover 2022 hatte sie einer Reihe von jungen CDU-Frauen, die die Frauenquote verhindern wollte, vehement widersprochen. Auch dieses Mal hält sie gegen. «Soll unsere Botschaft heute wirklich sein, dass Gleichstellung ein Schönheitsfehler ist? Liebe Leute, ich glaube, wir haben gar nichts gelernt.» Der Saal applaudiert. Den Änderungsantrag lehnen die Delegierten mit großer Mehrheit ab. Man hat offenbar genug diskutiert.

Entsprechend kommt auch jenseits der Gleichstellung an jenem Dienstag keine wirklich leidenschaftliche Diskussion bei der CDU auf. Antrag für Antrag geht man die Themen mit den Delegierten durch. Migration, Soziales – hier und da gibt es ein paar Wortmeldungen, kleine Änderungen. Aber wirklich strittig scheint keines der Themen zu sein. Im Gegenteil, fast alle Debatten gehen zügig über den Tisch. Die Kontroverse bleibt aus. Sogar die Leitkultur, von der im Vorfeld erwartet wurde, sie könne für Zündstoff sorgen, geht ohne Murren durch. Nicht eine Wortmeldung. Weitermachen, danke.

Manchmal gibt es auf Parteitagen ein Ventil für Frust in der Partei. Ein Thema, an dem sich die Delegierten festbeißen, das eigentlich für etwas anderes steht. Es ist dann gewissermaßen ein Abarbeiten am Parteiestablishment. Dass der Parteitag im Mai so konfliktarm über die Bühne geht, spiegelt die allgemeine Stimmung. Die CDU will versöhnt sein, also gibt sie sich friedfertig – auch jene, die im Vorfeld oder Anschluss weiter Kritik im Hintergrund äußern. Die Revolte bleibt aus. Das Ziel, wieder zu regieren, es steht über allem.

An jenem Abend feiert die CDU und Teile der CSU so ausgelassen, dass man fast glauben könnte, die sie hätten die Wahl schon gewonnen. Linnemann hat auf einer riesigen Fläche eine Berliner Partyszene nachbauen lassen. Durch U-Bahn-Stationen und an gut befüllten Spätis vorbei läuft man auf eine neonbeleuchtete Tanzfläche. Auf der Bühne macht der Berliner Kultursenator Joe Chialo den DJ, in der

Menge wird wild getanzt. «Wir verlängern noch mal zwei Stunden», ruft Linnemann. Und die Menge jubelt ihm zu. Auch Friedrich Merz ist da. Gemeinsam mit seiner Frau wirbelt der CDU-Chef über die Tanzfläche. So ausgelassen erlebt man ihn selten. In diesem Moment scheint für Merz alles möglich. Für die Partei auch – und für Linnemann sowieso.

Von hier an beginnt eine zweite, nicht weniger wichtige Phase. Denn mit Blick auf die bevorstehende Bundestagswahl wird die Parteispitze doch noch konkret werden müssen. Wie sehen die Ideen der CDU aus? Welches Rentenkonzept schlägt sie vor? Ist sie für oder gegen eine Erhöhung des Mindestlohns? Und wenn das Bürgergeld abgeschafft wird, was kommt dann stattdessen?

10

ALTE WUNDEN

Während es auf den Straßen von Berlin kälter wird und die Dunkelheit sich zwischen den Hochhäusern am Potsdamer Platz ausbreitet, sitzt in einem kleinen Privatraum des Maritim-Hotels, unweit der Stadtwohnung von Friedrich Merz, eine Gruppe CDU-Politiker an einer schön gedeckten Tafel. Weiße Tischdecken, feines Silberbesteck. Es ist ein Abschiedsessen des hessischen Ministerpräsidenten Volker Bouffier. Er gehört zu den mächtigen CDU-Urgesteinen. Es ist noch nicht lange her, da trug Bouffier maßgeblich zu der Entscheidung bei, wer Kanzlerkandidat der Union werden sollte. Jetzt ist er kurz davor, in Hessen an seinen deutlich jüngeren Nachfolger, Boris Rhein, abzugeben.

Friedrich Merz erhebt sich von seinem Platz, der Blick wandert über die anwesenden Gesichter. Der ehemalige Gesundheitsminister Jens Spahn ist da und der damalige Chef der Mittelstandsunion Carsten Linnemann. Und: der frühere Ministerpräsident von Hessen und enge Vertraute von Merz, Roland Koch. «Wie schön, dass wir in dieser Runde heute Abend zusammengekommen sind», sagt Merz. Er lässt ein paar Worte zu Bouffier fallen, äußert seine Wertschätzung. Dann geht es um die Partei. Auf welchen Kurs man sich von nun an begeben wolle. Dass es ein anderer sein muss als unter Merkel, finden zu diesem Zeitpunkt fast alle der Anwesenden. Dann sagt Merz überraschend: «Manchmal ist der Blick auf das, was in der Vergangenheit gut funktioniert hat, wichtig.» Kurz sind einige der Teilnehmer irritiert. Will der alte Merkel-Rivale die Kanzlerin doch noch loben? Aber Merz spielt auf etwas anderes an. Er wolle an den grandiosen Wahlerfolg seines Parteifreundes Koch erinnern, dem es mithilfe einer Unterschriftenaktion gelungen sei, die Wahl in Hessen für die CDU zu gewinnen. Vorher zählte das Bundesland zu den sozialdemokratischen Hochburgen. «Das war wirklich großartig», sagt Merz und meint damit den hessischen Landtagswahlkampf im Jahr 1999. Koch hat damals eine Unterschriftenliste gegen die Reform des Staatsbürgerrechtes initiiert. Die rot-grüne Bundesregierung unter Gerhard Schröder wollte damit Ausländern den Doppelpass ermöglichen. Koch plakatierte in Hessen: «JA zur Integration. NEIN zur doppelten Staatsbürgerschaft.» Meinungsforscher sind sich später einig, dass er damit die Unionsanhänger mobilisierte, den Wahlkampf anheizte und an der SPD vorbeizog.

Bemerkenswert, findet offensichtlich auch Merz. Einfach, verständlich – wo kann ich für die CDU unterschreiben? Mit so was gewinnt man Wahlen, so der Tenor auch an diesem Abend rund zwei Jahrzehnte später. Allerdings sind in der Runde nicht alle der Meinung. Manchem Anwesenden wird sogar etwas mulmig, als Merz an die Unterschriftenaktion seines Parteifreundes erinnert. Der Wahlkampf von Koch war seinerzeit zwar erfolgreich, allerdings wurde er von vielen als populistisch, teilweise sogar rassistisch bezeichnet. Auch in der CDU gab es Kritiker. Die Partei hatte in den 90er-Jahren ein deutlich rechteres Profil als heute. Auf Wahlkampfveranstaltungen sprachen Gäste von Arbeitslagern für Migranten. Es fielen Sätze wie «Deutschland den Deutschen», und man sprach von einem «Wo kann man gegen Ausländer unterschreiben?»-Wahlkampf. War das die CDU, die Merz sich zurückwünschte?

Wer sich länger mit dem CDU-Vorsitzenden über die Themen Migration und Integration unterhält, merkt schnell, dass der keineswegs diese alte, in Teilen zur AfD abgewanderte Denke seiner Partei zurückwill. Und fragt man in seinem Umfeld nach jener Situation, ist man dort fest überzeugt, Merz habe vielmehr die Kampagnenfähigkeit gemeint.

Trotzdem trifft er an diesem Abend einen wunden Punkt. Denn die Frage der Migration und folglich auch des Umgangs mit in Deutschland lebenden Migrantinnen und Migranten spaltet die Union seit vielen Jahren. Vor allem, wenn es um Menschen muslimischen Glaubens geht.

Während die CSU in der Frage der Migration immer schon etwas weiter rechts stand, war der Ton innerhalb der CDU meist gemäßigter, die Meinungen differenzierter.

Sechs Jahre nach der Koch-Kampagne wurde Wolfgang Schäuble Innenminister unter Angela Merkel. Er versuchte, einen neuen Umgang mit den Themen Migration und Integration zu etablieren. Auch in seiner Partei. Die Terroranschläge auf das World Trade Center vom 11. September waren gerade vier Jahre her. Am 7. Juli 2005 folgte in London eine Serie von islamistischen Selbstmordattentaten. Im Kern ging es um die Frage: Wie gefährlich ist der Islam? Obwohl zu dem Zeitpunkt bereits Millionen Muslime in Deutschland lebten und auch die deutsche Staatsbürgerschaft besaßen, glaubten viele Menschen: sehr gefährlich. Schäuble wollte das ändern. Und so kam es, dass die CDU unter der Führung von Angela Merkel einen neuen, ausgeglicheneren Umgang mit dem Islam, aber auch mit dem Thema Migration insgesamt etablierte. Es war ein wichtiger Wendepunkt für die Partei. Denn er öffnete sie für eine neue Wählergruppe – und verprellte gleichzeitig über die Jahre immer mehr Teile des rechtskonservativen Lagers.

Ein Jahr nach seinem Amtsantritt geht Wolfgang Schäuble auf den promovierten Ökonomen Markus Kerber zu. Er glaube nicht, dass der aktuelle Ton der Debatte gerecht werde. Gemeinsam rufen sie die Deutsche Islam Konferenz ins Leben. Im Bundestag sagt Schäuble schließlich: «Der Islam ist Teil Deutschlands und Teil Europas, er ist Teil unserer Gegenwart, und er ist Teil unserer Zukunft. Muslime sind in Deutschland willkommen. Sie sollen ihre Talente entfalten, und sie sollen unser Land mit weiter voranbringen.» Mithilfe der Islam Konferenz will er den Dialog mit in Deutschland lebenden Muslimen ausbauen.

Die Herausforderung dabei ist, dass es gar nicht nur «den Islam» gibt, auch nicht nur «die Muslime». Ein Muslim aus Marokko hat einen vollkommen anderen kulturellen Hintergrund als einer aus Afghanistan. Hinzu kommen die unterschiedlichen Glaubensrichtungen, die es in Deutschland unter den Muslimen gibt, etwa Sunniten, Aleviten und Schiiten. Im Christentum hat es Jahrhunderte gedauert, bis Protestanten und Katholiken miteinander konnten. Wieso sollte es bei den Muslimen, die einer deutlich jüngeren Religion angehören, nun binnen weniger Jahre funktionieren? Schäubles Idee macht das nicht leichter. Trotzdem versucht man es weiter. Bis 2015 die Rahmenbedingungen gesprengt werden.

Bis hierhin geht es vor allem um die Frage, wie man mit jenen Muslimen umgeht, die bereits in Deutschland leben, teilweise seit mehreren Generationen, weil beispielsweise ihre Eltern oder Großeltern in den 60er- oder 70er-Jahren als sogenannte Gastarbeiter gekommen sind. Kurz nachdem

2011 in Syrien der Bürgerkrieg ausbricht, ändert sich die Lage jedoch dramatisch. Plötzlich lässt sich nicht mehr verhindern, dass zwei Herausforderungen, die eigentlich getrennt voneinander betrachtet gehören, auf Dauer vermischt werden.

Zu Beginn des Krieges kamen viele syrische Geflüchtete in den eigenen Nachbarländern unter, im Libanon, in der Türkei. Viele von ihnen hofften, es handele sich um eine Übergangssituation und man könne zeitnah zurück in die Heimat kehren. Doch mit den Jahren, die vergingen, zog es immer mehr Menschen nach Europa, viele von ihnen mit dem Ziel Deutschland.

Im Jahr 2011 lag die Zahl der gestellten Asylanträge in Deutschland laut dem Bundesamt für Migration und Flüchtlinge (BAMF) noch bei etwa 53000, 2012 waren es schon fast 50 Prozent mehr, also rund 78000 Anträge. Zwei Jahre später steigt die Zahl sprunghaft auf 202834, 2015 weiter auf beinahe 500000 Menschen. Wie viele Migrantinnen und Migranten tatsächlich ins Land gekommen sind, war lange strittig. Während man zunächst von über einer Million Menschen ausging, wurde die Zahl später auf etwa 900000 korrigiert. Viele von ihnen bleiben zunächst unregistriert, was sich in den Folgejahren bemerkbar macht. Im Jahr 2016 steigt die Zahl der Asylanträge wohl auch deshalb noch einmal auf 745545. Das überforderte nicht nur Angela Merkel und ihre Partei, sondern viele Menschen im Land und darüber hinaus auch die Europäische Union. Bestehende EU-Instrumente, wie die Dublin-Verordnung, scheiterten plötzlich politisch und rechtlich an der Realität. Eigentlich ist in dem EU-Gesetz verankert, welches EU-Land für die Bearbeitung eines Asylantrags zuständig ist. In der Regel ist es das Land, in dem ein Asylsuchender erstmals EU-Boden betritt. Doch das können die Staaten an den EU-Außengrenzen in diesen Jahren nicht mehr leisten oder wollen es nicht, wie z. B. Ungarn. Umgesetzt wurde das Modell deshalb kaum noch – teilweise bis heute.

Spätestens als Merkel sich Anfang September gegen Grenzschließungen zu europäischen Nachbarländern entschließt, scheitert das europäische Asylsystem endgültig.

Noch im August hatte die Kanzlerin mit Blick auf die Herausforderung steigender Flüchtlingszahlen gesagt: «Deutschland ist ein starkes Land. Das Motiv, mit dem wir an diese Dinge herangehen, muss sein: Wir haben so vieles geschafft – wir schaffen das! Wir schaffen das, und dort, wo uns etwas im Wege steht, muss es überwunden werden, muss daran gearbeitet werden.» Der Journalist Robin Alexander wird später eine andere Kernbotschaft der Kanzlerin hervorheben. Es sind die Sätze: «Deutschlands Gründlichkeit ist super. Aber es wird jetzt deutsche Flexibilität gebraucht.» Sie fasst zusammen, worauf sich die Deutschen, auch die mit Migrationshintergrund, anschließend länger als gedacht einlassen müssen: eine Anpack-Mentalität. Menschen kommen in Turnhallen und leer stehenden Hotels unter. Deutsch- und Integrationskurse werden hintangestellt. «Stellen Sie sich vor, Sie bauen ein Haus. Es ist nicht ganz einfach, aber langsam geht es voran. Man beginnt sogar schon, die Wände zu streichen. Und plötzlich werden acht Stockwerke Rohbau von oben draufgeklatscht», so beschreibt Markus Kerber die Herausforderung, die Islam Konferenz, aber auch die Idee der Integration von Muslimen insgesamt, zu einem Erfolg zu führen. Plötzlich geht es nicht mehr nur darum, wie man mit den Muslimen umgeht, die dauerhaft in Deutschland leben.

Sondern auch um die Frage, wie es um die steht, die Asyl beantragen. «Das hat vor allem das Leben der bereits hier lebenden Muslime erschwert», sagt Kerber. Die Konsequenz daraus wird über Jahre spürbar werden.

Merkels «Wir schaffen das» wird bereits wenige Tage nach ihrer Pressekonferenz auf die Probe gestellt. Das Buch «Die Getriebenen» beschreibt die anschließenden Ereignisse im Detail.

Als der ungarische Präsident Viktor Orbán aufhört, Züge mit Geflüchteten in Richtung Österreich und Deutschland fahren zu lassen, machen sich Menschen zu Fuß auf den Weg. Über die Autobahn kommen riesige Gruppen von Migrantinnen und Migranten in Richtung Deutschland. Merkel beschließt in der Nacht vom 4. auf den 5. September, sie ins Land zu lassen. Bereits am Nachmittag hatte die Kanzlerin ihre Haltung in einer Rede auf dem 70. Geburtstag der nordrhein-westfälischen CDU deutlich gemacht. Im Zusammenhang mit der sich zuspitzenden Situation und mit Blick auf die Geflüchteten aus Ungarn sagt sie: «Wer vor Not, politischer Verfolgung flieht, da haben wir die Verpflichtung, auf der Grundlage der Genfer Flüchtlingskonvention, unseres Asylrechts und des Artikels 1 unseres Grundgesetzes Hilfe zu leisten – ob es uns passt oder nicht!» Was an jenem Freitag passiert, wird sich in den kommenden Wochen, Monaten und Jahren fortsetzen und ist für Merkel ein Novum. Die CDU-Politikerin, die sonst stets darauf geachtet hat, nicht gegen den Mehrheitswillen der Gesellschaft oder ihrer Partei zu regieren, entscheidet dieses Mal aus tiefster Überzeugung. Das geht so weit, dass Merkel den CSU-Vorsitzenden Horst Seehofer in jener Nacht nicht einmal an der Entscheidung, die Geflüchteten aus Ungarn ins Land zu lassen, teilhaben lässt. Später wird es heißen, die Kanzlerin habe Horst Seehofer nicht erreicht. Wie es sich wirklich abgespielt hat, wissen am Ende nur die beiden. Allerdings dürfte Angela Merkel gewusst haben, dass der Vorsitzende der kleinen Schwesterpartei hier anderer Meinung war als sie. Seehofer selbst wird später betonen, dass man ihn sehr wohl hätte erreichen können, wenn man denn wirklich gewollt hätte. «Man kann, wenn man einen Politiker unbedingt erreichen will, auch die örtliche Polizei schicken», sagt der frühere CSU-Chef dem Autor Eckart Lohse im Rahmen der Recherche für sein Buch «Die Täuschung».

Fast unmittelbar danach beginnt damit ein Streit zwischen Merkel und Seehofer, der beinahe im Bruch zwischen CDU und CSU endet. Auf dem Parteitag der Christsozialen im November demütigt der CSU-Vorsitzende Merkel über Minuten und setzt damit den Ton. Als die Kanzlerin versucht, den Delegierten ihre Ablehnung einer Obergrenze für Asylanträge zu erklären, kommt Seehofer anschließend auf die Bühne zu ihr. «Jetzt will ich dir einfach meine Überzeugung sagen, damit die Standpunkte klar sind», so der Bayer. Ganze 13 Minuten hält er Merkel eine Standpauke, wie einem Schulmädchen, während sie neben ihm stehen muss – und erntet großen Beifall. Im Januar 2016 legt Seehofer sich gegen Merkels Willen auf eine Obergrenze von 200 000 Geflüchteten pro Jahr fest, ohne konkret zu beantworten, wie das praktisch umsetzbar sein soll. Wenige Wochen später schickt der CSU-Vorsitzende einen Brandbrief an das Kanzleramt mit Bitte um Kursänderung. Kurz darauf nennt Seehofer die Flüchtlingspolitik der Kanzlerin eine «Herrschaft des Unrechts». Der SPD-Fraktionschef im Bundestag, Thomas Oppermann, sagt der *Süddeutschen Zeitung* anschließend, es handele sich dabei um einen «indirekten Vergleich» mit dem DDR-Politiker Erich Honecker. In der Union wird das noch Jahre nachhallen. Im Mai denkt Seehofer dann erstmals laut über einen eigenen Bundestagswahlkampf der CSU nach. So geht das weiter, bis CDU und CSU nach der Bundestagswahl 2017 doch noch gezwungen sind, sich auf einen Kompromiss bei der Flüchtlingspolitik zu einigen. Horst Seehofer wird zwar Merkels Innenminister, man einigt sich auch auf einen Formelkompromiss bei der Obergrenze, aber so richtig kommen sie inhaltlich nicht zusammen. Das Thema Migration und vor allem Asyl bleibt eine Zerreißprobe für die Union. Im Juli 2018 findet der Showdown im Asylstreit zwischen CDU und CSU statt. Horst Seehofer hatte einen «Masterplan Migration» veröffentlicht. Viele seiner Forderungen geht die Kanzlerin sogar mit – nur eine nicht: die nach der Zurückweisung an der Grenze. Am Ende kommt es beinahe zum Bruch der Koalitionsgemeinschaft von CDU und CSU. Einmal droht Merkel ihrem Innenminister mit der Richtlinienkompetenz, einmal Seehofer mit seinem Rücktritt. Und auch wenn man nach tagelangen Diskussionen und Sitzungen, teils getrennt in München und Berlin, doch noch zu einem Kompromiss findet, bleibt über Jahre ein tiefer Riss in der Union.

In seinem Buch «Die Täuschung» geht der Journalist Eckart Lohse mit Blick auf diesen Dissens zwischen CDU und CSU vor allem darauf ein, dass die ostdeutsche Herkunft der Altkanzlerin hier ausnahmsweise eine entscheidende Rolle gespielt hat. Lohse schreibt: «Für einen Westdeutschen wie Horst Seehofer sind offene Grenzen normal, das Gefühl, sie nicht mehr schließen oder wenigstens kontrollieren zu können, hat aber etwas Bedrohliches. Für die Ostdeutsche Angela Merkel sind dagegen offene Grenzen auch ein Vierteljahrhundert nach dem Mauerfall immer noch ein nicht als selbstverständlich empfundenes Glück. Das Bedrohliche ist der Gedanke an die Schließung.»

Der Kanzlerin wird es ein Jahr später mit dem EU-Türkei-Abkommen zwar gelingen, die Zahl der ankommenden Asylsuchenden signifikant zu senken. Allerdings werden die Länder und Kommunen auch Jahre später noch mit den Auswirkungen der Flüchtlingskrise zu kämpfen haben. Als 2022 mit dem russischen Angriffskrieg in der Ukraine noch einmal mehr als eine Million Ukrainerinnen und Ukrainer dazukommen, ist das Land erneut überlastet. Im Sommer 2024 ist es schließlich ausgerechnet eine Reihe von prominenten Christdemokraten, die öffentlich immer öfter den Satz wiederholen wird: «Wir haben es nicht geschafft.»

Schäubles Wunsch, die in Deutschland lebenden Muslime zum Teil eines «wir» zu machen, ist in der CDU 18 Jahre später in den Hintergrund getreten. In dieser Zeit geht es vielmehr darum, wie man Migration einerseits steuern, aber auch reduzieren kann. Auch in der Union wird diese Debatte geführt. Und nachdem seine Vorgängerin Annegret Kramp-Karrenbauer an einer Aufarbeitung der Flüchtlingspolitik durch Merkel gescheitert ist, will Merz das Thema nun endgültig abräumen. Er wünscht sich, was lange nicht machbar schien: eine grundlegende Wende in der Migrationspolitik.

In seiner Fraktion lässt er ein Positionspapier zur Begrenzung irregulärer Migration erarbeiten, das deutlich weiter geht als das, wozu CDU und CSU bisher bereit waren. Gefordert wird darin unter anderem die Einrichtung von Transitzonen an den Landesgrenzen. Dort soll es beschleunigte Verfahren für Asylbewerber mit geringer Bleibeperspektive geben. Asylbewerber, die abgelehnt werden, sollen anschließend in Rückkehrerzentren untergebracht werden, während man anerkannte Schutzberechtigte an den Arbeitsmarkt heranführen will. Außerdem ist nun wieder von einer Obergrenze die Rede. 200 000 Geflüchtete pro Jahr, mehr sei einfach nicht möglich. Der entscheidende Bruch mit der Asylpolitik von Merkel sind die Zurückweisungen an der Grenze. Ein Dissens, der die Union vor ein paar Jahren fast zerrissen hat, wird mit einem Mal und gefühlt ohne Not abgeräumt. Damit ist die konservative CDU mit Blick auf Migration zurück. Die Politik der Merkel-Jahre scheint damit in dieser Hinsicht Geschichte zu sein.

Warum funktioniert mit einem Mal das, woran die Union über Jahre gescheitert ist und wogegen Merkel-Anhänger sich lange gewehrt haben? Weil sich die Lage im gesamten politischen Spektrum geändert hat, sogar bei SPD und Grünen ist man plötzlich zu Schritten bereit, die lange nicht machbar schienen. Im Oktober 2023 ist auf dem *SPIEGEL*-Titel ein SPD-Bundeskanzler zu sehen mit dem Zitat: «Wir müssen endlich im großen Stil abschieben». Plötzlich sind sich alle einig: So wie bisher kann es nicht weitergehen. Nicht nur in Deutschland, sondern in ganz Europa. In Dänemark ist es eine sozialdemokratische Regierung, die einen besonders harten Migrationskurs fährt. Das, was CDU und CSU vorschlagen, ist plötzlich kein «No-Go» mehr, sondern «Mainstream». Für Merz wird damit vieles machbar, was lange undenkbar schien.

Im Sommer 2024 beschließen CDU und CSU deshalb, noch einen Schritt weiterzugehen. Eine Gruppe aus Vertreterinnen und Vertretern von Partei und Fraktion trifft sich im Bundestag, um über die Kernidee zu sprechen, mit der die Union künftig die Migrationszahlen senken will. Mit dabei sind etwa die Generalsekretäre Carsten Linnemann und Martin Huber (CSU). Der Parlamentarische Geschäftsführer Thorsten Frei (CDU) und Alexander Dobrindt. Es dauert keine Stunde, bis man zu einem Ergebnis kommt und sich auf das Modell der Drittstaaten-Lösung einigt. Es ist der endgültige Frieden in der Union bei dem Thema. Linnemann wird die Gespräche anschließend als «historischen Moment» für die Union beschreiben. In der Tat ist das, worauf sich die Runde einigt, bemerkenswert: Jeder Asylbewerber soll künftig nicht in Deutschland um Schutz bitten, sondern in einem Drittstaat. Das Verfahren soll in einem Land außerhalb der Europäischen Union stattfinden. Zum Beispiel in Ruanda. Sogar wer nach Asylrecht Schutz erhalten würde, soll erst einmal dableiben, und aus den Menschen mit positivem Asylbescheid darf Deutschland sich dann Kontingente aussuchen. Es wäre eine Revolution des Asylsystems. Das Ziel: abgelehnte Asylbewerber gäbe es in Deutschland dann künftig nicht mehr.

Bleibt die Frage der Umsetzbarkeit. «Regieren ist das Abschiednehmen von Träumen», warnt Kerber, der viele Jahre im Innenministerium gearbeitet hat. Eine Reihe von Experten widerspricht hier bereits jetzt und äußert sich skeptisch zu den tatsächlichen Umsetzungsmöglichkeiten. Etwa wegen juristischer Bedenken. Ob der Vorschlag in einer potenziellen Regierung also so durchgeht, wird sich erst noch zeigen. Allerdings ist das zunächst auch gar nicht so entscheidend, denn Merz ist es vorerst gelungen, einen Clinch zu lösen, der sowohl die CDU in sich als auch CDU und CSU lange gespalten hat. Sollte er nach der Bundestagswahl die Regierung anführen, muss er im nächsten Schritt dafür sorgen, dass seine Bemühungen auch nachhaltig sind. Denn sonst, darüber sind sich viele in der Union jetzt schon einig, fliegt auch ihm das Thema um die Ohren.

Kaum eine Rolle spielt im neuen Kurs der Union bislang die Frage der Integration. Die CDU greift sie nur in ihrem Grundsatzprogramm unter dem Aspekt der sogenannten Leitkultur auf. Dort steht einerseits geschrieben: «Muslime sind Teil der religiösen Vielfalt Deutschlands und unserer Gesellschaft.» Gleichzeitig soll aber auch klar sein: «Ein Islam, der unsere Werte nicht teilt und unsere freiheitliche Gesellschaft ablehnt, gehört nicht zu Deutschland.» Und schließlich die Schäuble-Idee: «Die wenigsten von den in Deutschland lebenden Muslimen sind in den großen islamischen Verbänden organisiert. Wir unterstützen sie dabei, sich in Deutschland zu organisieren.»

Im Sommer 2024 besucht Friedrich Merz gemeinsam mit dem Abgeordneten Mathias Middelberg in Osnabrück das Institut für Islamische Theologie. Auch Schäubles alter Vertrauter Markus Kerber ist bei diesem Termin dabei. Hier wird im Grunde genau das versucht, worauf Schäuble lange gehofft haben dürfte. Es geht um die Vorteile eines organisierten Islam in Deutschland. Erst ist man im Konrad-Adenauer-Haus skeptisch, ob der Termin wirklich eine gute Idee ist. Der mutmaßlich islamistische Terroranschlag in Solingen ist noch nicht lange her. Man befürchtet, das falsche Zeichen zu setzen, aber nach etwas Überzeugungsarbeit wird doch zugesagt. Immer wird Merz in der CDU darauf hingewiesen, dass Teile der muslimischen Gesellschaft strukturkonservativ seien. Und dass da für die Union auch Potenzial liege.

Im Anschluss an den Termin ist Merz begeistert. Das sei eine tolle Gelegenheit für ihn gewesen, sagt er in die Runde. Nur ein bisschen fremdelt er mit der Gruppe. Dabei sind die meisten von ihnen in Deutschland geboren. Womöglich muss Merz sich erst noch daran gewöhnen, dass sie längst dazugehören. An diesem Tag wirkt er jedenfalls froh, etwas gelernt zu haben.

11

OHNE KRAWATTE IM KANZLERAMT

Mitte Oktober 2023 kann Friedrich Merz die Regierungsluft zum ersten Mal buchstäblich riechen. Er geht durch die großen Schiebetüren in das Kanzleramt hinein. Bevor er jedoch hinter den Empfangsbereich kommt, muss der Oppositionsführer noch einen Moment warten. Er wird unten abgeholt und anschließend für seinen Termin in den achten Stock gebracht. Das Gespräch findet dort in der sogenannten Kanzlerwohnung statt. Und anders als weite Teile der ersten Reihe seiner Partei kennt Merz sich hier nicht aus.

Am 6. September hatte Olaf Scholz während der Bundestagsdebatte einen «Deutschlandpakt» zur Modernisierung des Landes vorgeschlagen. Ausdrücklich hatte der Kanzler neben Bundesländern und Kommunen auch die Union zur Zusammenarbeit eingeladen. Merz nahm das Angebot an – unter der Bedingung, dass sich nicht nur mit Bürokratieabbau, sondern auch mit Migration beschäftigt werde. In seinen eigenen Reihen sorgte das durchaus für Skepsis. Teile der Union sahen Merz' schnelle Bereitschaft kritisch und hielten es nicht für die Aufgabe der Opposition, dem Kanzler beim Regieren zu helfen. Laut dem Politikwissenschaftler Manfred G. Schmidt zählen Kritik, Kontrolle und Alternative zu den zentralen Funktionen der Opposition. Unterstützen, geschweige denn mitregieren nicht. Dafür gibt es gute Argumente, denn wenn die Zusammenarbeit schiefgeht oder die gemeinsamen Beschlüsse nicht aufgehen, droht die Gefahr, dass die politischen Ränder davon profitieren. Allerdings ist

Merz überzeugt, dass die Regierung und eine Opposition der Mitte sich in Krisenzeiten zusammenraufen müssen, um gemeinsam Lösungen zu erarbeiten. Die Historie gibt dem CDU-Politiker insofern recht: Nach Ausbruch des russischen Angriffskrieges auf die Ukraine hatten sich Union und Ampel schon einmal untergehakt und gemeinsam ein Sondervermögen beschlossen. So konnte schnell auf die plötzliche Krisensituation reagiert werden. Das Chaos blieb aus.

Auch in diesem Fall ist Merz überzeugt, dass die Zusammenarbeit gewinnbringend sein könnte. Gelingt es etwa, wirksame Schritte zur Reduzierung der Migration in die Wege zu leiten, könnte man damit der AfD den Wind aus den Segeln nehmen. Entgegen der weit verbreiteten Annahme ist es nicht in Merz' Interesse, dass das Thema bis zur kommenden Bundestagswahl präsent bleibt. Eigentlich will er es vorher abräumen und dann das Thema Wirtschaft in den Vordergrund stellen. Es ist sein Kompetenzbereich und lässt zudem weniger Raum für Missverständnisse.

Da ist noch ein anderer Grund, warum Merz durchaus ein Interesse daran hat, die ausgestreckte Hand des Kanzlers anzunehmen. So kann der Oppositionsführer zeigen, dass er neben Kritik auch konstruktiv um Lösungen ringen kann. Bislang ist es eine der größeren Leerstellen des CDU-Vorsitzenden. Immer wieder wird ihm das vorgehalten. Ihm fehle Regierungserfahrung. Merz war weder Bundes- noch Landesminister, auch nicht Staatssekretär. Das beste Beispiel dafür, dass Kritik am Regierenden üben leichter ist, als selbst zu gestalten, ist derzeit die FDP. Merz will beweisen, dass er nicht nur der ewige Nörgler ist, sondern Ideen hat und bereit ist, sie umzusetzen. Der «Deutschlandpakt» ist seine Chance.

Am 13. Oktober ist es so weit. Scholz und Merz treffen

sich zum Abendessen mit zwei der Ministerpräsidenten im Kanzleramt. Für die CDU ist der Hesse Boris Rhein dabei. Für die SPD kommt der Niedersachse Stephan Weil dazu. Für Rhein ist die Situation ähnlich neu wie für Merz. Der CDU-Politiker aus Hessen ist gerade erst auf den ehemaligen CDU-Granden Volker Bouffier gefolgt. In wenigen Wochen steht er vor seiner ersten Landtagswahl. Die bundespolitische Bühne hat er bislang bewusst gemieden, um sich auf Hessen zu konzentrieren. Weil und Scholz hingegen haben schon zig dieser Treffen im Kanzleramt hinter sich. Und so gelingt es Scholz, das Gespräch zu beherrschen. Gleich zu Beginn lädt der Kanzler die Runde ein, auf den Balkon zu gehen. Sein Parteifreund Stephan Weil dürfte bereits geahnt haben, was der Hintergrund dieser Einladung war. Denn Scholz will den beiden CDU-Männern nicht einfach die Aussicht zeigen oder eine Zigarette mit ihnen rauchen. Er will bewusst Bilder produzieren, denn er weiß, dass vor dem Kanzleramt die Fotografen bereits warten. Seine Botschaft lautet: Seht her, ich binde ein, und gemeinsam lösen wir die Probleme des Landes. Im anschließenden Gespräch kommt Merz, der ein Papier mit 26 fein ausgearbeiteten migrationspolitischen Forderungen mitgebracht hat, kaum zu Wort. Erst am Ende, so berichten es Teilnehmer des Treffens, legt er Scholz das Papier wie ein Schuljunge vor, der seinem Lehrer beim Hinausgehen die Hausaufgaben abgibt. Der Kanzler geht nicht auf die Vorschläge des Oppositionsführers ein, aber Merz bleibt hartnäckig. In einem Brief schlägt er dem Kanzler noch einmal vor, gemeinsam konkrete Maßnahmen zu erarbeiten – diesmal nur zwischen Union und Ampel, also ohne Ministerpräsidenten. Die will Merz bewusst außen vor lassen. Das soll zwischen ihm und dem Kanzler bleiben. In seiner

Antwort geht der Kanzler zwar nicht darauf ein, allerdings lädt er Anfang November zu einem zweiten Treffen. Dieses Mal ohne Ministerpräsidenten. Stattdessen begleitet Merz der CSU-Landesgruppenchef Alexander Dobrindt ins Kanzleramt. Dobrindt kennt diese Art von Gesprächen und auch Scholz gut. In der Großen Koalition haben sie unzählige Male miteinander verhandelt.

Eingeweihte Kreise werden später berichten, wie aufgeregt der CDU-Vorsitzende vor diesem Treffen gewesen sei. Er habe sich viel davon versprochen. Auch dieses Mal bringt Merz seine Vorschläge fein sortiert mit, und anschließend ist er erst mal zufrieden. Über seine Leute lässt er verbreiten, dass es «sehr gut» gelaufen sei, und, ganz wichtig: «Das heutige Gespräch ist unabhängig zu sehen von der MPK (dem Bund-Länder-Treffen) am Montag, denn die Länder behandeln ja nur einen Teilaspekt der Migrationsdetails.» Guter Dinge geht der CDU-Chef ins Wochenende. Für Sonntagabend lädt er sein Präsidium zu einer informellen Sitzung zum Thema ein, an der auch die Fluchtforscher Ruud Koopmans und Gerald Knaus teilnehmen. Die Botschaft ist klar: Merz will zeigen, dass er auch Lösungen erarbeiten kann. Er ist richtig beflügelt.

Doch keine 24 Stunden nachdem Merz mit seiner Parteispitze über migrationspolitische Lösungen berät, machen Scholz und indirekt sogar die Ministerpräsidenten der Union, inklusive Markus Söder, das Narrativ des CDU-Chefs kaputt. Am Montag treffen sie sich erst untereinander und fahren anschließend ins Kanzleramt zu der Ministerpräsidentenkonferenz. Das Thema ist auch hier: Migration. Während aus den Gesprächen zwischen Scholz und Merz bislang nichts gefolgt ist, gibt es nach langem Ringen beim Bund-Länder-

Treffen einen Beschluss. Bereits am Montagabend sickern erste Informationen durch. Die Ampel wird auf Basis dessen, was dort verhandelt wurde, Gesetze in den Bundestag einbringen. Merz' Segen ist dafür zweitrangig, denn Scholz braucht die Stimmen der Union nicht für eine Mehrheit im Bundestag. Das 26-Punkte-Papier des Oppositionsführers soll Teilnehmern zufolge bei den Bund-Länder-Beratungen nicht einmal eine Rolle gespielt haben. Scholz macht damit deutlich, mit wem er politisch verhandelt – und wen er zum Bratkartoffelessen einlädt. Vizekanzler und Grünen-Wirtschaftsminister Robert Habeck tritt am Dienstagmorgen beim Verband Deutscher Maschinenbauer sogar noch mal nach. Die Nacht zeige, dass «dieses Land in seiner politischen Mitte handlungsfähig ist und dass sich die entscheidenden Akteure in den entscheidenden Nächten auch zusammenraufen können», so Habeck. Zu den entscheidenden Akteuren gehören demnach: der Bundeskanzler, weite Teile des Kabinetts und die Ministerpräsidenten, darunter Hendrik Wüst und Markus Söder. Nicht aber Friedrich Merz.

In der Union schütteln sie anschließend mit dem Kopf. Merz fehle einfach die Erfahrung für so ein Gesprächsformat. Allein die Tatsache, dass Scholz die Ministerpräsidenten Rhein und Weil beim ersten Treffen hinzugezogen habe, hätte Merz aufhorchen lassen müssen, sagt ein regierungserfahrener Unionspolitiker. Scholz habe den CDU-Chef hier geradezu vorgeführt. Der gescheiterte Deutschlandpakt wird damit zu einer Demütigung des Oppositionsführers durch den Kanzler – und ein Stück weit auch durch die eigenen Leute. Scholz macht hier klar, wer Koch und wer Kellner ist.

Auf der anderen Seite tobt Merz. Nicht nur hat ihn der Kanzler vorgeführt, seine eigenen Leute haben auch noch mitgemacht. Am Dienstagmorgen reicht es ihm. Um 11 Uhr tritt er gemeinsam mit Hendrik Wüst in der Landesvertretung Nordrhein-Westfalen vor die Presse. Er zieht die Mundwinkel nach unten, blickt durch den Raum voller Journalisten und grübelt noch kurz. Dann sprudelt es aus ihm heraus: Die Bundesregierung habe geglaubt, sie könne die Zusammenarbeit mit ihm durch die mit den Ländern ersetzen. Für das Thema Deutschlandpakt und Asyl sei die Bund-Länder-Runde aber der falsche Ort, raunzt Merz. «Da wäre notwendig gewesen, im Bundestag eine Übereinstimmung zu finden.» Der CDU-Chef unterstreicht noch einmal: Er habe dem Kanzler sogar eine «Arbeitseinheit» angeboten. Zwischen Regierung und Unionsfraktion, versteht sich. Der Bundeskanzler habe das hiermit abgelehnt. «Damit ist das Thema Deutschlandpakt zur Migration aus meiner Sicht erledigt.» Kurz fragt man sich: Was sollte jetzt das ganze Theater? Friedrich Merz wollte staatsmännisch wirken – und ist brachial gescheitert.

Gewollt oder ungewollt unterstreicht die Anwesenheit von Wüst diesen Eindruck. Er folgt den Worten von Friedrich Merz mit zusammengepressten Lippen. Als er an der Reihe ist, sagt der nordrhein-westfälische Ministerpräsident, dass zwar auch ihm die Ergebnisse des Bund-Länder-Treffens nicht ausreichten. Dass man in der vergangenen Nacht jedoch hart gerungen und erste Schritte gemacht habe, die er anerkenne. Man werde weiter über das Thema verhandeln müssen. Gemeint sein dürften hier Bund und Länder. Von Merz ist beim Ministerpräsidenten keine Rede.

Warum aber hat Olaf Scholz den CDU-Vorsitzenden überhaupt erst ins Kanzleramt eingeladen? Der Ministerpräsident

Boris Rhein ist im Gespräch mit mir sicher, dass Scholz' Motiv ein anderes war. Merz habe es mit dem Deutschlandpakt ernst gemeint, «nur die andere Seite, also das Bundeskanzleramt, hatte nie wirklich das Ziel, eine gemeinsame Lösung zu finden», so Rhein. Und weiter: «Mein Eindruck war immer, das Bundeskanzleramt hatte die Absicht, uns vor einen Karren zu spannen.» Womöglich ging es dem Kanzler tatsächlich nie darum, wirklich mit Merz zu verhandeln. Schließlich brauchte Scholz die Hilfe der Union nicht. Er wollte sie einbinden, oder eben auch in Mithaft nehmen, um so den Ton in der Debatte zu entschärfen. Offenkundig hat das nur kurz funktioniert. Allerdings festigte sich anschließend einmal mehr das Bild des ewigen Oppositionsführers Merz.

Am 15. November 2023, etwa eine Woche später, bekommt die Ampel vom Bundesverfassungsgericht attestiert, dass ihre Haushaltsplanung rechtswidrig ist. Der Grund: Um die Schuldenbremse ab dem Jahr 2023 wieder einhalten zu können, hatte der ehemalige Bundesfinanzminister Olaf Scholz seinem Nachfolger Christian Lindner vorgeschlagen, nicht ausgegebene Corona-Kredite aus dem Vorjahr umzuwidmen und in die Nachfolgejahre mitzunehmen. Beides ist nicht erlaubt. Die Union klagte – und bekam recht. Für Merz war es ein großer Erfolg.

Für Scholz, von Haus aus Jurist, eine besonders schwere Niederlage, eine politische Ohrfeige, die sein Image nachhaltig beschädigen wird. Bevor der Hamburger Politiker wurde, hat er lange als Anwalt gearbeitet. Textarbeit ist seine große Leidenschaft. Selbst komplizierte Sachverhalte liest er akribisch. Oft kennt er sich tatsächlich bis ins Detail mit Themen aus und begründet auch darin seinen Anspruch, sein politisches Handeln vom Ende her zu denken. Es ist ihm wichtig zu wissen, was erlaubt ist, was nicht und wo Interpretations-spielraum ist. Scholz hatte bei den Regeln für die Schulden-bremse ein Schlupfloch gesehen und dachte wohl, er ver-stehe das Kleingedruckte mal wieder besser als alle anderen. Gemeinsam mit seinem ehemaligen Staatssekretär Werner Gatzer und seinem späteren Kanzleramtschef und engsten Vertrauten Wolfgang Schmidt entwarf er also eine Trickkiste, die es ermöglichen sollte, Schulden zu machen, ohne die Re-geln der Schuldenbremse zu brechen. Klingt schon falsch. War es auch.

Und die FDP, die um jeden Preis vermeiden wollte, offen-sichtliche Schulden zu machen, ließ sich darauf ein. Immer-hin hatte Christian Lindner im Wahlkampf versprochen, mit seiner Partei werde es eine stabile Haushalts- und Finanzlage geben. Das Einhalten der Schuldenbremse wurde zur FDP-Koalitionsbedingung. Der Druck war entsprechend groß. Keine Steuererhöhungen, keine Miese. So hatten die Libe-ralen es geplant. Gleichzeitig brauchte die Ampel das Geld. Drei Programmparteien und ein Fortschrittsversprechen nach bleiernen GroKo-Jahren. Auf in die Zukunft – und das mit der Hilfe von Geld. Viel Geld. Parallel sollte der Sozial-staat gestärkt werden. Aus den Reihen von SPD und Grü-nen wurde der Ruf lauter, die Schuldenbremse sei eine In-vestitionsbremse und in Zeiten wie diesen nicht das richtige Instrument. Doch die FDP wollte weiter an ihrem Credo festhalten. Und auch Scholz, der bereits viele Jahre unter Alt-kanzlerin Merkel zu den Verfechtern der schwarzen Null ge-hörte, ließ sich nicht auf die Debatte über eine Reform der Schuldenbremse ein. Stattdessen kam der Kanzler auf die Idee der Umwidmung der Ende 2021 übrig gebliebenen Co-rona-Milliarden. Das Bundesverfassungsgericht machte der wohldurchdachten Haushaltsplanung der Ampel also einen Strich durch die Rechnung. Das Urteil und seine Begründung sind verheerend. Für das Ansehen der Bundesregierung, vor allem aber für die finanzielle Lage. Nun fehlt, was diese Koalition zusammengehalten hat: das Geld. Und davon viel.

Es ist der entscheidende Wendepunkt. Ab hier verfestigte sich von der Ampel und ihren führenden Vertretern in der Öffentlichkeit mehr und mehr der Eindruck, den Merz wenig später in einer seiner Bundestagsreden so zusammenfasst: «Sie können es nicht.» Von einem auf den anderen Tag stellte sich erstmals ernsthaft die Frage: Hält diese Regierung? Oder zerbricht sie bald?

Wer am Tag des Urteils durch die Flure des Bundestags zieht, trifft auf erschütterte bis resignierte Ampel-Mitglieder. Die Parteivorsitzende der Grünen, Ricarda Lang, ist auf dem Weg zu einem Termin. Ihr Handy, das an einem Kordelband um ihre Schulter hängt, leuchtet im Sekundentakt auf. Immer neue Nachrichten fliegen dort rein. Auf die Frage, wie es nun weitergehe, presst sie kurz die Lippen zusammen. Ihre Augen werden glasig. «Ich weiß es nicht. Wir haben das einfach falsch eingeschätzt», sagt sie. Dann muss sie weiter.

Für die Ampel beginnt von hier an eine nicht mehr zu stoppende Abwärtsspirale. Eine Haushaltskrise folgt auf die nächste. Sollbruchstellen der so unterschiedlichen Parteien werden immer offensichtlicher und lassen sich nicht mehr mit Geld kaschieren. Der Tag des Urteils ist der Schicksalstag und das faktische Ende der Ampelkoalition. Mit knapp einem Jahr Verzögerung sehen das auch die Koalitionspartner ein. Fast genau ein Jahr nach dem Urteil scheitert die Ampel auch offiziell. Zerbrochen an einem erneuten Streit um den Haushalt und das fehlende Geld.

Als am 24. Februar 2022 der russische Angriffskrieg in der Ukraine begann, erschwerte das die Lage massiv. Finanzielle Unterstützung und Sanktionen gegen Russland hatten unter anderem zur Konsequenz, dass Deutschland quasi von einem auf den anderen Tag auf russisches Gas verzichten musste. Die mittelfristige Folge des Krieges: Deutschland rutschte in eine tiefe Rezession. Es ist die schwerste Wirtschaftskrise seit Jahrzehnten. Das Vertrauen in SPD, Grüne und FDP, sie zu lösen, ging immer mehr gen null.

Und in der Union? Herrschte in der Zeit nach dem Urteil eine Mischung aus übermäßigem Triumph, heller Aufregung und schierer Überforderung. Denn selbst hier hatten sie nicht mit einem so harten Urteil gerechnet. Ein Klaps auf die Finger, klar. Vielleicht auch ein paar milde Konsequenzen. Aber das? Wie wollte die Ampel das lösen? Am Abend nach dem Urteil trifft die Fraktionsspitze von CDU und CSU im Zollpackhof im Berliner Regierungsviertel auf eine Reihe von Journalisten. Der Veranstaltungsraum mit den dunkeln Holzwänden und großen Fenstern schaut direkt auf das nahe gelegene Bundeskanzleramt. Es liegt geradezu auf der anderen Seite der Spree. An einer Wand thronen die Ölgemälde der Altkanzler. Konrad Adenauer, Helmut Schmidt, Angela Merkel – und daneben: Olaf Scholz. Friedrich Merz sieht kurz zu ihnen hoch, als er reinkommt. Auch sein Bild könnte hier irgendwann hängen. Der Abend war lange geplant. Jetzt kommt er gerade recht.

«Also, ich bin bereit», sagt CDU-Generalsekretär Carsten Linnemann in einer Runde Journalistinnen. «Das Programm steht, ich kann morgen Wahlkampf machen. Schublade auf, los geht's.» Man kauft es ihm ab, so wie er dort steht. Geballte Fäuste, glänzende Augen, wippende Füße. Linnemann ist ohnehin einer, der zu Tatendrang neigt. Und jetzt juckt es ihn richtig in den Fingern. «Die Ampel ist doch am Ende», heißt es in einer anderen Runde. Die einen beschwören die Große Koalition herauf, andere rufen Neuwahlen aus. Und Friedrich Merz wird von einer Journalistin schon gefragt, ob er eher mit den Grünen oder mit der SPD regieren würde. So ist die Stimmung an diesem Abend.

Die kommenden Wochen werden für den CDU-Chef nicht schlechter. Im Gegenteil. Die Ampel scheint so überrannt von dem Urteil, dass sie das Gegenteil von dem tut, was ihr in diesem Moment zugutekäme. Sie streitet. Da ist zum einen Robert Habeck, der sich offenbar unfair behandelt fühlt und deshalb beschließt, statt Demut Trotz zu zeigen. Die Schuld wird bei anderen gesucht. In einem Interview mit dem Deutschlandfunk wettert der Wirtschaftsminister: «Die Union klagt dafür, dass die Menschen in Deutschland höhere Preise bezahlen. Schönen Dank, Friedrich Merz.» Wer künftig höhere Preise zahlen müsse, soll sich also bei dem Oppositionsführer dafür bedanken. Der Vizekanzler vermittelt in diesen Tagen das Bild eines bockigen Schuljungen, der bei einem Streich mit Freunden erwischt wurde – und sich jetzt zu Unrecht in Mithaft genommen fühlt. Habeck denkt sich, wenn es nach ihm und seiner Partei gegangen wäre, hätte man von Anfang an mit offenen Karten gespielt. Dann werden eben Schulden gemacht. So geht nun mal Transformation. Da muss investiert werden.

Wenn da nicht Christian Lindner gewesen wäre. Der wiederum scheint von der eigenen Koalition so die Faxen dicke zu haben, dass er beschließt, von nun an im Alleingang weiterzumachen. «Der Scholz hat die FDP verarscht», fasst der CDU-Politiker Mathias Middelberg die Misere des Finanzministers und seiner Partei zusammen. «Und die FDP hat sich verarschen lassen.» An der Basis sind sie bei den Liberalen mittlerweile so unzufrieden, dass eine Mitgliederbefragung zum Ampel-Ausstieg erzwungen wird. Lindner versucht zu retten, was zu retten ist. Keine Schulden mehr. Jetzt wirklich nicht. Gut, für 2023 vielleicht noch mal. Da war ja auch Krise. Aber dann ist Schluss. Wirklich! Dass bei SPD und Grünen schon wieder damit geliebäugelt wird, die Notlage auch für das kommende Jahr auszurufen und damit die Sparnot aus dem Weg zu räumen, registriert Lindner und steuert umgehend gegen. Auf Scholz' Aussage in einer nächtlichen Fraktionssitzung der SPD, er wolle den Haushalt für 2024 trotz aller Herausforderungen pünktlich fertigstellen, schreibt Lindner kurzerhand einen Brief an alle Fraktionen mit der Bitte um Sorgfalt. Zur Not müsse man in das kommende Jahr ausweichen und werde eben nicht «pünktlich» fertig. Anschließend prescht der Finanzminister in einem Interview mit unabgesprochenen Sparvorschlägen im Deutschlandfunk vor und sagt: Als Folge des Verfassungsgerichtsurteils zum Haushalt werde die Regierung die staatlichen Milliardenhilfen über Strom- und Gaspreise nicht wie geplant bis Ende März 2024 verlängern. Sie würden stattdessen «zum Jahresende beendet». In der Ampel regt man sich tierisch über Lindner auf. Sogar öffentlich. SPD-Chef Lars Klingbeil sagt in der Talkshow Anne Will genervt: «Einseitig das Aus zu verkünden, ohne dass wir das gemeinsam besprochen haben, das geht so nicht.» Die Ampel betreibt über Wochen eine katastrophale Kommunikation, wirkt unkoordiniert, gar planlos. Wo ist der Kanzler?

Am 28. November 2023 hält Olaf Scholz auf Drängen der Unions-Fraktion hin eine Regierungserklärung. Es ist ein Auftritt, der mit Spannung erwartet wird. Bislang kam von Olaf Scholz wenig bis gar nichts zur aktuellen Krisensituation. Jetzt soll er Stellung beziehen. Friedrich Merz ist an diesem Dienstagmorgen schon früh im Bundestag. Gegen 7:30 Uhr setzt sein Fahrer ihn ab. Die Regierungserklärung ist zwar erst um 10 Uhr. Aber Merz hat vorher noch einen außenpolitischen Termin und will ausreichend Zeit zur Vorbereitung auf die Debatte im Plenum haben. Er ist unsicher, was von Scholz' Auftritt zu erwarten ist. Es könnte dem Kanzler auch gelingen, jetzt noch einmal eine Art Zeitenwende-Rede zu halten. Einen neuen Geist in seiner Koalition zu erwecken. Das könnte die Lage für die Ampel umgehend stabilisieren. Merz grübelt also intensiv, wie er auf welche Rede des Kanzlers am besten reagieren kann.

Am Ende ist es verschenkte Zeit. Denn Scholz entscheidet sich an diesem Vormittag für einen kontraproduktiven Auftritt. Er gibt den überheblichen Besserwisser, zeigt keinerlei Einsicht. Statt zu sagen: «Wir haben die Regeln der Schuldenbremse missachtet», rechtfertigt Scholz sich: «Vieles im Umgang mit der Schuldenbremse war bislang rechtlich eben nicht eindeutig geklärt.» Und statt einzusehen: «Uns ist hier ein Fehler passiert», sagt der Kanzler: «Mit dem Wissen um die aktuelle Entscheidung hätten wir im Winter 2021 andere Wege beschritten – Wege, die das Gericht in seinem Urteil ebenfalls gewiesen hat.» Keine Entschuldigung. Keine Einsicht. Die Botschaft: Mich trifft keine Schuld. So weit kommt das noch.

Im Plenum herrscht während des Auftritts eine seltsame Stimmung. Während sich bei der Opposition eine Art Fassungslosigkeit breitmacht und lautes Gelächter aus den Reihen hallt, sind die Gesichtsausdrücke bei der Ampel gemischt. Manche starren angestrengt ins Leere, als koste es sie gerade größte Mühen, die Situation über sich ergehen zu lassen. Andere nicken dem Bundeskanzler mehrfach und fast überschwänglich zu. Und dann ist da noch eine dritte Gruppe Abgeordneter. Hin und wieder blickt einer von ihnen flüchtig in Richtung Unionsfraktion. Dann wieder zu Boden, dann wieder zum Kanzler. Mancher hält sich die geballte Faust vor den Mund. Und mancher schüttelt sogar mit dem Kopf. Ganz leicht. So, dass man es fast nicht sieht. Aber doch so, dass man erahnen kann, was da für ein Gefühl herrscht. Es ist Scham.

Auf diesen Moment hat Merz gewartet. Er selbst hätte ihn nicht herbeiführen können. Das gab seine Rolle nicht her. Jetzt, da die Ampel sich jedoch erstmals selbst zerlegt, wird aus dem Kritik übenden Oppositionsführer plötzlich eine reelle Alternative zum Kanzler. Nie zuvor wirkte Friedrich Merz so staatsmännisch wie in den folgenden Minuten.

Später zeigt sich, dass der 15. November 2023 auch für den CDU-Politiker ein entscheidender Wendepunkt ist. Bei Merz platzt der Knoten, von dem viele aus der Partei lange glaubten, er sitze schlicht zu fest. In den kommenden Monaten setzt sich immer mehr der Gedanke fest, das Projekt Ampel sei gescheitert. Erst in der Öffentlichkeit, später dann auch in der Koalition selbst. Spätestens als der Co-Vorsitzende der Grünen Omid Nouripour im Sommerinterview mit der ARD von einer «Übergangsregierung» spricht, ist das Ende vorprogrammiert. Anschließend glaubt niemand mehr an eine Fortsetzung der aktuellen Konstellation in der nächsten Legislaturperiode. Für die Union ist das entscheidend, denn diese Situation ist historisch gesehen unüblich. In der Regel werden Regierungen nicht gleich wieder abgewählt. Neben den innerparteilichen Herausforderungen und der öffentlich gefestigten Kritik an seiner Person hatte Merz auch damit zu kämpfen, dass sich zu Beginn der Legislatur nach 16 Jahren Merkel eine Art Aufbruchstimmung breitgemacht hatte. Die Ampel vermittelte eine Idee von etwas Neuem, dem gerade er und seine CDU nichts gleichermaßen Attraktives entgegensetzen konnten. Plötzlich drehte sich in der öffentlichen Wahrnehmung etwas.

Die Lage für die Ampel verbesserte sich auch mit dem Jahreswechsel nicht, doch Merz hatte zwischen den Jahren andere Sorgen. Sein enger Vertrauter und politischer Freund Wolfgang Schäuble verstarb am 26. Dezember 2023 im Alter von 81 Jahren. Merz nahm das sichtlich mit und regte ihn auch zum Nachdenken an. In einem Interview mit der Nachrichtenagentur dpa ist plötzlich deutlich weniger vom überschwänglichen Selbstbewusstsein des CDU-Vorsitzenden zu spüren. Stattdessen wirkt Merz reflektiert, fast demütig vor der Aufgabe, um die er sich zehn Monate später bewerben wird. Das Amt sei das politisch wichtigste in Deutschland und verlange hohe internationale Präsenz und hohen internationalen Respekt. «Ich habe dabei auch eine Reihe von Faktoren zu berücksichtigen, die ich selber auch für mich selbst noch einmal sorgfältig reflektieren werde und entscheiden werde. Das ist keine Selbstverständlichkeit», sagte Merz dort im Gespräch. Auf die Frage, ob etwas dagegenspräche, dass er Kanzlerkandidat werde, antwortet er: «Die Frage, welche Wählergruppen ich als Person erreiche, ist ein Thema.»

Auch bei der Klausur des CDU-Bundesvorstands in Heidelberg wählt der Parteivorsitzende seine Worte sorgsamer aus als bislang. Er grenzt sich klar von der AfD und auch von der rechtskonservativen Werteunion ab, die zu dem Zeitpunkt noch zur CDU gehört. Man sei auch, aber nicht nur konservativ. Außerdem betont Merz, die Unions-Fraktion sei die einzige Oppositionsfraktion im Bundestag, die jederzeit bereit zur Zusammenarbeit mit der Regierung sei. Das habe man immer wieder unter Beweis gestellt und wolle es auch fortsetzen. Vom «Das hat sich erledigt»-Tenor aus dem November ist jetzt keine Spur mehr. Stattdessen will Merz nun vorantreiben, was sein Generalsekretär in den vergangenen zwei Jahren vorbereitet hat: Er will das eigene Angebot unter die Leute bringen. Zeigen, dass die CDU wieder Ideen und Konzepte hat. So versiert hat man Merz bis zu dem Zeitpunkt selten erlebt. Das Ergebnis der tiefgreifenden Ampel-Krise und der neuen CDU-Tonalität schlägt sich immer deutlicher in den Umfragen nieder. Zu Beginn des Jahres steht die Union so gut da wie lange nicht, sie ist stabil bei 30 Prozent. Das ist mit Blick auf die schlechte Performance der Ampel zwar ausbaufähig. Allerdings darf man es auch nicht verkennen. Zum Vergleich: SPD und Grüne stehen Ende Januar bei jeweils 13 Prozent.

Der Höhenflug geht so weit, dass erste Annäherungsversuche zu CDU und CSU stattfinden. Nicht nur vonseiten der FDP, sondern auch von den Grünen. Plötzlich scheinen die beiden Koalitionspartner der Sozialdemokraten um die Gunst der Union zu buhlen. Zwischen dem FDP-Generalsekretär Bijan Djir-Sarai und Merz findet sogar ein Treffen statt. Die Bundestagsbüros der beiden vereinbaren den Termin. Djir-Sarai soll dem Oppositionsführer vorgeschlagen haben, gemeinsam ein Momentum zu kreieren. Das Land sei wirtschaftlich in einer tiefen Krise. Man könne es nur mit einer schwarz-gelben Koalition retten. Merz hört sich alles an, sagt aber nichts zu. Als der FDP-Politiker sich Mitte Februar mit einem Vorstoß in der *Bild* äußert, lässt der CDU-Chef ihn abperlen. Während Djir-Sarai sagt, er sei der festen Überzeugung, «dass eine bürgerliche Koalition aus CDU, CSU und FDP in der Lage sei, die Probleme des Landes nicht nur gemeinsam richtig zu analysieren, sondern tatsächlich auch gemeinsam Lösungen zu finden», entgegnet Merz nur, es werde keine Präferenz einer Koalition der Union mit der FDP geben. Die Parteispitze der Liberalen kocht. Merz gefährde damit die jahrzehntelange Freundschaft zwischen den beiden Parteien. Den CDU-Vorsitzenden jedoch lässt das kalt. Als er anschließend in einer seiner #MerzMails über mögliche Koalitionspartner schreibt, erklärt er die Freien Demokraten sogar gewissermaßen für obsolet. Merz schreibt dort: «Mit der FDP ließe sich eine bürgerliche Koalition am ehesten verwirklichen, fraglich ist aber, ob sie als Partei überlebt.»

Parallel dazu ist man in der Parteispitze der Christdemokraten bemüht darum, das Verhältnis zu den Grünen auszubauen. Merz betont plötzlich häufig, wie gut das Verhältnis zu einigen Grünen, beispielsweise dem Co-Chef Omid Nouripour, sei. Man müsse bei aller inhaltlichen Kritik an der Ampel anschlussfähig bleiben. Aus dem Umfeld des Vorsitzenden heißt es zu der Zeit, er habe aus den Wahlen in Hessen (positiv) und Bayern (negativ) gelernt: Die Union dürfe sich nicht mehr von potenziellen Partnern abhängig machen. Merz wird Monate später mit aller Kraft versuchen, an dem Credo festzuhalten. Entgegen der Überzeugung von Markus Söder, der die Grünen ab dem Spätsommer als Koalitionspartner ausschließt. Zwar löst der CDU-Chef mit der Schwarz-Grün-Option nicht nur bei der CSU, sondern auch in den eigenen Reihen Schnappatmungen aus. Allerdings zeigt Merz damit auch, dass er versteht, das große Ganze zu sehen. Im Umfeld von Söder ist man überzeugt davon, die Chancen auf einen Wahlerfolg seien größer, wenn man eine Zusammenarbeit mit den Grünen im Vorfeld strikt ausschließt. Was danach passiert, werde man dann sehen. Heißt übersetzt: Zur Not gibt es eine staatspolitische Pirouette.

Merz' Verständnis sieht etwas anders aus. Er glaubt, wenn er eine Zusammenarbeit mit den Grünen ausschließt, kann er sich für den Fall einer gewonnenen Bundestagswahl mit einem Blankoscheck vor die Parteizentrale der SPD stellen. Ohne Alternativen kann die Union in potenziellen Gesprächen nach der Wahl keinerlei Druck ausüben. Und am Ende etwas anderes zu tun, als man zuvor über Monate gepredigt hat, geht gegen das Glaubwürdigkeitsprinzip von Merz. Der CDU-Politiker unterscheidet sich hier nicht nur maßgeblich von Söder, sondern zeigt auch, dass er selbst dazugelernt hat. Aus dem Haudrauf-Merz wird ein Politiker, der den Eindruck erweckt, auch die machtpolitische Ebene immer mehr zu beherrschen. Als Oppositionsführer konnte Merz provozieren, auch polarisieren, ohne sich Gedanken darüber machen zu müssen, was das für das eigene Image bedeutet. Jetzt will der Mann aus dem Sauerland jedoch als ernsthafte Alternative zum Bundeskanzler wahrgenommen werden. Merz weiß, dass er dafür mehrheitsfähig in der Bevölkerung und gleichzeitig Mehrheitsbeschaffer im Parlament sein muss.

Im August 2024 sorgt ein schreckliches Ereignis schließlich dafür, das Olaf Scholz noch mehr zum Getriebenen wird, während Merz sich weiter als Kanzler der Reserve profilieren kann. Am Abend des 23. August greift in der nordrhein-westfälischen Stadt Solingen ein Syrer mehrere Personen auf einem Stadtfest an. Drei Menschen werden getötet, vier Opfer werden lebensgefährlich verletzt, zwei schwer und zwei weitere leicht. Anschließend reklamiert der IS die Tat für sich und veröffentlicht ein Video, das den mutmaßlichen Täter zeigen soll. Unmittelbar stellt sich die Frage: Was hatte dieser Mann in Deutschland zu suchen? Denn tatsächlich hätte der Syrer längst nach Bulgarien abgeschoben werden sollen. Allerdings war er eine Zeit lang untergetaucht, sodass die Abschiebung scheiterte.

Unmittelbar wird deutschlandweit eine Debatte über illegale Migration und ihre Folgen ausgelöst. Friedrich Merz schreibt eine #MerzMail mit dem Titel «Es reicht», und anders als viele Male zuvor, wenn der CDU-Politiker zugespitzt hat, erfährt er dafür keine Kritik. Denn Solingen hat eine Stimmung erzeugt, die den Ton in dieser Debatte plötzlich deutlich härter werden lässt. Wenige Tage nach der Tat schickt die Bundesregierung einen Abschiebeflug mit 28 Männern aus verschiedenen Bundesländern an Bord nach Afghanistan. Es ist das erste Mal seit der Machtübernahme der radikal-islamistischen Taliban vor drei Jahren, dass wieder Straftäter nach Afghanistan abgeschoben werden. Friedrich Merz nutzt diese Chance, um jenseits der Kritik noch einmal zu zeigen, dass auch er Lösungen vorschlagen kann. Obwohl die Erfahrungen, was die Zusammenarbeit mit dem Bundeskanzler angeht, bislang nicht die besten sind, will er es noch einmal probieren. Er fährt zum Frühstück ins Kanzleramt, um dort mit Scholz über die Lage zu sprechen. Dieses Mal traut Merz sich, den Ton anzugeben. «Die Menschen erwarten von uns beiden, dass wir dieses Problem lösen», sagt er dem Kanzler. Er stellt ihm den Maßnahmenkatalog vor, den seine Partei hierzu erarbeitet hat. Scholz gibt sich zurückhaltend, nimmt alles zur Kenntnis. Als Merz von dem Termin in sein Büro zurückkehrt, beschließt er, auf Nummer sicher zu gehen. Noch mal will er sich nicht vorführen lassen. Also lädt der CDU-

Vorsitzende spontan in die Bundespressekonferenz ein. Er wolle über die «notwendigen Konsequenzen» sprechen, die aus dem Messerattentat in Solingen am vergangenen Freitag folgen sollen. Merz fordert einen konsequenten Kurswechsel in der Migrationspolitik. Abschiebungen, Aufnahmestopp – und wenn dafür Gesetze geändert werden müssten. «Es gibt kein Tabu», unterstreicht er. Dass er den Kanzler am Morgen getroffen habe, sei «ausdrücklich nicht die Bitte um eine Aufnahme in die Koalition». Allerdings gehe es darum, jetzt Lösungen auf den Weg zu bringen. Dann wiederholt Merz, was er dem Kanzler bereits gesagt hat: Das würden die Menschen von Scholz und ihm so erwarten.

Nun wirkt der Kanzler getrieben. Merz gibt den Ton an. Während der Oppositionsführer nach den gemeinsamen Gesprächen vor die Presse tritt, kommt aus dem Kanzleramt erst mal: nichts. Am Mittwoch geht Scholz auf Merz' Angebot ein und erklärt, wie die Zusammenarbeit aussehen kann. Dem CDU-Chef ist es damit gelungen, den Spieß umzudrehen. Einen Deutschlandpakt 2.0 will man in jedem Fall vermeiden. Stattdessen will Merz dieses Mal zeigen: Wenn der Kanzler nicht handelt, hilft er ihm zwar, aber zu seinen Bedingungen. Es sind vertauschte Rollen. Schon am Morgen steigt Merz locker lässig aus seiner Limousine und spaziert mit dem Sakko über der Schulter ins Kanzleramt. Die anfängliche Aufregung? Scheint verflogen. Im Gespräch macht der CDU-Politiker es sich sogar so bequem, dass er seine Krawatte ablegt. Er fühlt sich offenbar schon fast heimisch.

12

DER ENDGEGNER

Eine Weile ist es um den CSU-Vorsitzenden Markus Söder fast ruhig geworden. Im Jahr nach der verlorenen Bundestagswahl und vor der bayerischen Landtagswahl verbringt der Ministerpräsident den Großteil seiner Zeit im Freistaat. Weite Teile der CDU sind genervt von ihm. Dass er nach der Entscheidung gegen ihn und für Armin Laschet als Kanzlerkandidat immer weiter nachgetreten hat, nimmt man ihm übel. Einige Christdemokraten sehen für die verlorene Wahl durchaus einen mehr oder minder großen Teil der Schuld bei Söder. Der Ministerpräsident von Schleswig-Holstein Daniel Günther sagt im Gespräch für dieses Buch sogar, Söders Sticheleien seien ein «maßgeblicher» Grund gewesen.

Und nicht nur das. Auch in Bayern krankt Söders Ansehen. Viele sind enttäuscht, dass der Ministerpräsident sein Amt, ohne mit der Wimper zu zucken, hinter sich gelassen hätte. Heißt es nicht «Erst das Land, dann die Partei, dann die Person»? Und hatte Söder nicht immer deutlich gemacht, dass das einzig Wahre für ihn der Freistaat Bayern war? Hatte er nicht immer wieder betont, er könne sich keine schönere Aufgabe vorstellen? Spätestens nach der Bundestagswahl 2021 ist man nicht nur in anderen Parteien, sondern auch innerhalb der Union und sogar in Teilen von Bayern überzeugt: Für Markus Söder kommt zuerst Markus Söder.

Der Frust und die Enttäuschung spiegeln sich auch in Umfragen wider. Vier Wochen vor der Bundestagswahl 2021 rutscht die CSU laut dem Institut Civey auf ihren schlechtesten Wert seit zwei Jahren ab und kommt gerade noch auf 34,5 Prozent. Auch Söders Persönlichkeitswerte sinken, wenn auch nur leicht. Zu dem Zeitpunkt sehen der CSU-Chef und seine Leute die Schuld für den Absturz nicht bei sich, sondern bei Laschet. «Wenn die CDU bundesweit bei knapp über 20 Prozent steht, ist der Abstand zur CSU trotzdem deutlich über zehn Prozent. Wir können uns nicht völlig abkoppeln», sagt Generalsekretär Markus Blume der *Augsburger Allgemeinen Zeitung*. Auch Söder findet: «CSU-Ergebnisse hängen vom Bund ab.»

Allerdings kranken die Beliebtheitswerte der Christsozialen auch in den Monaten nach der Wahl noch eine Weile. Zu dem Zeitpunkt ist Laschet schon nicht mehr Parteichef. Im Januar 2022 liegt die CSU in Bayern laut einer Umfrage des Meinungsforschungsinstituts infratest dimap im Auftrag des Bayerischen Rundfunks bei 36 Prozent. Damit ist sie immer noch deutlich schwächer als ein Jahr zuvor. Söder beschäftigt das. Er weiß, dass er jetzt beweisen muss, wie wichtig ihm das Amt des Landesvaters ist. Dass er die CSU, vor allem aber sich selbst, bis zur kommenden Landtagswahl stabilisieren muss. Sonst droht die Sache auch für ihn Konsequenzen zu haben.

Es ist so: Für die Bayern ist das Amt des Ministerpräsidenten kein Sprungbrett. Nicht umsonst wird in der CSU immer wieder betont, dass Bayern sich von all den anderen Bundesländern unterscheide. Wenn jemand in einer Minute sagt, er könne sich nichts Schöneres vorstellen, als dem Freistaat zu dienen – dann aber in der nächsten versucht, im Bund nach mehr zu greifen, zahlt das nicht unbedingt ein. Um gegenzusteuern, zieht Söder sich zu Beginn der Legislatur überwiegend aus der Bundespolitik zurück. Während die CDU sich in Berlin und den Ländern neu sortiert, arbeitet der CSU-Chef Tag und Nacht an seinem Image in Bayern.

Wer Söder im Herbst 2022 begleitet, erlebt einen rastlosen Mann. Obwohl die Landtagswahl in Bayern da noch fast ein Jahr entfernt ist, ist der CSU-Chef schon voll im Wahlkampfmodus. Der Kalender ist von morgens bis abends mit Terminen gefüllt, fast immer an sieben Tagen die Woche.

Täglich hetzt der Ministerpräsident von einem Termin zum nächsten, legt mehrere Hundert Kilometer zurück. Man hat in diesen Monaten den Eindruck, der CSU-Chef will jedem Bayern von Unterfranken bis Oberbayern persönlich die Hand geben. Auf so vielen Selfies wie möglich erscheinen. Er verleiht Ehrenamtsorden, spricht bei Preisverleihungen – und besucht sogar Kuhställe. Jede Rede schreibt er selbst, nur Fakten liefern die Mitarbeiter zu. Im Auto findet dann die inhaltliche Druckbetankung statt. Dabei saugt Söder das Wissen auf wie ein Schwamm. Sein Umfeld erzählt von einem Mammutgedächtnis. «Fragen Sie ihn ruhig ab», sagt eine enge Mitarbeiterin. «Sie müssen nur damit rechnen, dass er zurückfragt.»

Bei einem Besuch auf einem Nachhaltigkeitshof in Königsdorf, rund 50 Kilometer südlich von München, stellt Söder das unter Beweis. In einer kleinen Gruppe wird er von Anlage zu Anlage geführt. Der Landwirt erklärt die Maschinen, von der Melkanlage bis zum Elektrotrecker. Meistens lassen Politiker sich auf solchen Terminen berieseln. Nicht aber Söder. Es dauert nicht lange, bis er den Landwirt unterbricht und selbst anfängt, Fakten runterzurasseln.

Söder will immer mindestens genauso viel wissen wie alle anderen im Raum. Lieber mehr. Für seine bayerischen CSU-Ministerinnen und -Minister besteht deshalb bei jedem

Thema die Gefahr, dass Söder sich einmischt, sich in Termine einklinkt und im Zweifel über mehr Fachkompetenz verfügt als sie selbst. Bei Terminen wie dem in Königsdorf vermittelt er so, dass jedes Anliegen potenziell Chefsache ist. Die Regel gilt aber längst nicht nur da. Denn obwohl Markus Söder die meiste Zeit in Bayern verbringt, ist er immer auch wohl informiert darüber, was sich gerade in Berlin abspielt. Während Merz sich mit den Intrigen, die potenziell gegen ihn gesponnen werden, gar nicht beschäftigt, weil er glaubt, ohnehin erhaben zu sein, will der CSU-Vorsitzende, so erzählt es sein enges Umfeld, die Situation immer zu 100 Prozent kontrollieren. Söder mag in jenen Monaten alles für seine Wiederwahl in Bayern tun. Was Merz in Berlin macht, beobachtet er trotzdem genau. Nur eingreifen kann er noch nicht.

«Er stand unter einem wahnsinnigen Druck, bei der nächsten Landtagswahl ein gutes Ergebnis für die Partei einzufahren», sagt ein CSU-Politiker, der Söder gut kennt und in der Zeit häufig mit ihm in Kontakt steht. Bei seiner ersten Landtagswahl als Ministerpräsident im Oktober 2018 holte Söder mit 37,2 Prozent das zweitschlechteste Ergebnis in der Parteigeschichte. Eigentlich sieht Söder sich in einer Reihe mit Edmund Stoiber und Franz Josef Strauß. Um sich jedoch wirklich mit diesen Parteigranden messen zu können, war es wichtig, dieses Mal deutlich besser abzuschneiden als beim letzten Mal. Strauß holte zu seiner besten Zeit 59,1 Prozent, Stoiber kam 2003 sogar auf 60,7 Prozent. Unter ihnen konnte die CSU noch ohne Koalitionspartner regieren. Selbst Seehofer kam 2013 mit 47,7 Prozent noch auf ein deutlich stärkeres Ergebnis als Söder nach ihm. Nun muss man dazusagen, dass sich auch in Bayern die politische Gesamtlage und das Parteiengefüge verändert haben. Sowohl AfD als auch Freie Wähler haben die Christsozialen Wählerinnen und Wähler gekostet. Allerdings werden sich in der Partei trotzdem Gedanken darüber gemacht, warum man so stark an die beiden populistischen Parteien verloren hat. Zumal die in weiten Teilen rechtsextreme AfD in Bayern sogar vom Verfassungsschutz beobachtet wird. Hinzu kommt, dass die CSU nicht nur an die beiden neu hinzugekommenen Parteien verloren hat. Bei der Landtagswahl wandern zwar jeweils 160 000 Stimmen zu AfD und Freien Wählern, noch mehr wandern jedoch zu den Grünen. 170 000 Wähler verliert die CSU dorthin. Söder weiß um diese verzwickte Situation. Er weiß auch, dass für einen Spitzenkandidaten am Ende vor allem eine Währung zählt: Kann jemand Wahlen gewinnen? Also tut er alles, um dieses Mal ein besseres Ergebnis zu erzielen.

Eine Zeit lang scheint der Plan aufzugehen: Im Sommer vor der Landtagswahl steht die CSU bei 40 Prozent, manchmal sogar knapp drüber. Die Partei wiegt sich in Sicherheit. Vielleicht sogar etwas zu sehr. Noch vor dem Wahltermin verspricht man den Bayern, die Koalition aus CSU und Freien Wählern fortzusetzen. Mit den Grünen und der SPD werde es keine Zusammenarbeit geben, versichert Söder immer wieder, offenbar mit dem Ziel, den Menschen Stabilität bieten zu können. Und darüber hinaus?

Als sich die CSU zu ihrer Klausur in Kloster Banz trifft, um die Strategie für die heiße Phase im Wahlkampf zu diskutieren, berichtet ein Mitglied der CSU-Spitze konsterniert: «Die haben alle gar keine Themen.» Es habe keinerlei inhaltliche Impulse gegeben, so heißt es. «Die glauben einfach, das wird schon alles so laufen. Ein bisschen Ampel-Bashing, und den Rest macht der Markus.» Die Bundesregierung in Berlin ist zu dem Zeitpunkt bereits an ihren ersten Tiefpunkt gelangt. Auch in Bayern stehen die Umfragen für SPD, Grüne und FDP schlecht. Man hofft wohl, dass das ausreichend in die Wahl mit hineinspielt.

Am 25. August 2023 stellt sich heraus, wie riskant das Ganze ist. Denn an jenem Tag erscheint ein Artikel in der *Süddeutschen Zeitung*. Es geht um den bayerischen Wirtschaftsminister, Vize-Ministerpräsidenten und Freie-Wähler-Chef Hubert Aiwanger. Die Überschrift lautet «Belastendes Dokument: Aiwanger soll als Schüler antisemitisches Flugblatt verfasst haben». Demnach soll der Parteivorsitzende der Freien Wähler in seiner Jugend in den 80er-Jahren möglicherweise ein antisemitisches Flugblatt verfasst haben, in dem die Opfer des Naziregimes verhöhnt wurden. Dem Medium soll dazu ein Schriftstück aus Aiwangers Schulzeit vorliegen. Später gibt sich Aiwangers Bruder als Verfasser zu erkennen. Als die Nachricht das Söder-Lager erreicht, herrscht tagelang Unruhe. Unmittelbar stellt sich die Frage, ob der stellvertretende Ministerpräsident und Wirtschaftsminister von Bayern im Amt bleiben kann. Oder ob es am Ende nicht noch größeren Schaden verursacht, ihn zu entlassen. Denn Aiwanger dreht den Spieß in der Öffentlichkeit geschickt um, spricht von einer gezielten Kampagne gegen ihn, kurz vor der Wahl.

Anfang September 2023 tritt der bayerische Ministerpräsident schließlich vor die Presse, um zu verkünden: Aiwanger bleibt im Amt. Zwar kritisiert Söder, der Freie-Wähler-Chef hätte angesichts der Vorwürfe entschlossener und umfassender aufklären müssen. Er müsse nun verlorenes Vertrauen zurückgewinnen. Aber: Aiwanger habe sich in einem umfassenden Fragenkatalog an ihn erneut von den Inhalten des Flugblattes distanziert und in einem persönlichen Gespräch glaubhaft vermittelt, dass er das Flugblatt nicht verfasst oder verbreitet habe. Die Hoffnung: Das Thema soll möglichst schnell abgeräumt werden. Doch der Schaden ist bereits entstanden. Das Endergebnis bei der Landtagswahl: 37 Prozent. Es ist noch schlechter als beim letzten Mal.

Als die Balken der ersten Wahlprognose im CSU-Saal des Münchener Landtags über die große Leinwand verkündet werden, ist die Stimmung einen Moment lang verhalten. Vorsichtiger Applaus aufseiten der CSU, aufmerksame Blicke bei den Journalisten. War es das jetzt? Könnte das der Anfang vom Ende der Söder-Herrschaft sein? Friedrich Merz, der die Wahl Hunderte Kilometer entfernt aufmerksam verfolgt, dürfte die Gefahr eines möglichen Rivalen Söder für den Moment dahinschwinden sehen haben. Doch es dauert nur Minuten, bis Söders Leute die Gespräche im Saal mit Erklärungen fluten. Sie sprechen von einer «unvorteilhaften Momentaufnahme». Sie habe rein gar nichts mit dem eigentlich großen Zuspruch für den CSU-Chef und seine Partei zu tun. Die Flugblatt-Affäre habe man nicht vorhersehen können, aber man müsse nun über sie hinwegsehen. Auch Söder beschwichtigt, als er an dem Abend auf die Bühne kommt: «Es ging uns nie um einen Schönheitspreis, aber einen klaren Regierungsauftrag», so der CSU-Vorsitzende. Am Ende geht er aus dieser Wahl zwar angeschlagen heraus, aus dem Spiel ist er aber noch nicht. Dafür hat der Bayer seine Machtbasis im Vorfeld ausreichend abgesichert. Und auch wenn Markus Söder in den Wochen und ersten Monaten nach seiner Wiederwahl gebetsmühlenartig wiederholt, keine Ambitionen mit Blick auf die Kanzlerkandidatur mehr zu haben, wird im Umfeld des CSU-Chefs kein Hehl daraus gemacht, dass die Frage in Wahrheit überhaupt nicht vom Tisch ist.

Bislang hat Söder sich mit Blick auf die K-Frage zwar bewusst zurückgehalten. Vor der Landtagswahl will er gar nicht erst den Eindruck erwecken, er schiele noch einmal auf die Kanzlerkandidatur. Aber als im Laufe des Sommers 2023 die Kritik an dem CDU-Vorsitzenden immer lauter wird, will der CSU-Chef zumindest mal sehen, wie weit er mit Merz gehen kann. Beim politischen Gillamoos zum Beispiel, da ist der CDU-Vorsitzende zu Gast in Bayern. Söder kommt gleich nach ihm auf die Bühne, legt seine Zettel auf dem Redner-pult ab und nimmt sie gleich wieder hoch: «Hier ist vorne alles nass», sagt Söder und will damit andeuten, Merz habe alles vollgeschwitzt. Er lacht kurz hämisch, dann sagt er in Richtung des CDU-Chefs: «Ich sag dir eines, wenn du Pro-bleme hast in der CDU. Wenn du dich einsam fühlst in der CDU. Wenn du dich traurig fühlst im Sauerland. Du bist im-mer willkommen, wir machen das jedes Jahr und ich fast jede Woche.» Im Saal werden die Worte von lautem Gelächter be-gleitet. «Hier lebt es sich einfach besser, auch für dich», sagt Söder und weiß genau, dass er Merz damit ordentlich vor-führt. Merz fährt anschließend genervt nach Berlin zurück. Aus seinem Umfeld heißt es bloß, man werde sich nicht auf das Niveau des Bayern herabbegeben.

Dass Merz aber dennoch lernen muss, Söder auf die ein oder andere Weise die Stirn zu bieten, merkt der CDU-Vor-sitzende spätestens, als in Bayern die Koalitionsverhandlun-gen zwischen CSU und Freien Wählern erfolgreich zu Ende gehen. Von diesem Moment an ist Söder zurück. Nicht nur in Bayern, sondern auch in Berlin. Er beginnt, ein Feuerwerk nach dem nächsten zu zünden.

Das erste am 27. November 2023. Da lädt Söder eine Gruppe Journalisten zum Frühstück in die Bayerische Lan-desvertretung ein. Es soll etwas in Umlauf gebracht werden.

Ein üblicher Vorgang. Politikerinnen und Politiker laden zwar auch so mal regelmäßig zu Hintergrundrunden. Wenn jedoch kurzfristig eine Einladung im Postfach landet, kann in der Regel fest davon ausgegangen werden: Hier will jemand etwas loswerden. Zwei dunkle BMWs stehen vor den Toren der Bayerischen Landesvertretung und warten, als die ersten Journalisten sich um 8 Uhr morgens in das Gebäude schleichen. Im ersten Stock steht alles bereit. Es gibt Brötchen und Kaffee und für Söder Cola light.

Als der CSU-Chef den Raum betritt, kehrt Ruhe ein. Ohne in die Runde zu blicken, begibt er sich auf seinen Platz. Legt die Mappe, die er bis eben noch unter dem Arm trug, ab. Der erste Teil des Gesprächs ist wie so oft «Unter 1», was bedeutet, er darf zitiert werden. Er holt kurz Luft, dann legt er los. «Diese Regierung befindet sich in einer Notlage», sagt er. Es sei an der Zeit für Neuwahlen. Angesichts der aktuellen Haushaltskrise müsse man sich die Frage stellen, ob die Ampel die Situation noch lösen könne. Dann macht er eine kleine Pause, verzieht die Mundwinkel und sieht seine Zuhörer eindringlich an. «Ich glaube das nicht.» Die Journalisten schreiben eifrig auf ihren Notizblöcken. Von Müdigkeit kann keine Rede mehr sein. Wenn es nach Söder geht, sollten die Deutschen parallel zur Europawahl im Juni 2024 über einen neuen Bundestag abstimmen. Die Forderung ist zu dieser Zeit eine politische Bombe. Längst wurden erste SMS in Richtung Konrad-Adenauer-Haus verschickt. Was sagt Merz dazu? Wusste der CDU-Vorsitzende überhaupt davon? Wie sich rausstellt, weiß Merz von nichts. Und das nicht zum ersten Mal. Erst vor wenigen Wochen hatte der CSU-Vorsitzende gefordert, die Union solle in eine Große Koalition eintreten. Als Juniorpartner. Auch der Vorstoß hatte Merz kalt erwischt. Wie jeder andere erfuhr er aus den Medien davon. Sein Umfeld berichtet, er sei schwer irritiert gewesen.

Die Botschaft, die Söder hier sendet, setzt Merz unter Druck. Sie lautet: Wenn er die Macht will, muss er zugreifen. Sonst ist er zu zaghaft. (Aber zur Not, ihr wisst ja, steh ich bereit.) Der CSU-Chef weckt mit seinen Vorstößen in der Union und der Öffentlichkeit Erwartungen und bringt Merz in den Zugzwang. Dass dessen Möglichkeiten, mal eben die Regierung umzustürzen, am Ende doch ziemlich begrenzt sind, wird von dem Bayer bewusst nicht erwähnt. Neuwahlen kann es nämlich nur geben, wenn eines von zwei Szenarien eintrifft. Erstens: Olaf Scholz stellt im Bundestag die Vertrauensfrage und bekommt dabei nicht mehr die Mehrheit der Stimmen. Zweitens: Eine Mehrheit der Abgeordneten wählt den Bundeskanzler bei einem Misstrauensvotum ab. In beiden Fällen muss der Bundespräsident das Ganze anschließend noch abnicken. Erst dann kann der Bundestag aufgelöst werden.

In den Reihen der CDU wird bereits getuschelt, Söder bereite hier etwas anderes vor. Es ist ein taktisches Manöver, das sich langfristig auszahlen könnte. Söder betont mehrfach, dass die Union für den Fall vorgezogener Neuwahlen mit Merz ins Rennen ziehen werde, sollte es beim regulären Wahltermin bleiben, werde man sehen. Ein Vertrauter von Merz sagt deshalb anschließend: «Am Ende kommt Söder doch hundertpro mit der Nummer: ‹Schaut, der Friedrich hat in der Vergangenheit gezeigt, dass er ein guter Oppositionsführer ist. Aber das Land braucht einen, der den Kurs vorgibt.›»

Söders Neuwahlen-Forderung wird sich, anders als seine GroKo-Idee, bis zum Schluss halten. Irgendwann findet sie auch in der CDU Anklang. Und schließlich übernimmt sie auch Merz. Am Ende wirkt es, als habe Söder den Ton angegeben, mal wieder. Es ist ein geschicktes Manöver, das Söder von jetzt auf gleich wieder auf der bundespolitischen Bühne mitmischen lässt. Von nun an wird er immer präsenter.

Als die Ampel zu Beginn des Jahres 2024 beim neu aufgerollten Haushalt sparen muss und deshalb unter anderem plant, Subventionen für die Landwirtschaft zu kürzen, zieht es Tausende Bauern zum Protestieren auf die Straße. Söder und Alexander Dobrindt wissen den Moment für sich zu nutzen. Als die CSU-Landesgruppe zu ihrer Jahresauftaktklausur in Kloster Seeon am Chiemsee zusammenkommt, lädt Dobrindt den Bauernpräsidenten Joachim Rukwied ein. Beim gemeinsamen Pressestatement werden sich alle CSU-Abgeordneten buchstäblich hinter ihm versammeln, um ihm damit symbolisch den Rücken zu stärken. Es sind Bilder, die bleiben.

Obwohl die Landwirte weit mehr als die gekürzten Subventionen kritisieren und die Union lange das Landwirtschaftsministerium im Bund besetzt hat, versucht Söder mit aller Kraft, die Proteste für sich und seine Partei zu vereinnahmen. Am Ende gelingt es ihm deutlich besser als der CDU. Und dann passiert bei der Klausur in Kloster Seeon noch etwas Interessantes. Als Söder auf die Kanzlerkandidatenfrage angesprochen wird, wählt er seine Worte plötzlich deutlich bedachter als bislang. Anstelle des bisherigen «Die Sache hat sich für mich erledigt» sagt er jetzt, dass der CDU-Vorsitzende aktuell in der Poleposition sei. Merz habe die «derzeitige Favoritenrolle». Wer Söder kennt, weiß in dem Moment, was aus «derzeit» noch werden kann.

Es ist so: Söder hat im Blick, dass Merz zu Beginn des Jahres 2024 stärker wird. Erste Stimmen deuten jetzt an, man könne die K-Frage auch schon früher klären. Deshalb macht er deutlich, was er davon hält. Nämlich gar nichts. Immer wieder unterstreicht Söder, dass man sich auf eine Entscheidung im Spätsommer geeinigt habe. In einem Interview mit dem Nachrichtenportal *t-online* sagt der CSU-Vorsitzende auf die Frage, ob man den Moment nicht doch vorziehen wolle: «Es gibt ein klares Verfahren.» Und es sei wichtig, «sich nicht treiben zu lassen». Sein Generalsekretär Martin Huber, der eigentlich nichts ohne Absprache mit dem Chef tut, wird sogar noch deutlicher. Dem *RND* sagt der CSU-Politiker: «Die Vorsitzenden haben sich auf den Spätsommer geeinigt. Und der Spätsommer ist definitiv nicht im Januar.» Sollte Merz jemals mit dem Gedanken gespielt haben, die Frage früher zu klären, haben Söder und seine Leute mehr als deutlich gemacht, womit dann zu rechnen gewesen wäre: eine Revolte vonseiten der CSU. Man bleibt also trotz aller Einwände beim vereinbarten Zeitrahmen.

Spricht man in der ersten Jahreshälfte mit CSU-Leuten, hört man dort, dass Söder nach wie vor seine Optionen sondiere. Er werde zunächst die Europawahl und anschließend die Wahlen in Thüringen, Sachsen und Brandenburg abwarten. Über beides könne Merz nach wie vor stolpern. Außerdem werde sich jetzt, wo Söder wieder präsenter im Bund sei, bald herauskristallisieren, dass die Chancen mit dem Bayer, wie schon bei Laschet, besser seien. Dann will man beobachten, ob die CDU darauf anspringt. Das Umfeld von Söder unterschätzt dabei zwei Dinge. Solange die eigenen Reihen geschlossen hinter einem Vorsitzenden stehen, sind Wahlergebnisse erst mal egal. Eigentlich sollte der CSU-Chef das mit Blick auf die eigene Vergangenheit am besten wissen.

So sorgt die Tatsache, dass die Union bei der Europawahl im Juni deutlich unter den eigenen Erwartungen bleibt, in der CDU zwar kurz für Unmut. Allerdings wird dieser weder prominent geäußert, noch erwächst daraus wirklich ein Umsturzgedanke. Seit dem Parteitag im Mai scheint Merz kaum noch aufzuhalten zu sein. In der CDU herrscht nun Aufbruchstimmung. Die Partei will gewinnen. Vor allem aber will sie nicht mehr streiten. Während 2021 bei ersten Sticheleien von Söder gegen Laschet mitgelacht wurde, reagiert man im Sommer 2024 nur noch genervt. Beim Hineinhorchen in die CDU finden sich dieses Mal keine Unterstützer mehr für Söder. Nur dass der CSU-Chef sich in der K-Frage bedingungslos als Nummer zwei einreiht, glaubt keiner so wirklich. Dafür hat Söder in den vergangenen Monaten zu oft bewusst provoziert. Etwa wenn er gesagt hat: «Ich verspreche euch, an mir wird der Erfolg 2025 nicht scheitern.» Zwar nimmt man solche Sprüche zu dem Zeitpunkt im Konrad-Adenauer-Haus fast schon gelassen. «Ach, Sie kennen ihn doch», heißt es dann. Aber: Der Gefahr ist man sich dennoch bewusst. Dafür ist die Erinnerung an den vergangenen Wahlkampf und das Debakel noch lebendig genug. Also wird gerätselt, was man (konkret: Merz) Söder für dessen Unterstützung anbieten könnte. Für den Moment gibt es eine Reihe von Theorien.

Eine von ihnen, die vor allem in den Reihen der CDU kursiert: Merz könne Söder für den Fall eines Wahlsieges ein «Superministerium» anbieten. Die Altkanzlerin Angela Merkel hatte 2018 bereits das Innenministerium für den CSU-Vorsitzenden Horst Seehofer um die Bereiche Heimat und Bauen ausgebaut und erweitert. Könnte so ein Modell nicht wieder funktionieren? Wer jedoch die Rollenverteilung zwischen Söder und seinen Ministern kennt, kann sich kaum vorstellen, der CSU-Chef könne sich mit einem Kabinettsposten zufriedengeben. Er müsste sich dann immer noch unterordnen, und das liegt nicht in seinem Naturell. Bei fast jedem Termin in Bayern ist Söder der Popstar im Raum. Die Menschen scharen sich um ihn, machen Bilder, fragen nach Fotos. Die für den Termin zuständigen Ministerinnen und Minister stehen meist nur daneben. Etwa als Söder einmal an dem bayerischen Neubürgerempfang, also einem Abend, an dem gerade eingebürgerte Menschen von der Staatsregierung willkommen geheißen werden, teilnimmt. Eingeladen zu der Veranstaltung hat der Innenminister Joachim Herrmann. Aber für den interessiert sich kaum jemand, sobald Söder den Saal betritt. Der Ministerpräsident muss in seinem Grußwort gar nicht viel sagen. Bei ihm zählt eine andere Währung. «Ich hatte vorhin das Gefühl, der ein oder andere möchte vielleicht eventuell noch ein Bild machen», sagt Söder. Das Publikum lacht. Dann bewegt er die Arme, winkt die Leute zu sich. Ihr Kinderlein, kommet! Innerhalb weniger Sekunden bildet sich eine riesige Schlange. Fast jeder im Saal will ein Selfie mit Söder. «Letztens hat er Rinderroulade gepostet. Die esse ich auch gerne», sagt eine Frau, während sie sich durch die Menge quetscht, um ein Bild zu machen. Sie kennt Söder von TikTok. Eine andere fragt ihre Freundin: «Und wer ist der andere Mann?» Sie deutet auf Joachim Herrmann. Beide überlegen kurz. Dann sagt die Freundin: «Ich glaube, das ist der Bundespräsident.» So ist das, wenn man in Bayern Termine mit Söder macht.

Wäre er selbst «nur» Minister, müsste er sich hinter Merz einreihen. Ein Kanzler ist immer der Main Act, hat im Zweifel immer das letzte Wort. Auch Merkel hat Seehofer seinerzeit oft genug zurechtgestutzt, wenn nötig. In der CSU glaubt deshalb keiner so wirklich an die Theorie eines «Superministeriums». Söder werde den Entscheidungsspielraum und die Relevanz, die er in Bayern hat, gewiss nicht abgeben, um in Berlin die zweite Geige zu spielen. Wer daran Zweifel hatte, konnte sich spätestens bei dem 70. Geburtstag der Altkanzlerin ein Bild davon machen, wie das wäre. Söder ist an jenem Abend tatsächlich nur «einer von vielen» geladenen Gästen. Die CDU hat eingeladen, also Friedrich Merz. Gemeinsam mit Merkel betritt der CDU-Chef in der Berlin-Brandenburgischen Akademie der Wissenschaften den Saal. Dahinter Markus Söder, dem man schon beim Reingehen ansieht, dass ihm das Hinterherlaufen nicht recht ist. Der Abend ist für den Bayern wohl besonders lang. Erst redet Merz, dann Merkel, anschließend der Kunsthistoriker Prof. Dr. Bredekamp und dann wieder Merz. Über 90 Minuten sitzt Söder einfach nur da und soll zuhören. Die meiste Zeit ist sein Kopf nach unten geneigt. Das ist keine Konzentrationshaltung, auch betet der Bayer nicht. Nein, stattdessen leuchtet ihm aus seinem Schoß ein kleines Display entgegen. Söder ist den Großteil der Zeit am Handy. Anschließend wird eine anwesende Unions-Politikerin sagen: «Man muss ihm halt eine Rolle geben. So war das nichts für ihn.»

Es gibt im Sommer noch eine weitere Theorie, was man Söder anbieten könnte. In Berlin geht das Gerücht durch die Reihen, Merz könne dem bayerischen Ministerpräsidenten den Vorschlag unterbreiten, Bundespräsident zu werden. Er wäre dann zumindest pro forma auch weiter die Nummer eins, das Staatsoberhaupt. Zumal der CSU-Vorsitzende dem Ex-CDU-Chef Laschet bei der Wahl 2021 genau das andersherum angeboten hatte. Laschet als Bundespräsident, Söder als Kanzler, so damals die Idee für den Fall eines Wahlsiegs. Allerdings hatte der CDU-Politiker aus Nordrhein-Westfalen das abgelehnt. Und wenn Merz es jetzt umdreht?

Söder selbst soll durchaus mit dem Gedanken gespielt haben, so heißt es aus seinem Umfeld. Ob man das Amt nicht neu erfinden könne, soll er Skeptikern geantwortet haben, wenn die davon abrieten. Wenn man ihn danach fragt, winkt Söder zwar ab. «In Berlin kursieren derzeit viele Theorien. Man sollte nicht jeder Theorie glauben. Ich rate allen zu Ruhe und Gelassenheit», sagt der Ministerpräsident im Juni dazu. Nach einem wirklichen «Nein» klingt das aber auch nicht.

Wer sich nun ein Bild davon machen möchte, wie so ein Szenario aussähe, der kann sich die Reisen des Ministerpräsidenten nach Schweden oder China ansehen. Söder auf der Karaoke-Bühne zu ABBAs «Dancing Queen», Söder kuschelnd mit Plüsch-Pandabären und passend zu der Instagram-Reihe des CSU-Vorsitzenden #Söderisst chinesische Hühnerschenkel. Er wäre das Gegenstück zu Bundespräsident Frank-Walter Steinmeier, dem oft vorgeworfen wird, zu blass aufzutreten. Aber wäre es gewinnbringend? Seine Parteizugehörigkeit müsste der Bayer dann ruhen lassen. Insgesamt wäre er meinungstechnisch deutlich eingeschränkter. Kein Grünen-Bashing mehr, die Reden wären größtenteils vorgeschrieben. Am Ende lässt der Job nicht wirklich viel Spielraum. Hinzu kommt, dass die Entscheidung nicht bei der Union oder gar Merz allein liegt. Ein Koalitionspartner müsste dem zustimmen. Und wollte man nicht eigentlich eine Frau für das Amt? Damit scheint auch das Thema vom Tisch zu sein.

Was bleibt noch? Innerhalb der CDU beschäftigt man sich intensiv mit der Frage. Dabei ist es am Ende vielleicht gar nicht so kompliziert. Manchmal hilft der Blick in die Vergangenheit, um gegenwärtige Entscheidungen besser zu verstehen: Was also hat den CSU-Chef 2021 am Ende von der Kanzlerkandidatur abgehalten?

Zurück zu der Nacht der Entscheidung, als sich CDU und CSU im Reichstag treffen, um die K-Frage für die Bundestagswahl 2021 endgültig zu klären. Genau genommen fällt die Entscheidung, dass Söder nicht Kanzlerkandidat der Union wird, nicht in dieser Nacht. Sondern am Tag danach.

Als Wolfgang Schäuble im Gespräch von der Nacht der Entscheidung berichtet, sagt er: «Wir wussten alle nicht, als wir uns verabschiedet haben, ich vermute, auch Markus Söder wusste noch nicht, was er macht.» Er selbst habe sich gegen halb zwei auf den Weg nach Hause gemacht. Da habe er es jedenfalls nicht gewusst, so Schäuble.

In jener Nacht berät der CSU-Vorsitzende mit Alexander Dobrindt und Markus Blume noch eine Weile über den Ausgang des Treffens zwischen CDU und CSU. Gerade hat ihm Laschet an den Kopf geworfen, er werde ihn als Kandidaten nicht akzeptieren. Auch ein Votum der Fraktion werde er nicht anerkennen. Söder geht also noch einmal tief in sich, überlegt, welche Möglichkeiten ihm bleiben. Er könnte ein Votum in der Fraktion erzwingen, entscheidet sich aber dagegen. Söder beschließt, dass ihm das nicht ausreicht. Wenn er im Wahlkampf gegen die SPD scheitert, ist auch er Geschichte, das weiß er. Bevor er alles auf eine Karte setzt, will er sich sicher sein, dass es mit der CDU funktioniert. Aufgeben will er aber auch nicht. Also startet er einen letzten Versuch, von dem mancher glaubt oder glauben will, es sei eine Kapitulation. Am Montagmorgen ruft Söder eilig das Präsidium der CSU zusammen. Seinem Parteivorstand teilt er mit, dass eine Kanzlerkandidatur nicht gegen die große Schwesterpartei zu machen sei. Er werde die Entscheidung deshalb dem Bundesvorstand der CDU überlassen. Es sind die letzten Meter im Machtkampf zwischen den beiden Parteivorsitzenden.

Laschet gelingen an jenem Montag zwei kluge Schachzüge. Erstens: Der CDU-Vorsitzende lädt kurz nach Abreise des Bayern den eigenen Bundesvorstand für 18 Uhr zu einer Sondersitzung. In einem Pressestatement, das offiziell als Stellungnahme zur Kanzlerkandidatur der Grünen-Politikerin Annalena Baerbock verkauft wird, verkündet Laschet ganz nebenbei: Er werde seinem Gremium am Abend einen «Vorschlag» machen, «wie wir jetzt sehr schnell die nicht geklärte Frage zwischen CDU und CSU aufklären». Damit zwingt Laschet die Entscheidung in den Bundesvorstand. Söder beißt an. Als der CSU-Chef um 14 Uhr vor die Presse tritt, verkündet er: Er wolle mit der Rückendeckung des CSU-Präsidiums weiter Kanzlerkandidat werden. Die Entscheidung innerhalb der Union stehe aber nach wie vor aus. Man müsse die Diskussion gemeinsam abschließen. «Wo und wie» entscheide die CDU alleine. Man werde das «respektieren». Der CSU-Vorsitzende glaubt zu dem Zeitpunkt, dass eine ganze Reihe derer, die im Bundesvorstand sitzen, ihn für den aussichtsreicheren Kandidaten halten. Die Abendstunden verbringt er auf heißen Kohlen, am Handy. Als das Gremium sich mehrheitlich für Laschet entscheidet, stirbt für Söder die letzte Hoffnung. Damit wird wahr, was er bereits in der Nacht zuvor befürchtet hatte. Er muss sich geschlagen geben. Die CDU hat gewonnen.

Und Laschet hatte noch eine zweite Sache getan, die ihm geholfen hat: Nachdem Söder die Entscheidung an den

CDU-Bundesvorstand gibt, macht Laschet aus dem, was für den Bayern die ultimative Kampfabstimmung ist, eine reine Formalie in eigener Sache. Als Laschet sich nach Söders Presseauftritt bedankt, dass der den Weg nun freigebe, wirkt es, als habe er schon gewonnen. Die CDU weiß, was sie jetzt zu tun hat. Ein CSU-Politiker, der damals in den Prozess eingebunden war, sagt darüber heute: «Es war ein kluger, vielleicht sogar ein entscheidender Schachzug von Armin Laschet.»

Drei Jahre später wird Markus Söder es gar nicht erst so weit kommen lassen. Als Merz ihm am 17. September 2024 sagt, er will es machen, willigt er ein. Er weiß, ihm fehlt auch dieses Mal der Rückhalt in der CDU.

Kurz nach der Kür des Kanzlerkandidaten Merz empfängt mich Markus Söder in seinem Büro. «Wissen Sie», sagt er, «ich habe meine Kandidatur damals angeboten, weil ich Deutschland und der CDU helfen wollte. Wir wollten die Wahl mit der Union gewinnen. Und viele aus der Basis und der Bundestagsfraktion haben mich aufgefordert zu kandidieren. Ich hatte eine breite Mehrheit in der CDU. Nur nicht im engsten Kreis um Armin Laschet im Parteipräsidium.» Der Zweifel an dem CDU-Vorsitzenden sei bis nach ganz oben gegangen. «Es gab sehr viele führende Kräfte in der CDU, die grundlegende Zweifel an Armin Laschet hatten», sagt Söder. Also habe er eine reelle Chance gesehen, dass die CDU ihn, den Bayern, wolle. Als klar war, dass die Parteispitze ein Votum der Fraktion nicht akzeptieren würde, sei für ihn klar gewesen, dass es nur über den Bundesvorstand geht. Der CSU-Chef hat dabei das Schicksal eines seiner Vorgänger im Kopf: «Franz Josef Strauß hat seine Kanzlerkandidatur über die Bundestagsfraktion erzwungen. Im gesamten Wahlkampf jedoch hat ihn die Parteizentrale der CDU – das Adenauer-Haus – hängen lassen. Auch daran ist es 1980 gescheitert», so Söder. Dann nennt er den entscheidenden Faktor, der seit jeher für jeden potenziellen CSU-Kanzlerkandidaten gilt: «Ohne die Spitze der CDU geht es einfach nicht.» Am Ende ist es auch das, was den Bayern drei Jahre später erneut von einer wirklichen Revolte abhalten wird. Auch wenn Söder bewusst noch einmal betont, es gehöre zum Selbstverständnis von CDU und CSU, dass beide Parteivorsitzenden für die Kanzlerkandidatur infrage kommen, «vor allem, wenn die bundesweiten Umfragen für einen CSU-Vorsitzenden respektabel sind».

Was auf den ersten Blick fast zu einfach wirkt, beschreibt in Wahrheit auf den Punkt das Machtgefüge innerhalb der Union. Dass er aus seinen eigenen Fehlern gelernt hat, hätte wohl deutlich mehr auf Söders Konto eingezahlt, wäre Hendrik Wüst ihm nicht dazwischengekommen. Auf den letzten Metern macht der nordrhein-westfälische Ministerpräsident das bayerische Narrativ kaputt. Damit wird Hendrik Wüst zum neuen Rivalen von Söder. Fortan betont Söder also bewusst und immer wieder, dass die CSU Merz unterstütze – auch gegen Widerstand in den eigenen Reihen. Gemeint ist Wüst, den Söder als den neuen Störenfried identifiziert.

Im Gespräch fängt Söder plötzlich an zu lachen. Er sieht auf sein Handy-Display und prustet los. Kurz zögert er, ob er das Meme, was ihm gerade zugeschickt wurde, am Tisch in die Runde zeigen soll. Dann tut er es doch. Darauf zu sehen sind Hendrik Wüst und Daniel Günther, mit der Überschrift: «Wir präsentieren die neue Parteispitze der Grünen». Der CSU-Vorsitzende ist köstlich amüsiert. «Es ist vielleicht gar nicht so schlecht», wird jemand aus der Partei später über seine neue Rivalität sagen. «Er braucht einen Gegenspieler und wenn das nicht Friedrich Merz ist – umso besser.»

Dass Söder sich von nun an um Bayern kümmert, braucht Merz nicht zu hoffen. Der CSU-Chef hat sich längst andere Wege gesucht, um seinen Einfluss weiter geltend zu machen. Auf dem Parteitag der CSU im Oktober 2024 macht er das deutlich.

Eigentlich hat es während dieser Veranstaltungen Tradition, dass neben zahlreicher Kritik am politischen Gegner auch innerparteiliche Seitenhiebe verteilt werden. Das war schon unter früheren Parteivorsitzenden wie Horst Seehofer so und wurde von Markus Söder perfektioniert. Der CSU-Chef liebt die Provokation. Wer mit ihm gemeinsam auftritt, muss in der Regel damit rechnen, mindestens einmal bloßgestellt zu werden.

Nur soll von diesem Parteitag eigentlich ein Signal der Geschlossenheit ausgehen. Zwischen Merz und Söder soll doch jetzt Einigkeit herrschen. Das Problem ist, Söder hat dieser Tage einen neuen Lieblingsfeind: die Grünen. Bei jeder Gelegenheit arbeitet der Bayer sich an ihnen ab. Die Außenministerin Annalena Baerbock und den Wirtschaftsminister Robert Habeck fordert er regelmäßig zum Rücktritt auf. Das neue Credo der CSU: keine Koalition mit den Grünen im Bund. Zur Not will man sogar ein Veto gegen Schwarz-Grün einlegen. Dass der CDU-Chef Merz das anders sieht, ist Söder egal. Er hat gleich mehrere Gründe dafür, das Ganze weiter voranzutreiben. Zum einen kommen die Grünen bei den Wählerinnen und Wählern der CSU tatsächlich besonders schlecht an. Söder hat also die Sorge, auch nur die Aussicht auf eine schwarz-grüne Koalition könne ihn Prozente an die Freien Wähler kosten. Er sieht Hubert Aiwanger quasi schon vor sich, wie der hausieren geht mit der Warnung: Wer CSU wählt, bekommt die Grünen auch in der nächsten

Regierung in Bayern. Und sollte es Aiwanger gelingen, mit seinen Freien Wählern in den Bundestag einzuziehen, wäre die Erzählung, die CSU sei die einzige Bayern-First-Partei in Berlin ein für alle Mal zerstört. Hinzu kommt, dass Söder von Robert Habeck persönlich beleidigt ist. Nach ihren gescheiterten Kanzlerkandidaturen 2021 hatten die beiden aus seiner Perspektive eigentlich allen Grund zur Freundschaft. Allerdings fühlt der CSU-Chef sich von dem Grünen-Politiker hängen gelassen. Er ist überzeugt, Habeck benachteilige Bayern systematisch.

Da ist noch ein anderer Grund für Söders vehementes Nein zu Schwarz-Grün: Es ist die ultimative Machtdemonstration. Als im November 2024 die Ampelkoalition bricht (Kapitel 14), macht Söder es während eines Besuchs in der Talkshow Caren Miosga sehr deutlich: «Ohne mich gibt es keine Regierung», sagt er. Der Bayer zeigt damit, dass eigentlich völlig egal ist, wer in Berlin das Zepter in der Hand hat. Das letzte Wort hat immer noch er.

13

DER UNVERMEIDBARE

Alexander Dobrindt sieht halb interessiert, halb skeptisch auf den Grill, der wenige Meter von ihm entfernt steht. «Da ist ja ganz schön Feuer drauf», sagt er vorsichtig lachend. Die burschikose Frau vor ihm beeindruckt das nicht. Entspannt dreht sie weiter die Steaks hin und her. Sie scheint sich sicher, da kann nichts passieren. An diesem Septemberabend trifft sich der Vorstand der CDU/CSU-Bundestagsfraktion für seine Klausurtagung auf dem brandenburgischen Schloss Neuhardenberg. Tagsüber brütet man über Papieren, abends plauscht man bei Wein und Grillfleisch auf der Terrasse, mit Blick auf den idyllischen Schlosspark. Die K-Frage steht noch aus, und so langsam neigt der Spätsommer sich dem Ende zu. Trotzdem bleibt man auf die Nachfrage der Journalistinnen und Journalisten am Nachmittag entspannt. Merz lacht kurz, deutet auf Dobrindt und sagt: «Du zuerst.» Was im Nachhinein insofern lustig ist, weil der Ball zu dem Zeitpunkt bei der CSU liegt. Auch Dobrindts Antwort ist entsprechend interessant: «Wir haben eine ganz einfache Vereinbarung, und an diese Vereinbarung halten wir uns alle. Das ist ganz simpel: Solange es nicht entschieden ist, ist es offen.» Merz hat dem nichts hinzuzufügen.

Beide Männer wissen zu dem Zeitpunkt, dass Merz Söder längst seine Bereitschaft erklärt hat – und andersrum. Sie wissen auch, dass bei aller Überzeugungsarbeit noch nicht hundert Prozent sicher ist, dass in zweieinhalb Wochen alles glattgehen wird. Vor allem der CSU-Politiker dürfte Söder dafür gut genug kennen. Aber sie hoffen es. Als Dobrindt und Merz am Abend bei angenehmen Sommertemperaturen ihr Essen genießen, fühlt es sich womöglich für einen Moment so an, als könne nichts mehr passieren. Bis plötzlich ein Schrei ertönt. Hinter dem Grill geht eine Stichflamme hoch. Die Grillmeisterin hatte das Feuer offenbar doch unterschätzt. So schnell kann das gehen.

Nun ist Friedrich Merz nicht für strategische Spielchen bekannt. In Hinterzimmern Strippen ziehen – das ist nicht seine Art. Viele schätzen das an ihm, die Verlässlichkeit. Die Politikerin und ehemalige Vorsitzende der Grünen Ricarda Lang, die sich schon manchen Schlagabtausch mit dem CDU-Vorsitzenden geliefert hat, sagt mir nach ihrem Rücktritt: «In der Hinsicht ist Friedrich Merz im besten Sinne konservativ. Er ist aufrichtig. Wir mögen inhaltlich teilweise weit auseinanderliegen. Allerdings weiß ich bei ihm, dass er Wort hält. Das ist in der Politik viel wert und sicher keine Selbstverständlichkeit.» Andere wiederum sehen darin eine Schwäche von Merz. Er sei nicht «durchtrieben» genug. Das stimmt insofern, als dass ein Parteivorsitzender die Schalthebel der Macht bedienen können muss. Moral ist gut, aber sie stößt in der Parteipolitik manchmal an ihre Grenzen. Deshalb sind einige in Merz' Umfeld besorgt, wenn es um die Frage der Kanzlerkandidatur geht. Irgendwann beschließt der CDU-Vorsitzende doch, auf Nummer sicher zu gehen.

Als er sich im Sommer vor der Verkündung seiner Kandidatur Gedanken macht über den nötigen Rückhalt in der Partei, weiß er, dass er sich gegen Markus Söder nur dann geräuschlos durchsetzen kann, wenn die CDU geschlossen hinter ihm steht. Zunächst ist er sich noch unsicher. Zu den Landesvorsitzenden hat er nach wie vor nur ein oberflächliches Verhältnis. Reicht es aus, damit sie loyal sind? Von einem weiß Merz, dass er großen Einfluss besitzt: Hendrik Wüst. In Nordrhein-Westfalen, aber auch weit über die eigenen Bundeslandgrenzen hinaus. Über Jahre hat er beobachtet, wie Wüst seine Allianzen schmiedet und festigt. Auch dass es dem NRW-Ministerpräsidenten gelingt, das Bild einer neueren, moderneren CDU bei Teilen der Partei und darüber hinaus zu verkörpern, ist im Umfeld des Vorsitzenden aufgefallen.

Wüst besitzt etwas, das für Merz als Kanzlerkandidat unverzichtbar ist: den Rückhalt des größten und in der CDU mächtigsten Landesverbandes, Nordrhein-Westfalen. Merz, der schon in den 90er-Jahren schnell in die Bundespolitik gegangen war, fehlen dort die Seilschaften. Der Sauerländer ist zwar präsent in seinem Wahlkreis – den gewinnt Merz bis heute mit großer Mehrheit direkt. Aber darüber hinaus war er noch nie wirklich verwurzelt in der NRW-CDU, so berichtet es eine Reihe von Landespolitikern. Das Problem ist: Ohne einen Landesverband, der ihn stützt, fehlt dem CDU-Chef die Basisgrundlage. Das kann auch die Fraktion nicht ersetzen.

Im Sommer entscheidet sich Wüst gegen eine eigene Kanzlerkandidatur. Er meldet sich bei Merz und lässt ihn wissen, dass er seinen Hut nicht in den Ring werfen wird. Merz, der um den Rückhalt für Wüst in der Partei weiß, nimmt das zur Kenntnis. Er weiß, dass es in der CDU jetzt keine Alternative mehr zu ihm gibt. In Söder sieht er mehr einen Störenfried als einen echten Rivalen. Eigentlich ist damit die Sache klar. Nun geht es nur noch darum, die K-Frage möglichst lautlos über die Bühne zu bringen. Das Alles-ganz-einfach-aussehen-Lassen fehlt noch. Also beschließt Merz etwas für ihn Unübliches zu tun: Er bindet Wüst ein. Immer wieder telefonieren die beiden, tauschen sich intensiv zu der Frage aus. Und irgendwann bittet Merz ihn um einen Gefallen.

Während am Abend des 1. September 2024 in Sachsen und Thüringen die Landtagswahlen stattfinden, trifft sich in Bonn die CDU/CSU-Bundestagsfraktion anlässlich ihres 75. Geburtstages. Als Fraktionsvorsitzender ist Merz selbstverständlich vor Ort. Und auch der nordrhein-westfälische Ministerpräsident ist eingeladen. Immerhin findet die Feier in seinem Bundesland statt. Die beiden CDU-Politiker nutzen den Termin und verabreden sich bilateral. Bevor es losgeht, treffen sie sich abseits der Veranstaltung an einem etwas ruhigeren Ort. Merz weiß zu dem Zeitpunkt: In etwas über zwei Wochen soll die offizielle Entscheidung in Sachen K-Frage fallen. Dass die beiden Parteivorsitzenden sich in der Woche zusammensetzen, ist bereits ausgemacht. Merz sieht zwar davon ab, Wüst in diese Details einzuweihen. Er informiert ihn aber, dass Söder und er in Gesprächen sind, man zeitnah eine Entscheidung treffen werde. Dann fragt er Wüst nach dessen Unterstützung und nach der des NRW-Landesverbandes.

Es ist die ultimative Absicherung gegen Markus Söder. Und Wüst willigt ein. Die beiden Männer wissen, was daraus folgt. Damit ist die Kanzlerkandidatur von Merz endgültig besiegelt. Im Anschluss feiert man gemeinsam Geburtstag. Bundestagsabgeordnete berichten von einer ausgelassenen Stimmung. Und davon, wie die zwei Männer fröhlich und gemeinsam auf der Veranstaltung eintrafen.

Wüst weiß an jenem Abend, was er zusagt. Es gibt danach kein Zurück mehr, Merz ist nun gesetzt. Womöglich hat Wüst auch geahnt, dass Merz seine Unterstützung zwar gegenüber den anderen Landesvorsitzenden betonen wird, jedoch sorgsam darauf achtet, dass der NRW-Ministerpräsident in der Öffentlichkeit keine hervorgehobene Rolle bekommt. Sollte er, Hendrik Wüst, jetzt also dabei helfen, dass Merz Kanzlerkandidat wird, um anschließend zuzusehen, wie der CDU- und der CSU-Vorsitzende das unter sich ausmachen und gemeinsam vor die Kameras treten? Wüst entscheidet sich für ein klares: Nein. Wenn Merz ihm schon nicht die Rolle des Königsmachers zugesteht, dann nimmt Wüst sie sich eben selbst.

Es geht für ihn schließlich nur um den einen Moment. Der NRW-Ministerpräsident sieht hier dahinschwinden, was er zuvor über Monate versucht hatte vorzubereiten. Immer wieder hatte er darauf gedrängt, dass es sich nicht um eine Entscheidung zwischen Söder und Merz allein handeln dürfe, über die der Rest der Partei lediglich informiert werde. Stattdessen sollten auch die Länderchefs eine Rolle spielen. Wüst war sogar so weit gegangen, in einer Dokumentation mit dem Journalisten Markus Feldenkirchen auf die entsprechende Frage zu sagen: «Alle Ministerpräsidenten haben die Regierungserfahrung und auch die Fähigkeit zur Kanzlerkandidatur.» Und: Er sehe aktuell «eher fünf als zehn» potenzielle Unions-Kanzlerkandidaten. Wenn die Parteichefs die Sache am Ende also doch zu zweit abräumen wollen, übergehen sie nicht nur sämtliche Forderungen des Ministerpräsidenten. Das Ganze droht auch, ihn blöd aus der Wäsche gucken zu lassen. Also beschließt Wüst, Merz keinen Blankoscheck auszustellen. Er sagt ihm seine Unterstützung zu – der Preis dafür ist das Narrativ.

Als am Montagmorgen um 9 Uhr eine Einladung zu einem Statement von Wüst die Presse erreicht, weiß weder die CSU in Bayern noch ein Großteil der CDU davon. Mit Ausnahme von: Friedrich Merz. Interessant ist nun, dass Merz in der traditionellen Videoschalte am Montagmorgen um 8 Uhr mit Markus Söder und Alexander Dobrindt kein Wort über das geplante Statement von Wüst verliert. Auch jenseits dessen sieht der CDU-Vorsitzende keine Notwendigkeit, Söder über das Vorhaben des NRW-Ministerpräsidenten zu informieren. Kein Anruf, nicht mal eine kurze SMS: Achtung, da kommt was. Nichts. Söder und Dobrindt werden kurze Zeit später über andere Kanäle davon erfahren, dass Wüst vor die Presse treten will. Fragt man Merz anschließend, warum er die beiden Männer eigentlich nicht schon am Wochenende oder spätestens am Montagmorgen informiert hat, sagt der: «Für den Prozess war das nicht relevant. Außerdem hätte das auch nichts geändert, hätte Markus Söder von mir davon erfahren.» Es mag sein, dass der CDU-Vorsitzende hier keinerlei böse Absichten hatte. Allerdings dürfte er gewusst haben, dass zumindest die öffentliche Unterstützung von Wüst und dem NRW-Landesverband sehr wohl relevant für den Prozess der K-Frage waren. Merz hat schließlich selbst darum gebeten. Ob es nun im Interesse des Vorsitzenden war, dass Wüst auch noch in epischer Länge den eigenen Verzicht erklärt hat, sei dahingestellt. So hatten beide etwas davon.

Unmittelbar nach Wüst beginnen auch die anderen Landesvorsitzenden, sich zu äußern. Erst der niedersächsische CDU-Chef Sebastian Lechner und Manuel Hagel aus Baden-Württemberg. Am nächsten Morgen dann der Ministerpräsident von Schleswig-Holstein, Daniel Günther. Dass nun nicht nur der größte und wichtigste Landesverband der CDU, sondern auch diverse andere ihre Unterstützung für Merz ausgesprochen hatten, machten Merz auf den letzten Metern alternativlos. Söder hatte keine Chance.

Auch Merz dürfte das klar gewesen sein. Als er am Wochenende vor der Entscheidung mit den Landesvorsitzenden telefoniert, erwähnt er Wüst sehr bewusst. Mancher von ihnen erzählt anschließend, Merz habe angerufen und gesagt, er werde die Kandidatenfrage in der bevorstehenden Woche mit Markus Söder klären. Auch mit Hendrik Wüst sei alles so abgesprochen.

Mit dem nordrhein-westfälischen Ministerpräsidenten telefoniert Merz an jenem Wochenende gleich mehrfach. Wüst, so berichten es eingeweihte Kreise, sagt Merz, er werde am Montag eine «persönliche Erklärung» abgeben. Anschließend werde er dem NRW-Landesvorstand nahelegen, Merz als Kanzlerkandidaten zu unterstützen. Wie vereinbart.

Es hat in der CDU Tradition, dass der eigene Landesverband einen als Kanzlerkandidaten vorschlägt. Genau genommen wurde in NRW zwar nur die Unterstützung signalisiert und kein Vorschlag gemacht. Aber für Merz ist es dennoch das entscheidende Signal – in seine eigene Partei und in die CSU. Damit läuft alles nach Plan. Während Söder Armin Laschet in einen mehr oder minder öffentlichen Machtkampf gezwungen hat, räumt Merz die Sache mithilfe von Wüst ab. Es kann sein, dass der CSU-Chef Merz ohnehin unterstützen wollte. Dass er ihm die Kanzlerkandidatur ohne Widerworte überlassen und es Wüst gar nicht gebraucht hätte. Aber bei Söder weiß man nie so genau.

Tage später steht Friedrich Merz auf der kleinen Bühne in der Bayerischen Landesvertretung – und grinst. Er ist am Ende als Kanzlerkandidat nicht nur unvermeidbar geworden, er hat sich auch unvermeidbar gemacht. Die Stichflamme? Bleibt aus.

DER UNVERMEIDBARE
KANZLER?

14

(K)EIN KLEMPNER DER MACHT

Friedrich Merz ist auf dem Weg in den Bundestag, als er vom unmittelbar bevorstehenden Bruch der Ampel erfährt. Im Auto erreicht ihn die Nachricht: Christian Lindner hat Bundeskanzler Olaf Scholz Neuwahlen vorgeschlagen. In diesem Moment ist klar: Es kann nicht mehr lange dauern. Über Monate hatten Merz und die Unionsparteien darauf gepocht, dass die Ampelkoalition so nicht mehr weitermachen könne. Das Land brauche einen Neustart, «diese Regierung hat fertig», hatte er wieder und wieder betont. Fast genau ein Jahr lang konnte der CDU-Chef beobachten, wie die Situation in der Ampel sich zuspitzte. Jetzt war der entscheidende Moment da.

Das Urteil des Bundesverfassungsgerichts am 15. November 2023 war der Anfang vom Ende. Der Bund durfte die zur Bekämpfung der Coronakrise vorgesehenen Gelder nicht für den Klima- und Transformationsfonds nutzen. Im Haushalt der Ampel war damit ein riesiges Loch, und das Vertrauensverhältnis der Koalitionspartner bekam einen tiefen Riss. Überspitzt könnte man sagen, der 60-Milliarden-Trick machte die Ampel erst möglich. Nur mit den zusätzlichen Mitteln konnten die sozialen Versprechen der SPD und die Grünen-Projekte zur klimafreundlichen Transformation der Wirtschaft mit dem Festhalten an der Schuldenbremse der FDP vereint werden. Als das Verfassungsgericht den Plan schasste, war man in der FDP empört. Olaf Scholz habe die Idee gehabt und sei deswegen der Urheber dieser Misere.

Auf der anderen Seite wies die SPD die alleinige Schuld von sich. Für den Haushalt sei immer noch der Finanzminister zuständig. Die Fronten verhärteten sich, Finanzministerium und Kanzleramt pflegten von nun an einen neuen, belasteten Umgang miteinander.

Das machte die Lage in den kommenden Monaten immer schwieriger. Denn die Geldprobleme blieben, während es der Wirtschaft immer schlechter ging. Gleichzeitig lagen die politischen Rezepte gegen die Krise weit auseinander. Während Lindner zum Sparen aufrief, wollten SPD und Grüne das Geld mit beiden Händen ausgeben. Hier trafen zwei grundsätzlich unterschiedliche Politikansätze aufeinander. Die einen glauben, es sei richtig, das Geld beisammenzuhalten und dafür die Wirtschaft steuerlich zu entlasten, während die anderen der Wirtschaft durch staatliche Subventionen helfen wollen, ohne gleichzeitig den Sozialstaat zu sehr zu vernachlässigen.

Im Sommer 2024 denkt der Kanzler zum ersten Mal ernsthaft über das Ende der Koalition nach. Zu dem Zeitpunkt stecken die Verhandlungen über den Haushalt für das Jahr 2025 erneut fest. Am 3. Juli lädt Scholz die Spitze der Grünen ins Kanzleramt ein. Der Wirtschaftsminister Robert Habeck, die Außenministerin Annalena Baerbock, die beiden Parteivorsitzenden Ricarda Lang und Omid Nouripour und die beiden Fraktionsvorsitzenden Katharina Dröge und Britta Haßelmann sind dabei. Teilnehmer der Runde schildern, Scholz habe seine Überlegungen geteilt, die Haushaltsaufstellung im November an die Vertrauensfrage zu knüpfen. Schon da soll es die Überlegung gegeben haben, den Etat für das Jahr 2025 an einen sogenannten Überschreitungsbeschluss zu koppeln – der technische Begriff für die Ausnahmeregelung der Schuldenbremse für Notsituationen. Ein solcher Beschluss hätte dem Bund ermöglicht, Kredite über das in der Schuldenbremse festgelegte Limit hinaus aufzunehmen. Eigentlich weiß Scholz, dass er mit dieser Idee an Lindner scheitern muss. Schließlich hatte die FDP das Einhalten der Schuldenbremse zum Markenkern erhoben. Das Kalkül ist jedoch, dass sich die Liberalen, wenn sie vor einem Ultimatum stehen, also Notlage oder Ampel-Aus, noch einmal bewegen. Und wenn nicht? Auch diese Möglichkeit zieht Scholz in Betracht und fragt die Grünen deshalb bei dem Treffen im Kanzleramt, ob sie für eine Minderheitsregierung zur Verfügung stehen. Sie sagen Ja.

Es kommt zunächst anders. Drei Tage später einigt sich die Koalition auf einen wackeligen Haushaltsentwurf, das vorzeitige Ende der Ampel ist damit verschoben, so richtig stabil ist die Sache aber noch nicht. Und so kommt es, dass die FDP wenige Wochen später beginnt, einen Exit-Plan zu entwerfen. Er wird nach dem Bruch der Ampel im November über Recherchen der *Zeit* und der *Süddeutschen Zeitung* an die Öffentlichkeit geraten. Demnach beginnt die von den Liberalen so benannte «Operation D-Day» am 29. September 2024 in der Villa Erlenkamp, dem Sitz der FDP-nahen Friedrich-Naumann-Stiftung, in Potsdam-Babelsberg. Eine vertraute Runde soll sich dort getroffen haben, darunter der FDP-Generalsekretär Bijan Djir-Sarai, der Parlamentarische Geschäftsführer Johannes Vogel, der Fraktionsvorsitzende Christian Dürr, die Bildungsministerin Bettina Stark-Watzinger, der Verkehrsminister Volker Wissing, der Justizminister Marco Buschmann und Christian Lindner. Es geht um die Zukunft der Koalition und um die Zukunft der eigenen Partei. Rund ein halbes Dutzend Personen aus eingeweihten

Kreisen haben mit dem Journalisten Robert Pausch über die Vorgänge gesprochen. Er gewinnt, so schreibt er, den Eindruck «einer Parteiführung, die akribisch den Bruch der Regierung vorbereitet, während sie öffentlich beteuert, für deren Erfolg zu arbeiten». Für Lindner ist offenbar klar, dass die FDP nicht glaubwürdig als Teil der Ampel in einen Wahlkampf ziehen kann. Auf der anderen Seite ahnt man mit der Zeit mehr und mehr, was die FDP vorhat. In Gesprächen mit Regierungsmitgliedern gewinne auch ich in diesen Wochen den Eindruck, dass dort einige mit einem Ausstieg der FDP rechnen. Ein Kabinettsmitglied sagt etwa zehn Tage vor dem Ende der Ampel: «Christian will raus. Er weiß nur noch nicht, wie, aber er will raus.»

Während die Union sich nach der Verkündung von Merz' Kanzlerkandidatur im Herbst ein wenig zurückzieht, beginnt zwischen SPD, Grünen und FDP ein mehr oder minder öffentliches Finale, das an den letzten Akt eines Theaterstückes erinnert.

Im Oktober kündigt Scholz während seiner Regierungserklärung einen Industriegipfel im Kanzleramt an. Schließlich ist die wirtschaftliche Situation nach wie vor besorgniserregend, in den Unternehmen herrscht große Sorge um die eigene Wettbewerbsfähigkeit. Die Regierung rechnet zu dem Zeitpunkt bereits damit, dass die Wirtschaft im zweiten Jahr in Folge schrumpft, der Internationale Währungsfonds hat seine Prognose für dieses Jahr noch einmal nach unten korrigiert und erwartet für Deutschland 2024 ein Nullwachstum. Seit Monaten macht die Union der Ampel Vorwürfe. Sie lasse die Wirtschaft allein, trage die Verantwortung für die schwierige Situation und nehme die Lage nicht ernst genug. Jetzt will der Kanzler zeigen, dass er das Thema zur Chefsache macht. Nur weiht er weder seinen Wirtschafts- noch seinen Finanzminister im Vorfeld ein. Das Ganze wirkt mehr wie ein vorgezogenes Wahlkampfmanöver als ein tatsächlicher Kurswechsel. Habeck und Lindner erfahren erst am Morgen, wenige Stunden vor der Ankündigung des Gipfels, in der Regierungserklärung des Kanzlers von den Plänen.

Eingeladen ist keiner der zwei Männer. Dass die beiden Minister in der Frage zuständig, vielleicht sogar entscheidend sein könnten? Fand Scholz anscheinend nicht. Der Knall war vorprogrammiert – und ließ nicht lange auf sich warten. In der Ampel bricht unmittelbar ein Wettrennen um die Maßnahmen gegen die angespannte Wirtschaftslage aus. Habeck schlägt wenige Tage später eine Agenda zur Belebung der deutschen Wirtschaft vor. Sie trägt den Titel «Update für die Wirtschaft – Impulse für eine Modernisierungsagenda». Bund und Länder sollen demnach etwa gemeinsame Fonds auflegen, um damit Anreize für Investitionen zu schaffen und eine Modernisierung der Infrastruktur zu ermöglichen. So sollen dem Staat finanzielle Spielräume über die Schuldenbremse hinaus ermöglicht werden. Die sind für Habeck eine «Investitions- und Wachstumsbremse». Der Wirtschaftsminister und Vizekanzler nennt zwar kein Volumen, das der Fonds haben müsste, dennoch ist klar, dass er sich ohne neue Schulden kaum füllen ließe. Habeck macht damit alte Grundsatzfragen auf und provoziert mit seinem Papier nicht nur Scholz, sondern auch Lindner. Der bezeichnet die Vorschläge seines Koalitionspartners Habeck als einen «Hammer» und «konzeptionelle Hilflosigkeit». Um auch Scholz noch einen mitzugeben, schlägt Lindner außerdem vor, lieber zu sparen, zum Beispiel beim Bürgergeld, und beschließt außerdem selbst, noch etwas in die Waagschale zu werfen: ein Gegengipfel zu dem des Kanzlers. Für die Bürgerinnen und Bürger ist es ein Schauspiel, von dem man kurz glaubt, es könne kaum noch absurder werden.

Als Scholz und Habeck Ende Oktober für eine Woche in den Urlaub fahren, legt Lindner ein letztes Mal nach. Er schickt eine Reihe von Vorschlägen an die beiden, die man später unter dem Begriff «Scheidungspapier» zusammenfasst. Auf 18 Seiten fordert der FDP-Chef eine «teilweise grundlegende Revision politischer Leitentscheidungen». Lindner schlägt vor, «als Sofortmaßnahme» den Solidaritätszuschlag abzuschaffen oder den Klima- und Transformationsfonds ersatzlos zu streichen. Das Papier ist ein Affront. Bei SPD und Grünen ist man entsprechend genervt bis besorgt. Manche befürchten gleich, es könne sich hier um ein zweites «Lambsdorff-Papier» handeln. Darin hatte die FDP 1982 schon einmal eine Wirtschaftswende gefordert. Die sozial-liberale Koalition ist damals mit daran zerbrochen.

Und tatsächlich ist Lindners Papier ein Frontalangriff auf die Ampel-Partner. Als kleinste Partei der Koalition fordert er von Habeck und Scholz eine FDP-pur-Regierung. Der Kanzler ahnt bereits, was der FDP-Chef erreichen, dass er damit den Koalitionsbruch herbeiführen will, weigert sich jedoch, es ihm leicht zu machen. Am Sonntag, den 3. November empfängt er erst die Parteispitze der SPD und anschließend den Finanzminister im Kanzleramt. Anders als gedacht entscheidet Scholz dieses Mal, die Gespräche nicht in der Kanzlerwohnung im achten Stock zu führen, sondern in einem Raum im siebten Stock, direkt vor der großen Fensterfront. Von hier an soll die Öffentlichkeit mitverfolgen können, was passiert, er will zeigen, dass er um eine Lösung bemüht ist, es zumindest versucht.

Ab Montag folgt der letzte Akt des Ampel-Schauspiels. Täglich verhandeln die drei Koalitions-Spitzen: Olaf Scholz, Robert Habeck und Christian Lindner. Es sollen noch einmal Möglichkeiten ausgelotet werden, den Haushalt, die Wirtschaft und nicht zuletzt die Regierung zu retten, bevor am Mittwochabend der Koalitionsausschuss zusammenkommt.

Am Dienstagabend erreicht die SPD die Information, Lindner plane nicht einfach nur auszusteigen, sondern wolle den Kanzler dabei noch so gut es geht vorführen. Am Mittwoch werde die FDP im Koalitionsausschuss Zeit schinden, also «sitzen bleiben», um anschließend am Freitag die Koalition zu verlassen. Der Hintergrund: Scholz' Reise zum Europäischen Rat nach Budapest. Wenn der Kanzler nicht im Land ist, glauben die Liberalen einen Vorteil bei der Deutungshoheit zu bekommen. Die Recherchen der *Zeit* und der *Süddeutschen Zeitung* werden später die Gerüchte, die die SPD an jenem Abend erreichen, bestätigen. Scholz ist entschlossen, das abgekartete Spiel der FDP nicht zuzulassen, und dreht den Spieß um. Am Mittwochmorgen gibt er ein Papier bei seinem Bundeskanzleramtschef Wolfgang Schmidt in Auftrag, in dem erneut ein Überschreitungsbeschluss für den Haushalt enthalten ist. Nachmittags legt er es Lindner und Habeck vor.

Es geht um rund 15 Milliarden Euro für die Ukraine. Im regulären Haushalt würden so 12 Milliarden Euro, die sonst für Waffenlieferungen und Material sowie für die Kosten Geflüchteter eingeplant waren, frei, den Rest gäbe es für Waffenlieferungen obendrauf. Lindner erbittet Bedenkzeit, er wolle das prüfen lassen. Dabei ist eigentlich klar, dass es für ihn kein akzeptabler Weg ist. Die Notlage für die Ukraine hatte der Finanzminister bisher strikt ausgeschlossen. Und so kommt es, dass SPD, Grüne und FDP am Mittwochabend um 18:00 Uhr ohne zuvor geeintes Ergebnis in den Koalitionsausschuss gehen.

Als Olaf Scholz das Wort ergreift, ist es ganz still im Raum. Normalerweise herrscht im Koalitionsausschuss zwischen den 17 führenden Frauen und Männern von SPD, Grünen und FDP zwar eine kühle, aber doch irgendwie lockere Atmosphäre. An diesem Abend sind alle sichtlich angespannt. Man befürchtet bereits, was wenige Stunden später Realität werden soll: den Bruch der eigenen Koalition. Das Treffen, das am 6. November 2024 im Bankettsaal des Kanzleramts stattfindet, wird als das endgültige Scheitern der Ampel in die Geschichte eingehen.

Den Anfang macht, wie immer, der Kanzler: Scholz geht auf die Vorschläge für mögliche Maßnahmen der Koalition ein, mit denen der deutschen Wirtschaft wieder auf die Beine geholfen werden soll. Er habe überlegt, wie man wirtschaftliche Impulse für das Land setzen könne. Auch darüber, wie das alles mit dem Haushalt funktionieren soll, habe er sich Gedanken gemacht. Er nennt die sogenannten Intel-Milliarden. Eine Summe von zehn Milliarden Euro, die eigentlich als staatliche Subventionen für den – inzwischen aufgeschobenen – Neubau eines Werks des Chipherstellers Intel in Sachsen-Anhalt vorgesehen waren. Wenn man sie umwidmet, würde das bis hierhin vorhandene Loch im Haushalt ein wenig kleiner. Es reicht aber nicht, um es ganz zu schließen. Also, führt Scholz weiter aus, brauche es darüber hinaus eine andere Lösung, und nennt noch einmal den «Überschreitungsbeschluss». Dann fragt der Kanzler in die Runde: «Ich möchte jetzt von euch wissen, ob ihr diesen Weg mitgehen wollt.» Die Zeit des Redens sei nun vorbei, es müssten Taten folgen. In dem Wissen, dass Lindner ihn austricksen will, setzt Scholz ihm jetzt die Pistole auf die Brust.

Teilnehmer der Sitzung beschreiben, es habe eine «gespenstige Stimmung» geherrscht. Während zunächst der Vizekanzler Habeck antwortet, warten eigentlich alle auf die Antwort von Lindner. Der beschließt zunächst auszuweichen und gibt die Frage zurück: «Olaf, du musst mir erklären, wie du dir das vorstellst», sagt er. Im Raum wird aufgeatmet, die Ersten erheben sich von ihren Stühlen – wenn jetzt eine Grundsatzdebatte beginnt, kann es noch lange dauern, glauben die ein oder anderen und gehen zum Buffet. Es gibt Semmelknödel mit Rinderschulter in Rotweinsoße und Tagliatelle mit Pilzragout. Während gegessen wird, nehmen reihum die Wortbeiträge ihren Lauf. Der FDP-Justizminister Marco Buschmann geht juristisch auf den Vorschlag von Scholz ein, Lars Klingbeil pocht noch einmal darauf, dass an diesem Abend eine Entscheidung fallen müsse. Die Außenministerin Annalena Baerbock hält einen kleinen Vortrag über die Ukraine, und irgendwann ist Lindner erneut an der Reihe. Der Finanzminister beginnt und erklärt, er habe nachgedacht, auch juristisch. Dann richtet er sich direkt an den Kanzler: «Olaf, du sagst, du willst heute eine Entscheidung, aber was, wenn ich Nein sage? Entlässt du mich dann?» Lindner führt weiter aus, er habe noch einen anderen Vorschlag. Man könne sich auf einen Haushalt für das kommende Jahr einigen und dann gemeinsam Neuwahlen starten. «Lass es uns gemeinsam würdevoll zu Ende bringen.» Scholz starrt zurück, es ist der ultimative Angriff gegen ihn. Willigt er ein, könnte Lindner anschließend vor die Öffentlichkeit treten und den Menschen sagen, er habe es geschafft, den Kanzler zu Neuwahlen zu bewegen. Die FDP könnte sich als Erlöser von der Ampel inszenieren, und den Wahlkampf könnte der FDP-Chef dann sogar noch als Finanzminister machen. Bevor Scholz etwas antworten kann, sind zunächst zwei FDP-Männer dran. Buschmann und der FDP-Fraktionsvorsitzende Christian Dürr. Es ist eine surreale Situation, die etwas von einer Werbepause kurz vor dem entscheidenden Moment in einem Krimi hat. Buschmann kontert zunächst Baerbock auf ihren Beitrag zur Ukraine. Dürr hält eine Art makroökonomisches Referat. Irgendwann sagt Lindner zu Dürr: «Christian, ich habe dem Kanzler ja gerade eine dramatische Frage gestellt», es wäre doch gut, wenn Scholz nun erst einmal antworte. Kurz lachen alle, dann antwortet Scholz: Er will heute eine Entscheidung, und wenn die nicht erreicht werde, werde er seine Konsequenzen ziehen. Zu Lindners Neuwahlen-Vorschlag sagt er: «Meine Antwort ist Nein.» Der FDP-Chef hakt noch einmal nach, ob das jetzt heißt, er müsse sich für oder gegen die Schuldenbremse entscheiden. Scholz antwortet kurz und knapp: «Ja.»

Der Finanzminister bittet um eine Unterbrechung. Die FDP wolle sich zurückziehen, um zu beraten. Während die Liberalen den Raum verlassen, bleiben Grüne und SPD sitzen. Scholz fragt noch einmal zur Sicherheit, was passiert, wenn Lindner geht: «Bleibt ihr dann?» Die Grünen willigen ein. Dann zitiert der Kanzler Erich Kästner und sagt: «Nie dürft ihr so tief sinken, von dem Kakao, durch den man euch zieht, auch noch zu trinken.» Dann zieht auch die SPD sich in einen separaten Raum zurück.

Wenige Minuten später ploppt auf den Telefonen der Teilnehmer eine Nachricht auf. Die *Bild* meldet: «Lindner schlägt Scholz Neuwahlen vor». Als der Kanzler, die SPD und die FDP in den Bankettsaal zurückkehren, ist es still. Scholz geht zu seinem Platz, hält kurz inne und macht kurzen Prozess: Es hätten nun alle einen Moment gehabt, um nachzudenken, bei manchem habe er ja bereits in den Zeitungen nachlesen können, was dabei rausgekommen sei. «Dann, lieber Christian, möchte ich nicht mehr, dass du meinem Kabinett angehörst, und werde morgen früh dem Bundespräsidenten mitteilen, dass du entlassen wirst.» Lindner erwidert, dann gebe es immerhin Klarheit. Und nach einer kurzen Verdauungssekunde sagt Scholz nur noch: «So. Doof.»

Während die Ampel ein letztes Mal im Bundeskanzleramt zusammensitzt, besucht der Oppositionsführer und CDU-Vorsitzende Friedrich Merz am Mittwochabend den Start-up-Verband. Er hat sich anschließend für 20:45 Uhr mit dem CSU-Landesgruppenchef Alexander Dobrindt verabredet, um die Geschehnisse im Kanzleramt gemeinsam zu beobachten und durchzusprechen. Beide gehen davon aus, dass es eine Weile dauern könnte, und glauben nicht, dass es bereits an diesem Abend vorbei sein wird. Als Merz im Auto die Nachricht erreicht, Lindner habe dem Kanzler Neuwahlen vorgeschlagen, ist er kurz überrascht. Dass es so schnell geht, hatte er nicht erwartet, in der Union hatte man Signale aus der FDP bekommen, dass es noch dauern könne. Auch Dobrindt ist zu dem Zeitpunkt bereits unterwegs. Er kommt zu Fuß von der Parlamentarischen Gesellschaft, wo er bei einer Veranstaltung des FC Bayern Fanclubs zu Gast war. Als er im fünften Stock des Jakob-Kaiser-Hauses im Büro des Fraktionsvorsitzenden eintrifft, wissen beide Bescheid. Scholz hat Lindner zu dem Zeitpunkt bereits entlassen.

Auch der Generalsekretär Carsten Linnemann und der Parlamentarische Geschäftsführer Thorsten Frei machen sich auf den Weg zu Merz und Dobrindt. Gemeinsam rufen sie den CSU-Vorsitzenden Markus Söder auf dem Handy an, verfolgen und besprechen die Lage. Erst tritt Scholz vor die Presse, dann Habeck, dann Lindner. Es ist eine Reihe von gegenseitigen Schuldzuweisungen. Die Union beschließt, sich vorerst weitestgehend rauszuhalten. Noch ist zu viel im Fluss. Scholz hat zunächst den 15. Januar 2025 für eine Vertrauensfrage im Parlament angekündigt, anschließend hätte der Bundespräsident 21 Tage Zeit, um den Bundestag aufzulösen, binnen 60 Tagen könnten dann Neuwahlen stattfinden. In der Runde ist man sich sofort einig, das sei zu spät. Dennoch will man erst einmal abwarten. Um auf die vielen Presseanfragen zu reagieren, will man ein Statement von Alexander Dobrindt herausgeben, mehr nicht. Erst am nächsten Morgen werden Merz und Dobrindt ausführlicher Stellung nehmen. Um 8 Uhr soll eine Sonderfraktionssitzung stattfinden, anschließend plant man, für ein Statement vor die Presse zu treten.

Fragt man Teilnehmer der Runde nach jenem 6. November in Merz' Büro, beschreiben sie eine gemischte Stimmung. Irgendwie erleichtert, aber auch aufgekratzt und nicht zuletzt ernst. Kein Wunder, denn hier kommt einiges zusammen. Einerseits ist es eine historische Chance für CDU und CSU. Leichter hätte die Ampel es der Union, allen voran Friedrich Merz, nicht machen können. Eine gescheiterte Koalition, ein gescheiterter Kanzler. Das macht den bevorstehenden Wahlkampf nicht gerade einfach für SPD, Grüne und FDP. Gleichwohl stört die zeitliche Perspektive: Solange Scholz nicht die Vertrauensfrage stellt, kann der Bundespräsident den Bundestag nicht auflösen und Neuwahlen können nicht stattfinden. Vor dem dritten Schritt muss also der erste erfolgen. Der Fokus für CDU und CSU heißt jetzt: Scholz muss die Vertrauensfrage stellen – am besten so schnell wie möglich. Je kürzer der Wahlkampf, desto weniger Möglichkeiten haben vor allem SPD und Grüne, um sich zu rehabilitieren. In diesem Moment ist die Union die bessere Alternative. Laut einer Extraausgabe des ARD-Deutschlandtrends liegt die Union nun bei 34 Prozent, während die SPD gerade mal auf 16 Prozentpunkte kommt. Und nicht nur das, auch der Kanzlerkandidat Merz wird von den Befragten nun klar präferiert. Während gerade mal 21 Prozent angeben, zufrieden mit der politischen Arbeit von Kanzler Scholz zu sein, kommt der CDU-Chef auf 40 Prozent. Ein Momentum, das man nutzen möchte.

Für das Selbstbewusstsein von Friedrich Merz dürften es gute Tage sein. Auf der einen Seite steht eine gescheiterte Koalition. Die Wirtschaft steckt zudem in einer schweren Krise. Beides geht auf das Konto des Kanzlers. Auf der anderen Seite kann Merz als Gegenmodell fast schon glänzen. In der Union herrscht Ruhe und Einigkeit, und gerade Wirtschaft ist ein dankbares Wahlkampfthema für ihn. Merz mag sich bei anderen Themen, wie Sozialpolitik, schwertun. Dafür wird ihm in Sachen Wirtschaft eine hohe Kompetenz zugeschrieben. Als Olaf Scholz am Donnerstag über sein Büro bei Merz' Leuten ausrichten lässt, er wolle den Oppositionsführer für ein Gespräch ins Kanzleramt einladen, kann der so dominant auftreten wie noch nie. Schon in der Vergangenheit hatte Merz gern darauf hingewiesen, dass Scholz und er auf Augenhöhe seien. Spätestens jetzt sind sie es wirklich. Merz beherrscht das Gespräch – so berichten es eingeweihte Kreise. Der Kanzler soll ihm erklären, warum er die Vertrauensfrage erst im Januar stellen will. Scholz antwortet, er wolle, dass jetzt alles «geruhsam» seinen Weg gehe. Merz reagiert irritiert: «Haben Sie gerade ernsthaft ‹geruhsam› gesagt?!» Also korrigiert sich der Kanzler noch einmal: Er meine «geordnet». Aber auch das reicht Merz nicht. Nach gerade mal 25 Minuten gehen die beiden Männer ohne Ergebnis auseinander. Scholz schaltet auf stur, Merz versucht, weiter Druck zu machen. Die öffentliche Stimmung ist auf seiner Seite. Die Mehrheit der Deutschen will Neuwahlen so schnell wie möglich, auch bei den Grünen und sogar in Teilen der SPD sehen sie das. Und was ist mit Scholz? Die Vertrauensfrage kann schließlich nur der Kanzler stellen.

Am Freitagvormittag steht plötzlich ein Gast vor dem Büro des Oppositionsführers. Es ist Merz' Pendant bei der SPD, der Fraktionschef Rolf Mützenich. Die beiden pflegen ein gutes Verhältnis, ihre Etagen sind im Bundestag mit einer kleinen Treppe verbunden, die niemand sonst nutzt. So können sie schnell und unkompliziert das Gespräch zueinander suchen, ohne dass es andere merken.

Ob Merz einen Moment Zeit für ihn hat, will Mützenich wissen. Hat er, und der SPD-Politiker tritt ein. Man wolle auf die Union zugehen, erklärt er Merz und stellt für die Vertrauensfrage den 20. Dezember in Aussicht. Gleich werde der Kanzler in Budapest am Rande des Europäischen Rates vor die Kameras treten und die Bewegungsbereitschaft, was den Termin angeht, selbst noch einmal erklären. Merz bedankt sich bei Mützenich für seinen Besuch und bittet um etwas Bedenkzeit. Er will das durchrechnen. Am Abend verschafft er sich mit Dobrindt einen Überblick, was die Terminlage angeht. Sie landen beim 2. März für Neuwahlen. Das ist beiden zu spät. Zum einen ist Karneval, und außerdem finden da die Bürgerschaftswahlen in Hamburg statt. Man befürchtet, Scholz könne so auf Rückenwind hoffen. Denn in der Hansestadt schneidet die SPD traditionell als stärkste Kraft ab. Es muss also früher passieren.

Sonntag kommen Merz und Dobrindt noch einmal zusammen und überlegen, dass sie es andersherum einfädeln wollen, also vom Neuwahltermin ausgehend. Sprich, die Union nennt den gewünschten Termin für die Neuwahlen, und dann soll die SPD rückwärts rechnen. Man einigt sich auf den 16. oder den 23. Februar 2025. Am Abend ruft Merz bei Mützenich an, um ihn zu informieren, der willigt ein, den Vorschlag aufseiten der SPD und mit dem Kanzler zu besprechen. Montagabend meldet er sich zurück: Der 23. Februar sei in Ordnung, nun müsse man nur noch ein Datum für die Vertrauensfrage finden, der Rest läuft über Bundespräsident Frank-Walter Steinmeier.

Auch Scholz, der den zeitlichen Ablauf gewissermaßen in die Hände seines Fraktionschefs gelegt hat, willigt nun ein, die Vertrauensfrage am 16. Dezember im Bundestag zu stellen, also während der letzten Sitzungswoche in diesem Jahr. Noch am selben Abend einigen sich die Fraktionsvorsitzenden beim Bundespräsidenten auf den 23. Februar für Neuwahlen. Von hier an beginnt für die Parteien die finale Phase der Vorbereitung. Bis zu den Weihnachtsferien soll alles stehen.

Eigentlich, so würde man denken, kann für die Union von hier an nicht mehr viel schiefgehen. Scholz' altes Argument «Wer bei mir Führung bestellt, bekommt sie auch» wirkt so wenig glaubhaft wie nie. In der Union, vor allem in der CDU, macht sich das Gefühl breit, Merz müsse eigentlich gar nichts mehr machen, die Wahl sei so gut wie gewonnen. Keine zwei Wochen nach Ampel-Bruch werden bei der CSU sogar schon Ministerposten verteilt. Söder kündigt an, das Landwirtschaftsministerium beanspruchen zu wollen. Der Präsident des Bayerischen Bauernverbands, Günther Felßner, soll es machen. Auch über andere Ressorts, wie das Innen- oder das Bildungsministerium, wird in parteiinternen Runden bereits nachgedacht. Zu diesem Zeitpunkt hat Olaf Scholz noch nicht die Vertrauensfrage gestellt, und bis zum offiziellen Wahlkampfauftakt sind es noch anderthalb Monate. Allerdings ist man sich in Teilen der Union schon jetzt sicher, die Sache sei gelaufen.

Aus den CDU-Landesverbänden blickt man besorgt auf die Situation. Der Ministerpräsident Boris Rhein warnt im Gespräch mit mir: «Ich rate uns als Union zu Demut. Die Wahlen sind entschieden, wenn das letzte Wahllokal geschlossen hat, vorher nicht.» Es sind ähnliche Sätze, wie auch Wüst sie in der Vergangenheit schon oft wiederholt hat, andere Ministerpräsidenten sehen die Lage ähnlich.

Es ist eine berechtigte Sorge. Denn mit jeder Woche, die von nun an ins Land geht, wächst der Druck auf die Union, nicht mehr nur Kritik an der Ampel zu üben und auf den miserablen Zustand von Wirtschaft oder Verwaltung hinzuweisen, sondern eigene Lösungsvorschläge für die Zukunft zu präsentieren.

Und die Herausforderungen für eine CDU-geführte Regierung bleiben die gleichen: Das Geld ist knapp, die Probleme groß. Ein paar Wochen hat die Union jetzt Zeit, um sich vorzubereiten, ein ziemlich kurzer Zeitraum. Erst recht, wenn man bedenkt, dass viele Führungspersönlichkeiten der Merz-CDU Neulinge in einer Regierung wären. Bis auf Alexander Dobrindt bringt in der Fraktion kaum jemand aus dem engsten Umfeld von Merz Regierungserfahrung mit. Der Neuanfang nach Angela Merkel macht sich insofern nicht nur programmatisch bemerkbar, sondern in weiten Teilen auch personell. Da ist zum Beispiel Thorsten Frei, der für den Posten des Kanzleramtschefs gehandelt wird; Carsten Linnemann, der entweder ein Ministeramt oder den Fraktionsvorsitz übernehmen könnte; oder Jens Spahn, der zumindest alles dafür tun wird, sich einen Kabinettsposten zu sichern. Spahn wäre der einzig Erfahrene von ihnen. Für die anderen ist es das erste Mal. Das muss nichts Schlechtes sein, der Blick von außen kann manchmal sogar helfen, leichter macht es die ohnehin schon herausfordernde Zeit aber auch nicht. Welche Frauen in einem Kabinett unter Merz eine Rolle spielen könnten, bleibt erst einmal unklar. Die CSU-Politikerin Dorothee Bär vielleicht, auch sie besäße Regierungserfahrung. Auch der Name der hessischen Fraktionsvorsitzenden Ines Claus wird regelmäßig in Gesprächen genannt.

Während man nun also bemüht ist, nach außen Ruhe und staatspolitische Verantwortung zu demonstrieren, laufen im Innenraum von CDU und CSU die Prozesse zur Vorbereitung auf den Wahlkampf und eine potenzielle nächste Regierungsbeteiligung auf Hochtouren.

Tatsächlich liegen zwischen dem Koalitionsbruch am 6. November und dem Neuwahltermin am 23. Februar fast 16 Wochen. Wie schnell einem alles wegrutschen kann, hat der Kanzlerkandidat Armin Laschet 2021 gezeigt. Zumindest Teile der Union wissen, dass sie weder Olaf Scholz noch Robert Habeck und erst recht nicht die politischen Ränder unterschätzen dürfen.

Über die vergangenen drei Jahre musste Merz sich vor allem mit Olaf Scholz messen. Kanzler gegen Oppositionsführer, so das Duell. Geht man von diesen zwei Männern aus, könnte die Unterscheidbarkeit nicht deutlicher sein.

Inhaltlich, aber auch habituell und was die Frage des Führungsstils angeht. Scholz ist, was Merz despektierlich einen «Klempner der Macht» nennt. Der SPD-Kanzler ist kein Typ, der große Linien aufzeigt, auf den Tisch haut und den Anführer spielt. In der Hinsicht hat er sein Führungsversprechen tatsächlich nicht eingelöst. Dafür steckt er meist tief in den Themen. Der Kanzler gefällt sich in der Rolle des Besserwissers, der selbst bei vermeintlichen Sachthemen bis in die Paragrafen hinein mitsprechen kann. Das sei, so berichten ehemalige Verhandlungspartner, oft durchaus herausfordernd. Es ist etwas, das er mit der CDU-Altkanzlerin gemeinsam hat. Denn auch Angela Merkel war in gewisser Hinsicht so. Sie hat beispielsweise bei den G20-Treffen eingeführt, dass sich die Staats- und Regierungschefs selbst mit den Texten, die dort gemeinsam verfasst werden, auseinandersetzen. Man kann das positiv und negativ sehen, denn damit wird einerseits vieles zur Chefsache gemacht, andererseits droht die Gefahr, sich schnell im Klein-Klein zu verlieren.

Auf der anderen Seite ist Merz jemand, der gut darin ist, die großen Linien zu zeichnen. Er gibt die Richtung vor, eine Zielmarke, den Weg dorthin sollen seine Fachleute klären. Auch das hat sein Für und Wider. Denn einerseits gibt es jenen, die Merz zuhören, oft eine klare Idee davon, wo er mit dem Land hinwill. Andererseits kann es vorkommen, dass Merz nicht wirklich tief in den Themen drinsteckt, Zahlen und Fakten durcheinanderwirft.

Scholz wägt ab, was ihn in der Öffentlichkeit oft zögerlich wirken lässt. Als es beispielsweise um Waffenlieferungen an die Ukraine geht, schreiben Medien vom «Zauderer» Scholz. Er selbst würde sagen, dass er die Dinge vom Ende her denkt, allerdings lässt er in der Kommunikation niemanden daran teilhaben, wie der Weg dorthin aussehen soll. Merz hingegen ist impulsiv. Damit setzt er einerseits den Ton, gleichwohl führt das auch oft dazu, dass seine Leute ihn anschließend wieder einfangen müssen. Etwa als er wenige Tage nach dem Ampel-Bruch auf dem Wirtschaftsgipfel der *Süddeutschen Zeitung* über die Schuldenbremse sagt: «Selbstverständlich kann man das reformieren. Die Frage ist: Wozu, mit welchem Zweck?» Nicht, um mehr Geld für Sozialpolitik oder Konsum auszugeben, so Merz, aber Investitionen und Fortschritt? Da könne die Antwort eine andere sein. Nachdem anschließend eine Debatte darüber entfacht, ob die CDU nun doch offen in dieser Angelegenheit sei, stellt Generalsekretär Linnemann noch einmal klar: «Mit uns gibt es keine Veränderung im Bund an der Schuldenbremse, weil das tiefe Überzeugung ist.» Es entsteht der Eindruck, Merz sei hier unabgesprochen vorausgeprescht.

Oder als der CDU-Vorsitzende nach dem Ampel-Bruch in der ZDF-Talkshow Maybrit Illner zu Gast ist und dort plötzlich sagt, dass er Windkraft zur Energieversorgung in Deutschland nur für eine Übergangstechnologie hält. «Ich glaube sogar, dass wir, wenn wir was richtig machen, eines Tages die Windkrafträder wieder abbauen können, weil sie hässlich sind und weil sie nicht in die Landschaft passen», sagt Merz in der Gesprächsrunde und sorgt damit auch in der CDU für Irritation.

Zwar will mit Blick auf den bevorstehenden Wahlkampf keiner öffentlich Kritik an dem CDU-Chef üben, allerdings zeigt man sich hinter vorgehaltener Hand besorgt, Merz könne die Partei mit diesem oder ähnlichen Auftritten in den bevorstehenden Wochen ein paar Punkte in der Zustimmung kosten. Die Union will schließlich nicht einfach gewinnen, sondern ein starkes Ergebnis einfahren. Sonst droht wieder eine Dreierkonstellation – und bei aller Kritik an der Ampel ist ein solches Bündnis auch der Union im Bund noch nicht gelungen. Jamaika ist 2017 bereits an den Sondierungen gescheitert. Zumal CDU und CSU genau genommen bereits zwei Parteien sind, es wäre also ein Viererbündnis.

Merz legt großen Wert darauf, nicht den Eindruck entstehen zu lassen, die Union steuere auf eine Große Koalition mit der SPD zu. Für ihn ist klar, dass potenzielle Gespräche weder mit den Grünen noch mit der SPD leicht werden, wenn man sich die Programmatik mal ansieht. Zum Beispiel will die Union das Bürgergeld wieder abschaffen. Das gehört zu den Kernversprechen. Aber mit welcher SPD soll das zu machen sein? Wenn Merz nun eine Koalition mit den Grünen ausschließt, kann er sich auch gleich mit einem Blankoscheck vor das Willy-Brandt-Haus der Sozialdemokraten stellen.

Regieren heißt auch Kompromiss und Pragmatismus. Die Merkel-CDU war dafür bekannt, allerdings ist davon knapp drei Jahre nach dem Abgang der Altkanzlerin auf den ersten Blick nicht mehr viel übrig. Jens Spahn, der gute Chancen hat, in einer potenziellen Regierung unter Merz einen mächtigen Posten zu kriegen, klingt gegenüber allen potenziellen Partnern bislang kritisch. «Für uns sind zwei Punkte nicht verhandelbar», sagt er. Deutschland müsse als Industrienation wieder wachsen, es brauche eine Wirtschaftswende und die irreguläre Migration müsse weitestgehend beendet werden. Spahn glaubt: «Beides geht weder mit dieser SPD noch mit diesen Grünen. Die Frage wird sein: Erkennt eine dieser Parteien nach der Wahl, was notwendig ist für unser Land? Und was, wenn nicht? Ich mach mir jedenfalls viele Gedanken über die Wahl 2029.» Selbst gegenüber der FDP hat er seine

Zweifel: «Manch einer bei uns in der CDU zweifelt auch an der Zuverlässigkeit der FDP.» Auch wenn man sich politisch näher sei, habe man keine «rosarote Brille» auf.

Und dann war da kurzzeitig noch ein anderer Faktor, der bei CDU und CSU Sorge bereitete. Nach dem Ampel-Aus herrscht bei den Sozialdemokraten kurzzeitig Unsicherheit darüber, ob Olaf Scholz auch wirklich der beste Spitzenkandidat für die bevorstehende Neuwahl ist. Der Blick auf die Umfragen frustriert. Im November steht die Kanzlerpartei unter ihm gerade mal bei 16 Prozent. Viele in der SPD glauben, das Bild der gescheiterten Ampel ist unverrückbar mit dem Kanzler verbunden. Zumal seit geraumer Zeit eine Alternative im Raum steht: Verteidigungsminister Boris Pistorius. Der SPD-Politiker aus Niedersachsen, der während der laufenden Legislaturperiode Christine Lambrecht abgelöst hat, glänzt in seiner Zeit als Bundesminister fast durchgehend mit starken Zustimmungswerten. In den Umfragen hängt er nicht nur Scholz, sondern auch Robert Habeck und Friedrich Merz ab. Sogar nach dem Ampel-Aus bleibt das so. Laut ZDF-Politbarometer gewinnt Merz im November zwar gegen Scholz, nicht aber gegen Pistorius. Demnach sprechen sich im direkten Vergleich 39 Prozent für den Kanzler und 44 Prozent für den CDU-Vorsitzenden aus. Ginge es jedoch darum, sich zwischen Pistorius und Merz zu entscheiden, läge Pistorius mit 59 Prozent deutlich vor Merz mit 28 Prozent. Und so kommt es, dass in der SPD noch einmal eine hitzige Debatte um den Kanzlerkandidaten ausbricht. Diverse Sozialdemokraten sprechen sich offen für Pistorius aus. Im Herbst vor der Bundestagswahl scheint das größte Problem der SPD Olaf Scholz zu heißen. Auch in der Union wissen sie das. Auf die Frage, was ein Kandidat Boris Pistorius für

Friedrich Merz bedeuten könnte, gibt man sich zwar gelassen, gleichwohl ist klar, dass es die Lage für CDU und CSU deutlich schwieriger machen würde.

Am Ende geht das Kandidatenrennen in der SPD für die Union denkbar gut aus. Pistorius verzichtet, Scholz wird von den eigenen Leuten schwer beschädigt und muss sich nicht nur vom Ampel-Bruch, sondern auch von den Angriffen der eigenen Parteifreunde rehabilitieren. Man kann die Wählerinnen und Wähler nur schwer von einem Mann überzeugen, von dem man selbst glaubt, er sei nicht geeignet. Die Union hat das 2021 mit Armin Laschet unter Beweis gestellt. Dennoch wird in dieser Woche Mitte November auch deutlich, wie fragil das Wahlkampf-Gerüst von CDU und CSU zu diesem Zeitpunkt noch ist. Als das Video, in dem Pistorius seinen Verzicht erklärt, online geht, sitzt die sogenannte Kaminrunde in Berlin zusammen. Eine Reihe von CDU-Ministerpräsidenten und Landespolitikern sowie Carsten Linnemann und Friedrich Merz sind anwesend. Der Generalsekretär spielt das Video auf seinem Handy ab und zeigt es dem Vorsitzenden. «Dem stand die Erleichterung ins Gesicht geschrieben», berichtet ein Teilnehmer anschließend.

Im November 2024 stehen CDU und CSU vor ihrer größten Chance und gleichzeitig vor einer riesigen Herausforderung. Der Generalsekretär Carsten Linnemann versucht, so schnell es geht ein Wahlprogramm innerhalb der CDU und anschließend mit der CSU abzustimmen. Listen müssen gefüllt, Plakate gedruckt werden. Zur Wahrheit gehört, dass man nicht nur am Abend des 6. November überrascht wurde, sondern auch darüber hinaus nur bedingt vorbereitet ist auf diesen Moment, den man eigentlich selbst über Monate versucht hatte herbeizuführen. In den Wahlkampf will man mit drei Kernthemen gehen: innere Sicherheit, Wirtschaft und gesellschaftlicher Zusammenhalt. Wie aber sieht es konkret aus, wenn Merz und seine Leute sich klar positionieren sollen? Taurus-Lieferungen an die Ukraine, Reform der Schuldenbremse oder Renteneintrittsalter – hat die Union wirklich überall eindeutige Positionen? Entscheidend wird zudem sein, ob die Menschen Friedrich Merz als ihren nächsten Kanzler haben wollen, ob sie glauben, er könne das Land besser regieren, nicht nur als Olaf Scholz, sondern auch als die Alternativen.

Für die CDU hat Merz' Führungsstil in den vergangenen Jahren gut funktioniert. Der Vorsitzende hat der Partei nach schwierigen Jahren Halt und einen neuen Kurs gegeben. Es hat ihn als Parteivorsitzenden und Kanzlerkandidaten unvermeidbar gemacht. Doch gilt für das Land dasselbe? Wird Merz auch als Kanzler unvermeidbar sein? Das muss er jetzt unter Beweis stellen.

DANK

Die Geschichten anderer Menschen kann man nur dann aufschreiben, wenn sie einem erzählt werden. Deshalb möchte ich mich besonders bei meinen Gesprächspartnerinnen und Gesprächspartnern bedanken. Viele haben sich auch in hektischen Zeiten mehrfach Zeit für Gespräche genommen. Einige von ihnen werden in diesem Buch namentlich genannt, andere möchten lieber anonym bleiben. Sie alle waren offen, haben ihre Eindrücke mit mir geteilt und mir einen Einblick gewährt. Vielen Dank für das Vertrauen. Sich in dem Wissen zu öffnen, dass ich womöglich kritisch über sie schreibe, ist keineswegs selbstverständlich. Davor habe ich großen Respekt.

Ich möchte mich auch bei den Kolleginnen und Kollegen bedanken, die mir über Monate immer wieder geholfen haben. Ohne sie wäre dieses Buch nicht möglich gewesen. Yasmine M'Barek, die mich ermuntert hat, es zu schreiben. Veit Medick, mit dem ich manchmal kontrovers, aber immer bereichernd über die Union und Friedrich Merz debattiert habe. Er hat sich die Zeit genommen, ganze Kapitel des Manuskripts gründlich zu lesen, und seine Anmerkungen haben es in jedem Fall besser gemacht. Robin Alexander, der seine Erfahrung und sein umfangreiches Wissen mit mir geteilt hat – und der auf jeder Dienstreise an den verschiedensten Orten der Welt die Muße hatte, mit mir über CDU und CSU zu sprechen. Clara Pfeffer und Johannes Bebermeier, die ihre fundierten Kenntnisse über die Grünen mit mir geteilt haben.

Ein besonderer Dank gebührt drei Frauen, die dieses Buch maßgeblich mitgeprägt haben. Katharina Hamberger, Sarah Frühauf und Alisha Mendgen waren gewissermaßen mein Unions-Lexikon. In unzähligen Gesprächen haben sie ihr Wissen und ihre Einschätzungen mit mir geteilt. Sie haben Texte gelesen und sich mit mir in die Tiefen der Parteipolitik gegraben. Ohne sie wäre der Text halb so dicht.

Für ein Buch, das neben einem zeitintensiven Beruf entsteht, braucht es manchmal Verständnis, vor allem aber Vertrauen, dass die tägliche Arbeit nicht darunter leidet. Beides haben mir Florian Harms und Christoph Schwennicke entgegengebracht. Dafür möchte ich Danke sagen.

Wenn auch noch eine Regierungskrise und ein Koalitionsbruch dazukommen, ist es viel wert, einen Verlag zu haben, der bereit ist, den Erscheinungstermin entsprechend anzupassen. Ich möchte mich bei Svetlana Romantschuk und Johanna Langmaack bedanken für die großartige Unterstützung und Flexibilität in dieser intensiven Phase.

Dieses Buch hat mich gefordert, inspiriert und manchmal an den Rand des Wahnsinns getrieben. Die größte Stütze war dabei immer mein Partner Henning. Mit niemandem habe ich so viel und intensiv diskutiert. Er hat mich hinterfragt und herausgefordert, mich auf neue Gedanken gebracht und mir Freiräume geschaffen. Es ist etwas Besonderes, jemanden zu haben, der diesen verrückten Beruf versteht und das politische Interesse teilt. Dafür danke ich ihm von ganzem Herzen.

VERWENDETE LITERATUR

Alexander, Robin: *Die Getriebenen. Merkel und die Flüchtlingspolitik: Ein Report aus dem Innern der Macht*, München 2017

Alexander, Robin: *Machtverfall. Merkels Ende und das Drama der deutschen Politik: Ein Report*, München 2021

Blasius, Tobias u. Küpper, Moritz: *Hendrik Wüst. Der Machtwandler: Karriere und Kalkül*, Essen 2023

Blasius, Tobias u. Küpper, Moritz: *Der Machtmenschliche. Armin Laschet*, Essen 2020

Deininger, Roman u. Ritzer, Uwe: *Markus Söder. Der Schattenkanzler*, München 2020

Falke-Ischinger, Jutta u. Goffart, Daniel: *Der Unbeugsame. Friedrich Merz, die Union und der Kampf um die Macht*, München 2022

Lohse, Eckart: *Die Täuschung. Angela Merkel und ihre Deutschen*, München 2024

GESPRÄCHSPARTNER

An dieser Stelle werden die Gesprächspartner genannt, die ich im Rahmen meiner Recherche für dieses Buch gesprochen habe und die namentlich zitiert werden.

Annalena Baerbock

Armin Laschet

Boris Rhein

Carsten Linnemann

Daniel Günther

Friedrich Merz

Hendrik Wüst

Jens Spahn

Markus Söder

Ricarda Lang

Serap Güler

Wolfgang Schäuble

JOURNALISTISCHE ARTIKEL

Für dieses Buch wurden neben der angegebenen Literatur auch eine Reihe von Artikeln journalistischer Kolleginnen und Kollegen verwandt. Die Quellen, sprich Medium und/oder Autor, werden an den entsprechenden Stellen im Buch erwähnt.

Safari bei Ullstein

Heinrich Harrer

Sieben Jahre in Tibet

Mein Leben am Hofe des Dalai Lama

Mit 47 Abbildungen

Safari bei Ullstein

Safari bei Ullstein
Ullstein Buch Nr. 32021
im Verlag Ullstein GmbH,
Frankfurt/M – Berlin

Ungekürzte Ausgabe

Umschlagentwurf:
Hansbernd Lindemann
Alle Rechte vorbehalten
© 1966 by Verlag Ullstein GmbH,
Frankfurt/M – Berlin
Printed in Germany 1991
Druck und Verarbeitung:
Ebner Ulm
ISBN 3 548 32021 X

13. Auflage Februar 1991

Vom selben Autor
in der Reihe
der Ullstein Bücher:

Die Götter sollen siegen (3499)
Huka-Huka (32013)
Ladakh (32016)
Die weiße Spinne (34612)
Die letzten Fünfhundert (32057)
Wiedersehn mit Tibet (34321)

CIP-Titelaufnahme
der Deutschen Bibliothek

Harrer, Heinrich:
Sieben Jahre in Tibet: mein Leben am
Hofe des Dalai Lama / Heinrich Harrer. –
Ungekürzte Ausg., 13. Aufl. –
Frankfurt/M; Berlin: Ullstein, 1991
   (Ullstein-Buch; Nr. 32021: Safari bei
   Ullstein)
   ISBN 3-548-32021-X
NE: GT